GÜTERSLOHER
VERLAGSHAUS

Dieses Buch widme ich in
großer freundschaftlicher Verbundenheit
Maconea und Christian Brachthäuser

TOBIAS DANIEL WABBEL

DIE TEMPLER-KATHEDRALE

DER GEHEIMCODE VON CHARTRES

Gütersloher Verlagshaus

Bibliografische Information der Deutschen Nationalbibliothek

Die Deutsche Nationalbibliothek verzeichnet diese Publikation
in der Deutschen Nationalbibliografie; detaillierte bibliografische
Daten sind im Internet über http://dnb.d-nb.de abrufbar.

Verlagsgruppe Random House FSC-DEU-0100
Das für dieses Buch verwendete FSC®-zertifizierte Papier
Munken Premium Cream liefert Arctic Paper Munkedals AB, Schweden.

1. Auflage
Copyright © 2012 by Gütersloher Verlagshaus, Gütersloh,
in der Verlagsgruppe Random House GmbH, München

Coverfoto: Public Domain
Umschlaggestaltung: Tobias Daniel Wabbel
Druck und Einband: CPI – Ebner & Spiegel, Ulm
Printed in Germany
ISBN 978-3-579-06567-0

www.gtvh.de

Inhaltsverzeichnis

»Gänsehautgefühl« –
Ein Vorwort von Martina André

Umgeben von gleißendem Sonnenlicht ragten die beiden Haupt-
türme in einen eisblauen Himmel, als ich die Kathedrale von
Chartres auf einer Recherchereise nach Frankreich im August
2005 zum ersten Mal sah.

Ein gewaltiges Bauwerk, dessen Schönheit und Eleganz sich mit
dem Kölner Dom vergleichen lässt, dessen Mystik allerdings viel
geheimnisvoller wirkt, als die des geschätzten rheinischen Kollegen.

Auf der Suche nach Spuren zu meinem historischen Mystery-
Thriller »Das Rätsel der Templer« durfte ich selbstverständlich
auch jenen Ort nicht auslassen, an dem sich das geheime Wirken
und Wissen des Templerordens angeblich in dieser beispiellos
vielseitigen Kathedrale niederschlagen soll.

Meine Familie, die mich begleitete, war schon leicht ungeduldig,
als wir Chartres mit dem Auto von Chinon aus erreichten. Ihnen
machte die Hitze ebenso zu schaffen wie mir und sie hätten sich
lieber in eine Eisdiele gesetzt, anstatt eine weitere historische
Stätte der Templer unter die Lupe zu nehmen.

Doch das änderte sich rasch, als wir gemeinsam den Fußweg
hinauf zum Hügel, auf dem die Kathedrale erbaut worden ist,
bewältigt hatten. Von Beginn an übte der sakrale Bau auf jeden
von uns eine fast magische Anziehungskraft aus. Es dauerte
nicht lange, bis wir uns unter den steinernen Blicken der zahlreichen Heiligenfiguren, die die Fassade schmücken, aber auch im
Innern der Kathedrale, wo eine Figurengruppe die nächste jagt,
regelrecht verloren hatten. Besonders das Labyrinth, das uns auf
dem Fußboden im Innern des Mittelschiffs empfing, kaum dass
wir die Kathedrale betreten hatten, ließ eine lebhafte Diskussion
unter uns über Bedeutung und Ursprung dieses Symbols auf-
kommen.

Mein Mann interessierte sich beim anschließenden Rundgang
besonders für die prachtvollen Glasfenster, in denen sich, einem Kaleidoskop gleich, in hunderten verschiedener Farben das

Licht brach. Die Aussage in einer Touristenbroschüre, dass die Zusammensetzung der tiefblauen Glassorte den wissenschaftlichen Experten bis heute Rätsel aufgebe, weil sich darin ein besonderer UV-Schutz befinde, erstaunte uns von Neuem.

Als Autorin eines Zeitreiseromans, der historische Wahrheiten mit fiktionalen, wissenschaftlich aufbereiteten Mysterien verknüpft, war diese Tatsache für mich natürlich ein besonderer Leckerbissen, der mir bestätigte, dass noch längst nicht alle Geheimnisse, die den Orden, aber auch die Geschehnisse des Mittelalters umgeben, entschlüsselt sind.

Allein die gewaltigen Mauern der Kathedrale lassen den Betrachter mit der scheinbar nicht zu beantwortenden Frage zurück, wie ein solches Gebäude ohne moderne, technische Unterstützung überhaupt erbaut werden konnte.

Die Frage nach dem »Warum« beantwortet sich augenscheinlich in den unzähligen biblischen Darstellungen in den Bleiglasfenstern und Skulpturen. All das kündet von einer tief religiösen Mentalität der mittelalterlichen Menschen, wie sie heute durchgängig nur noch in archaischen Gesellschaftsformen zu finden ist.

Dass die Gläubigen damals für einen solchen Bau eine gewaltige Geldsumme aufbringen mussten, lässt sich erahnen – und doch bleibt die drängende Frage, ob noch etwas mehr hinter all diesen Bemühungen steckt, als die Sehnsucht nach Gott und einem jenseitigen Leben im Paradies. Warum ausgerechnet hier? Und warum in dieser Fülle und Form?

Glücklicherweise war und bin ich nicht der einzige Mensch, der sich – fasziniert von den Templern und von der Kathedrale von Chartres – diese Frage gestellt hat.

Auf der Suche nach Antworten stieß ich schon früh auf ein Werk von Tobias Daniel Wabbel, der als erfolgreicher Sachbuchautor das Buch »Der Templerschatz« verfasst hat – eine historisch-wissenschaftliche Aufarbeitung jener Geheimnisse, die den im Jahre 1312 aufgelösten Templerorden bis heute umgeben. Immer wieder spielt darin auch das Verschwinden der sogenannten »Bundeslade« eine Rolle – einem frühen, israelitischen Behältnis aus vergoldetem Akazienholz, in dem jene steinernen Tafeln aufbewahrt wurden, in die Mose die von Gott diktierten Zehn Gebote gemeißelt hat.

»Die Templerkathedrale – Der Geheimcode von Chartres« ist ein weiteres Buch des Autors, das die Frage nach dem Verbleib der Lade und einige andere unbeantwortete Mysterien behandelt. Und damit für mich – schon alleine aufgrund der vielen überraschenden Antworten zu den Traditionen des Templerordens und seiner Beweggründe – aber eben auch zu Fragen über die Entstehung der Kathedrale von Chartres ein absolutes »muss« für jeden Templerbegeisterten und jene, die die letzten Geheimnisse dieses großen, einzigartigen Kirchenbaus gelüftet sehen möchten.

In seiner Ausarbeitung hat der Autor keine Lücke offen gelassen. Die Erklärungen zur Herkunft der ersten Fundamente des Baus, einzelnen Bauabschnitten und dem letztendlichen Aussehen der Kathedrale sind so spannend und vielfältig, dass das Buch beim Lesen zu einem echten Pageturner wird. Seite um Seite werden wir in biblische Geheimnisse, das Denken griechischer Philosophen und verblüffende, mathematische Erkenntnisse eingeweiht, die alle in direktem Zusammenhang mit dem Abbild der heutigen Kathedrale stehen und in dieser Gesamtheit der Darstellung ihresgleichen suchen. Dabei kommt nicht nur der Fachmann auf seine Kosten, auch der interessierte Laie findet eine leicht verständliche und spannend aufbereitete Reise durch die Geschichte der Kathedrale und die damit verbundene Mystik der Templer vor.

Am Ende wissen wir, dass das Eine mehr ist, als das Ganze und dass es eine gewisse Berechtigung hat, wenn wir die Kathedrale von Chartres betreten und uns plötzlich eine unbegreifliche Gänsehaut überkommt, deren Ursache mit dem bloßen Verstand kaum zu fassen ist.

Koblenz, im November 2011

Martina André
www.martina-andre.com

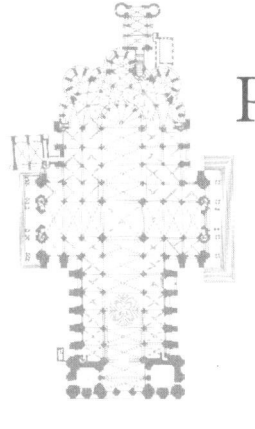

PROLOG

KREUZ UND
LABYRINTH

»Ja, die tatsächlichen Zehn Gebote.
Die originalen Steintafeln, die Moses vom Berg Sinai
runterbrachte und zerschlug. Falls Sie solche Dinge
glauben. Oder gehen Sie etwa nicht in die Kirche?«

Dr. Henry Jones, Jr.

Das Labyrinth ist heute von Stühlen freigeräumt, so wie jeden Freitag. Es besteht aus elfenbeinweißen und dunkelgrauen Steinen, die in den Boden eingelassen sind. Ich umkreise es dreimal, bis ich mir sicher bin, dass ich 113 Zähne oder auch »Sporen« gezählt habe. Das Labyrinth erinnert mich an ein riesiges Zahnrad. Ich beschließe, die frühen Morgenstunden zu nutzen, um Vermessungsarbeiten anzustellen, bevor die Touristenströme kommen. Ich hole mein elektronisches Entfernungsmessgerät aus dem Rucksack, stelle ein kleines gebogenes Stahlblech an den Rand des Labyrinths, begebe mich auf die andere Seite und messe nach.

Der rote Punkt des Laserstrahls trifft auf das Stahlblech. Von mir bis zur Markierung beträgt der Durchmesser 12,885 Meter. Dann messe ich vom Zentrum bis zur Wand der Westfassade. Es sind 31,75 Meter. Das Zentrum des Westrosenfensters ist vom Boden ebenfalls 31,75 Meter entfernt – und genauso groß wie das Labyrinth, nämlich 12,885 Meter. Ich schaue in meinem Notizbuch nach. Die Westrose wurde um 1210 angefertigt, also zehn Jahre nach dem Labyrinth. Warum ist die Westrose genauso groß wie das Labyrinth?, schreibe ich ins Notizbuch.

Der Gesamtweg des Labyrinths beträgt nach der Messung des australischen Architekten John James 261,50 Meter.[1] Der Weg besteht aus elf parallelen Strecken. Die zwölfte Strecke ist das Ziel im Zentrum. Die Zahl Zwölf steht für die zwölf Stämme Israels, aber auch für die zwölf Apostel Christi. Anders als in der Kathedrale von Amiens oder in der Basilika von St. Quentin ist der Weg des Labyrinths von Chartres hier in hellen Granitsteinen gefasst worden. Den Pilger führt der Weg zunächst entlang der inneren linken, dann entlang der inneren rechten Ringe des Labyrinths, um auf die äußeren linken und dann die äußeren rechten Ringe zu gelangen.

Bild 1: Das Labyrinth von Chartres

Man kann sich einfach nicht verirren, denn es gibt nur einen Weg ins Zentrum. Ein Faden der Ariadne, den der Sage zufolge Theseus einst benutzte, um im Labyrinth des Daedalos im Kampf gegen den Minotaurus den Weg zurückzufinden, ist daher nicht nötig. Demzufolge macht auch die Interpretation einiger Kunsthistoriker, dass im Zentrum des Labyrinths von Chartres einst eine Kupferplatte, die den Kampf zwischen Theseus und dem Minotaurus darstellte, wenig Sinn. Denn ein Labyrinth ist kein Irrgarten.

Ich stelle mich ins Zentrum des Labyrinths. Hier sind einige Metallbolzen in den Boden eingelassen, deren Anordnung auf den ersten Blick willkürlich erscheint. Die Kunstgeschichte neigt zu der Erklärung, dass diese Bolzen die Kupferplatte festhielten, auf denen Theseus und der Minotaurus zu sehen waren, bis Plünderer in den letzten Tagen der Französischen Revolution im Jahre 1792 diese Platten zusammen mit den Glocken der Kathedrale zu Kanonenkugeln einschmolzen.[2] Kunsthistoriker vermuten, dass Theseus und Minotaurus auf der Kupferplatte *eingraviert* waren. Zwischen den Figuren war die Platte ausgehöhlt. Doch das ist nur eine Mutmaßung. Es existieren keine

Überlieferungen, wie die Platte aussah und was sich darauf befand. Ältere Texte erwähnen, dass die Bilddarstellungen auf der Kupferplatte *bereits im Mittelalter* bis zur Unkenntlichkeit abgetragen waren.[3]

Eine andere, sinnvollere Interpretation beinhaltet die Möglichkeit, dass die Baumeister der Kathedrale im Zentrum des Labyrinths namentlich erwähnt wurden, wie etwa in Amiens, wo die Baumeister neben einem Templerkreuz verewigt waren.[4]

Ich baue mein Stativ auf, befestige die Digitalkamera, verbinde den Fernauslöser und fertige Fotografien aus allen möglichen Perspektiven an. Das stellt sich als weniger einfach heraus, als ich vorher gedacht habe, denn nun tauchen Touristen und eine Schulklasse von pubertierenden Teenagern auf, die vergnügt kichernd durch das Labyrinth hüpfen.

»Verdammt«, murmele ich. »Das ist echt ärgerlich.«

Eine Frau in einem knallbunten Kleid schickt sich an, den Weg durch das Labyrinth barfuß zu durchqueren. Eine deutsche Touristin stellt sich in die Mitte des Labyrinths, schließt die Augen und hebt beide Hände wie bei einer Yoga-Stellung. Sie scheint meinen Unmut gehört zu haben, denn nun schaut sie mich mit verklärten Augen an und fragt: »Fühlen Sie, wie Sie emporgetragen werden?«

»Nein«, sage ich. »Ich fühle nichts dergleichen.«

»Aber die Kathedrale ist erfüllt von Kraftfeldern«, widerspricht sie mir.

Ich zucke die Achseln. »Sorry, ich werde nicht emporgetragen und spüre auch keine Kraftfelder.«

Sie zieht ein beleidigtes Gesicht und nörgelt: »Dann sind Sie halt nicht sensibel genug!«

»Nein, ich bin wohl für Esoterik nicht empfänglich«, sage ich und versuche, mich wieder auf das Labyrinth zu konzentrieren. Nachdem die Dame aus dem Zentrum des Labyrinths verschwindet und ich mich frage, was sie gefühlt haben mag, widme ich mich wieder der Anordnung der Bolzen. Diese Anordnung ist widersinnig. Ein Baumeister würde die Bolzen in regelmäßigen Abständen anordnen, sodass gewährleistet ist, dass eine mögliche Kupferplatte nicht aus dem Gleichgewicht gerät und auch nicht ohne Weiteres entfernt werden kann. Doch diese Bolzen hier sind auf eigenwillige Weise verstreut in den Stein eingelassen. Zunächst glaube ich, das eine oder andere Sternbild in den Bolzen zu erkennen, widerrufe jedoch diese Vermutung. Dann fällt mir auf, dass die Bolzen im Zentralstein des Labyrinths auf einer Platte inmitten von sechs Kreisen angeordnet sind. Ich zeichne die Kreise in meinem Notizbuch nach und verbinde sie mit Linien. Zu meinem Erstaunen erkenne ich das Symbol eines Hexagramms, des Davidsterns.

Bild 2: Das unsichtbare »Siegel des Salomo« im Zentrum des Labyrinths

Ich erschauere. Der Davidstern wird auch das Siegel Salomos genannt. Das Labyrinth an sich in gotischen Kathedralen weist in diesem Sinne explizit auf den Salomonischen Tempel hin.[5] Als ich in meinem Notizbuch nachschaue, entdecke ich, dass die Länge der Kathedrale etwas mehr als 128 Metern entspricht, beinahe exakt der zehnfachen Länge des Labyrinthdurchmessers. Welche Maße und Dimensionen sind hier noch kodiert? Ich gehe zum Eingang des Labyrinths und blicke in die Höhe. Ich schlage wieder in meinem Notizbuch nach. Exakt über mir in der Kappe des Kreuzrippengewölbes mit der Bezeichnung WVI entdeckte ein Restaurator im Jahre 1978 ein in die Nähe des Schlusssteins gemaltes, hellrotes Templerkreuz, das er leider entfernte. Heute ist davon nichts mehr zu sehen. Doch der Historiker und heutige Rektor der Kathedrale von Chartres, Gilles Fresson, geht davon aus, dass dieses Kreuz im direkten Bezug zum Labyrinth steht.[6] Ein Templerkreuz über dem Labyrinth, notiere ich. Unweigerlich stelle ich mir die Frage, wer die wahren Bauherren dieser gewaltigen Kathedrale waren. Warum sind die Namen der Baumeister der Kathedrale von Chartres bis auf Weiteres unbekannt? Und warum kodierten jene unbekannten Baumeister die Maße dieser Kathedrale in einem Labyrinth, das eindeutige Hinweise auf die jüdische Religion aufweist? Welchen architektonischen Code birgt die Kathedrale von Chartres, den bis jetzt niemand zu entschlüsseln vermochte? Ist es ein Hinweis auf ein geheimes Versteck Gottes? Ist hier der Geist Gottes zu Stein erstarrt?

Ich will die Kathedrale verlassen, um zu frühstücken. Doch dann bemerke ich einen Mann, der sich langsam dem Labyrinth nähert. Ich schätze ihn auf Ende fünfzig. Er trägt ein verwaschenes Def-Leppard-T-Shirt, eine randlose Brille, verschlissene Bluejeans, dunkelblonde Haare, die ihm in die Stirn fallen, schwarze Sportschuhe und eine olivgrüne Stofftasche, die an seiner linken Schulter hängt und mich irgendwie an Indiana Jones erinnert.

In seiner rechten Hand hält er ein merkwürdiges, gelbes Gerät. Als ich genauer hinsehe, erkenne ich das Zeichen für Radioaktivität über einem Display.

»Sagen Sie bloß, Sie laufen hier mit einem Geigerzähler durch die Kathedrale!«, platzt es aus mir heraus.

»Ja, das ist ein Gamma Scout. Den gibt es für knapp 300 Euro im Elektronik-Fachhandel.« Er grinst triumphierend. »Aber ich muss dafür nichts bezahlen, denn in der Schule brauchen wir diese Geräte für den Physikunterricht.«

Aha, denke ich. Schon wieder ein Lehrer. Chartres wimmelt von Lehrern, die hier die Führer von Pauschalbildungstouren regelmäßig mit ihrer Besserwisserei und unausgegorenem Halbwissen in den Wahnsinn treiben.

»Aber was machen Sie hier in der Kathedrale mit diesem, wie nennen Sie es noch ...?«

»Gamma Scout.«

The Gamma Scouts – der ideale Name für eine Rockband, fährt es mir durch den Kopf.

Der Mann grinst mich verschmitzt an. »Ich habe eine Anomalie entdeckt.« Er deutet mit dem linken Daumen hinter sich zum Nordportal. »Dort drüben.«

Ich folge ihm. Dann blickt der Mann auf das Gitter der Heizungslüftung hinunter. »Was soll da sein?«, frage ich.

Er hält mir den Geigerzähler vor die Nase. »Das Gerät zeigt hier am Nordportal exakt 0,0 Millisievert an.«

Ich zucke ratlos die Achseln. »Was heißt das?«

»Hier an diesem Punkt gibt es absolut keine natürliche radioaktive Strahlung.«

»Ist das etwas Besonderes?«

Seine Augen blitzen auf, als er sagt: »Normalerweise beträgt die natürliche radioaktive Strahlung in Frankreich zwischen 0,08 bis 0,12 Millisievert. In Deutschland ist es noch mehr, Sie wissen schon, wegen Tschernobyl.«

Ich schüttele ungläubig den Kopf. »Die Auswirkungen von Tschernobyl kann man heute noch messen?«

Er nickt. »Fahren Sie mal nach Bayern, an die tschechische Grenze. Da ist die Strahlung gleich viel höher als im Westen Deutschlands, geschweige denn hier.«

»Okay«, sage ich und zeige auf den Boden der Kathedrale. »Aber was hat das zu bedeuten, dass hier unten keine Strahlung ist?«

»Irgendetwas muss hier sein, das die Strahlung abblockt. Vielleicht Blei. Der Radius ist nicht sehr groß. Etwa drei Meter mal drei Meter. Verlasse ich diesen Bereich, steigt die Strahlung wieder an.«

»Das ist bizarr«, sage ich und kratze mich am Kopf.

Wieder huscht ein siegreiches Lächeln über sein Gesicht.

»Aber was soll das Ganze bedeuten?«, frage ich. »Und warum turnen Sie ausgerechnet hier in Chartres mit Ihrem Gamma Scout herum?«

»Wenn Sie sich die biblischen Berichte von der Bundeslade im 2. Buch Mose, des Exodus, ansehen, dann wird Ihnen auffallen, dass vieles darauf hindeutet, dass wir es in der Bibel mit echter radioaktiver Strahlung zu tun haben. Moses kommt vom Berg

Horeb im Sinai mit den mosaischen Gesetzestafeln herunter und sein Gesicht ist verbrannt, weil er das Antlitz Gottes gesehen hat. Wenn Sie mich fragen, dann ist er vielleicht durch eine natürliche Quelle verstrahlt worden. Durch Uranerz oder dergleichen.«

»Aber die Bibel berichtet, dass die Gesetzestafeln aus blauem Saphir gemacht worden seien.«

»Das ist nicht korrekt. Die Saphirsteine liegen laut Bibel auf dem Gipfel herum. Aber die Bibel berichtet von *steinernen* Gesetzestafeln. Saphir ist kein Gestein. Wie auch immer, es dauert ein paar Tage. Moses ist schließlich vierzig Tage dort oben auf dem Gipfel. Im Sinaigebirge befinden sich jede Menge Uranlager.«[7]

»Stimmt«, gebe ich zu. »Der Hohepriester Aaron, Moses' Bruder, trägt einen goldbeschichteten Anzug. Er muss sich ständig waschen gemäß den Vorschriften.«

»Das alles klingt nach einer Schutzmaßnahme vor radioaktiver Strahlung. Gold ist ein hervorragender Isolator, denken Sie an Gold als Isolator gegen die kosmische Strahlung. Und mit Wasser werden Strahlenopfer dekontaminiert. Die Bundeslade oder vielmehr die Gesetzestafeln mit den Zehn Geboten könnten daher eine radioaktive Strahlung aussenden, wenn sie wirklich aus dem Sinai stammen.«

»Sie meinen, die Gesetzestafeln wurden aus einem Steinmaterial hergestellt, das radioaktiv strahlt.« Ich schüttele verwirrt den Kopf. »Aber Sie sagten doch gerade, dass Sie hier keine Strahlung messen können.«

Der Mann deutet einen imaginären Zaun um sich herum an. »Nur hier nicht, wo wir stehen.« Er schaut in seinem Notizbuch nach. »Der Rest der Kathedrale ist von normaler Strahlung erfüllt. 0,08 bis 0,14 Millisievert.«

Ich denke einige Sekunden nach. Dann sage ich: »Okay. Sie meinen also, dass sich dort unten in der Krypta etwas befindet, das die Strahlung in diesem Bereich abschottet?«

»Exakt.«

»Aber wozu?«

Der Mann antwortet nicht. Dann dämmert es mir. »Sie meinen, hier unter uns, unter dem Nordportal ist das Versteck der Bundeslade oder der Gesetzestafeln? Jemand hat einen Bereich geschaffen, der die Strahlung von der Umwelt abschottet?«

»Könnte sein. Oder die mangelnde Strahlung wird nur durch irgendein geologisches Phänomen verursacht und hat nichts zu bedeuten. Aber das halte ich für sehr unwahrscheinlich, denn die übrige Kathedrale zeigt, wie gesagt, normale Strahlenwerte an.«

Ich nicke. »Ihre Entdeckung ist sehr merkwürdig.«

»Es *muss* immer irgendeine Strahlung messbar sein. So etwas habe ich nur in Chartres erlebt.«

Wir schweigen für einen Augenblick und beobachten nun, wie einige Mädchen und Jungen im Teenageralter in weiß-roten Gewändern in einer geordneten Gruppe vor den Altar in der Vierung treten, um sich dort für eine Probe des Chartreser Chors zu versammeln.

Ich sage: »Aber können Sie mir sagen, wie Sie darauf kommen, dass hier in Chartres die Bundeslade versteckt sein könnte?«

Als die Orgel einsetzt, zucken wir beide zusammen. Der Organist beginnt seine Fingerübungen mit der Toccata und Fuge in d-Moll von Johann Sebastian Bach. Mir läuft ein Schauer des Wohlgefallens über den Rücken.

Der Physiklehrer grinst verschwörerisch und zwinkert mir zu, als er etwas lauter sagt, um den Klang der Orgel zu übertönen: »Es gibt da einen deutschen Schriftsteller, der ein Buch über den Schatz der Templer geschrieben hat und darin die Möglichkeit erwähnt, dass die Tempelritter die Bundeslade in Jerusalem gefunden haben. Seiner Meinung nach haben die Templer die Lade erst nach Chartres und dann anschließend nach Laon gebracht.«

»Ach ja, das«, sage ich mit einer wegwerfenden Handbewegung. »Das Buch kenne ich auch.«

Der Mann zieht ein Exemplar von *Der Templerschatz* aus seiner Stofftasche und schlägt es auf. Dann hält er mir mein Portrait auf der letzten Seite des Schutzumschlags vor die Augen. »Wenn Sie nicht der Autor dieses Buchs sind, dann heiße ich Indiana Jones ...« Er hält mir einen Stift hin. Ich gebe mich geschlagen, frage nach seinem Namen und signiere das Buch mit einer persönlichen Widmung. »Sehr herzlich, für Emile Chmiel.«

Er nimmt das Buch entgegen und verstaut es wieder in seiner Tasche.

»Okay«, sage ich. »Sie sagen also, dass die Gesetzestafeln mit den Zehn Geboten hier in Chartres sein könnten.«

»Es besteht die Möglichkeit.«

»Dann können wir auch *gemeinsam* den Geheimcode dieser Kathedrale entschlüsseln.«

Chmiel hebt erstaunt die Augenbrauen. »Welchen Geheimcode?«

Ich nicke zum Westportal. »Kommen Sie mal mit.«

Wir verlassen die kühle Dunkelheit der Kathedrale und gehen hinaus – an das Licht der Sonne.

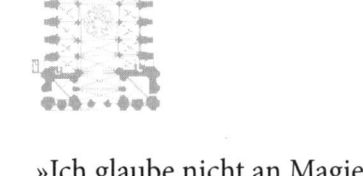

I. Der Code

»Ich glaube nicht an Magie und
irgendwelchen Hokuspokus.«

Dr. Henry Jones, Jr.

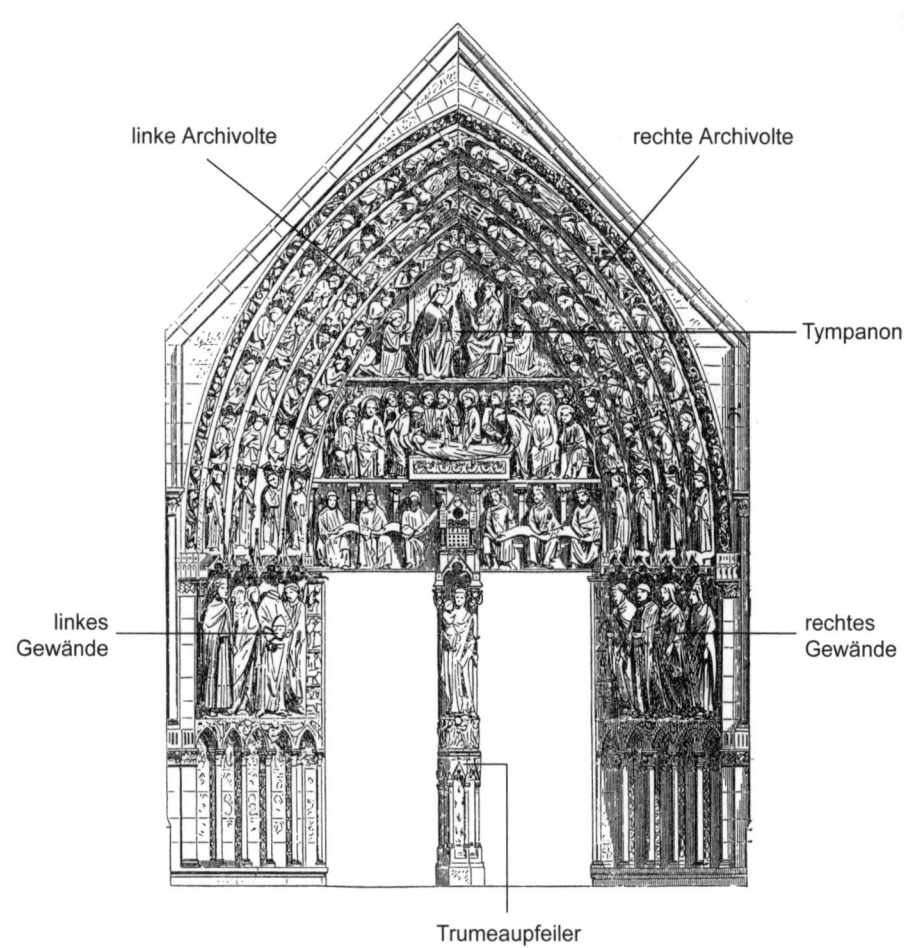

linke Archivolte

rechte Archivolte

Tympanon

linkes
Gewände

rechtes
Gewände

Trumeaupfeiler

1. Ein Haufen alter Steine

Unsere Suche nach der Wahrheit beginnt am Westportal der Kathedrale von Chartres. Schlanke Steinskulpturen starren uns mit leeren Augen an. Diese scheinbar über der Erde schwebenden, spukhaften Gestalten muten wie Besucher an, die es aus einer überirdischen Welt hierher verschlagen hat.

Chmiel und ich stehen vor dem Eingang des Mittelportals und sehen uns den überbordenden Skulpturenschmuck an.

»Der Blick dieser Skulpturen fordert mich heraus, eine Antwort zu finden«, sage ich. »Ich soll mich fragen, warum ich wieder hier bin. Also stelle ich mir die Frage: Was fasziniert mich an dieser Kathedrale so sehr, dass ich dem Lockruf von Chartres nicht widerstehen kann?«

Chmiel schaut mich neugierig hinter seinen Brillengläsern an. »Wie oft waren Sie schon hier?«

»Ich kann es nicht mehr zählen. Und Sie?«

Chmiel denkt nach. »Mir geht es ähnlich.«

»Und was sagt Ihre Frau und was sagen Ihre Kollegen in der Schule zu Ihrer Faszination für die Kathedrale?«

Chmiel sagt: »Meine Frau und meine Kinder verdrehen die Augen, wenn sie hören, dass ich schon wieder unterwegs die Kathedrale von Chartres ansehen will, wenn wir in den Sommerferien in die Bretagne fahren.«

»Meine Frau hat sich an meinen Tick gewöhnt«, sage ich. »Sie ist Kunsthistorikerin und holt mich regelmäßig auf den Boden der Tatsachen zurück. Aber es tröstet mich, dass ich nicht allein bin mit meiner Faszination.«

Als ich mir vorkomme wie bei einer Sitzung der anonymen Kathedralsüchtigen, taucht neben uns eine Busladung japanischer Urlauber auf, die sich mit vornehmer Ehrfurcht dem mittelalterlichen Bau nähern. Jedes Jahr sieht die Kathedrale von Chartres Hunderttausende Besucher: gelangweilte Schulklassen, zerstreute Pauschaltouristen, Esoteriker, die hoffen, irgendeine Erleuchtung zu finden, kunsthistorische Schwelger, Jakobspilger, die hier auf dem Weg nach Santiago de Compostela haltmachen.

Und Leute wie Chmiel und ich – besessene Forscher, die nur die Wahrheit finden wollen.

Eine Antwort auf die Frage, warum manche Menschen seit Jahrzehnten nach Chartres kommen, ist nicht einfach. Selbst für den vermeintlich Eingeweihten sind nach hundert Besuchen viele Rätsel ungelöst. Und für den Pauschaltouristen ist Chartres erst recht nur eine weitere Sehenswürdigkeit, die bei einfachen Gemütern in der unüberschaubaren Masse der Attraktionen des benachbarten Paris untergeht. Das mag arrogant klingen, dürfte aber der Wahrheit entsprechen, denn ich selbst kann mich hier leider auch nicht ausnehmen.

»Ich habe alle Kathedralen Nordfrankreichs gesehen«, sagt Chmiel. »Aber Chartres ist für mich nach wie vor voller Geheimnisse und ungelöster Rätsel. Sie ist die Kathedrale aller Kathedralen.«

»Dem kann ich nur beipflichten«, sage ich. »Als ich Chartres erstmals im Jahre 1994 besuchte – achthundert Jahre nach dem Baubeginn –, war die Kathedrale nur eine von vielen Stationen. Der Bau wirkte auf mich wie ein Ort, an dem sich die Gestalten des Alten und Neuen Testaments der Bibel in die Wirklichkeit gestohlen haben, um an den drei Fassaden zu Stein zu erstarren. Falls es eine allumfassende Botschaft der Kathedrale gab – ich verstand sie nicht.«

»Und verstehen Sie sie jetzt?«

Ich kann nur den Kopf schütteln und die Achseln zucken. »Ich bin hier, um das herauszufinden. Irgendwann habe ich mir gesagt, fahr' nach Chartres, um das Rätsel endgültig zu lösen. Ich habe Chartres früher mit den gleichen Augen betrachtet wie diese Touristen, nämlich nicht als sakrales Bauwerk, sondern als einen Haufen alter, übereinandergeschichteter Steine, der ein hübsches Fotomotiv abgibt.«

»Vielleicht liegt es daran, dass man als Katholik, Protestant, Buddhist, Moslem oder Atheist solche Bauwerke völlig anders sieht«, sagt Chmiel. »Katholiken sind befangener, manche geraten in regelrechte Ekstase. Denken Sie an Lourdes, das Grabtuch von Turin oder das Hemd der Jungfrau Maria, das hier seit dem Mittelalter ausgestellt wird.«

»Sie meinen Protestanten sehen solche Bauwerke anders?«
»Vielleicht.«
Ich denke nach und sage dann: »Sie haben recht. Als Protestant konnte ich mich bis dahin erfolgreich der Faszination sakraler Bauwerke entziehen, denn evangelische Kirchen strahlen in der Regel den spröden Charme von Plattenbauten in Berlin-Marzahn aus.«
Chmiel lacht. »Es gibt auch hässliche Kirchen in katholischen Gemeinden.«
»Nicht so viele wie bei den Protestanten. Ich sah die Kathedrale von Chartres mit nüchternen Augen: als ein architektonisches Objekt, ohne jedwedes Verständnis für die ikonographischen Rätsel, die sich in und an dem Bauwerk dem Blick selbst des geübtesten Betrachters entziehen können. Vielleicht so wie diese Japaner, die nun die Skulpturen mustern. Damals wusste ich nicht, welche Skulptur Melchisedek, Jeremias oder Stephanus darstellte. Ich hatte noch nicht einmal von Melchisedek oder Jeremias gehört.«
»Mir erging es ähnlich. Ich machte mir die Mühe. Die tiefere Bedeutung hinter all diesen biblischen Gestalten erschließt sich nur demjenigen, der bereit ist, sich der Geschichte dahinter zu öffnen.«
»Dann lassen Sie uns mit der Entschlüsselung beginnen«, sage ich. »Der erste Schritt zum tieferen Verständnis der Kathedrale besteht darin, zu fragen, ob es *überhaupt* eine oder vielleicht sogar mehrere verborgene Botschaften in Chartres gibt.«
Natürlich erzählt jede Skulptur oder jedes Bleiglasfenster eine biblische wie auch mittelalterliche Geschichte. Auf den zweiten Blick verbergen sich aber noch tiefere Weisheiten, die eher mit einer verlorenen Wissenschaft zu tun haben als mit Religion. Denn es ist offensichtlich, dass die Konstruktion einer derartig schönen Kathedrale das Fachwissen der besten Architekten und Bauleute des Mittelalters bedurfte, die in Statik, Geometrie und Trigonometrie bestens bewandert waren. Doch die Kathedrale zu verstehen heißt nicht nur, die Kathedrale *anzusehen*. Der Grund, warum ich die Kathedrale von Chartres verstehen wollte, ist einfach zu erklären: Ich *berührte* damals die Steine mit meinen Händen.

Bild 3: Die Westfassade der Kathedrale von Chartres

»Haben Sie die Kathedrale jemals angefasst?«, frage ich Chmiel.

»Bestimmt.«

»Wo?«

»Keine Ahnung. Irgendwo im Innenraum.«

»Ich meine nicht die Kerzen, die Sie anzünden.«

»Dann weiß ich es auch nicht.«

»Sie können es nicht mit Gewissheit sagen?«

»Doch. Ich würde sagen, dass ich die Steine am Nordportal oder am Südportal berührt habe. Warum fragen Sie?«

»Ganz einfach. Ich habe seit 1994 keinen einzigen Touristen gesehen, der die Kathedrale jemals *angefasst* hätte.«

Ich hebe die rechte Hand. »Dieser *haptische* Aspekt klingt zunächst spaßig. Bei näherer Betrachtung spricht jedoch vieles dafür, die Skulpturen und den Bau der Kathedrale zu *berühren,* um sich bewusst zu werden, dass wir es hier nicht nur mit Myriaden von Quarz- und Feldspat-Atomen zu tun haben, aus deren Molekülketten die mittelalterlichen Steinmetze mit ihren Metallwerkzeugen weitere Atome herausgesprengt haben.«

»Interessanter Gedanke«, räumt Chmiel ein. »Als Physik- und Chemielehrer neige ich zu dieser Sichtweise.«

»Ich nicht, meine Eltern sind Künstler. Ich sehe jedes Objekt vom künstlerischen Aspekt, das wurde mir von Kindesbeinen an eingeimpft. Wir haben es hier mit überirdisch schön anmutenden Skulpturen wie etwa die Skulptur der Königin von Saba zu tun, deren graziles, weise lächelndes Antlitz wir jetzt über uns sehen.«

Ich strecke meine rechte Hand aus und betaste die Füße der

Skulptur. »Der Stein, der hier verwendet wurde, ist ein feinkörniger Kalkstein, der aus dem Tal der Oise stammt und unter großem Aufwand hierher transportiert wurde.«[8]
Meine Finger fahren über die raue und doch irgendwie elegante Oberfläche des Steins, verfolgen jede Falte, jede Unebenheit. Ein Kribbeln fährt durch meine Fingerkuppen.
Der Lehrer berührt die Füße der Königin von Saba und sagt: »Es scheint mir, wenn ich die Königin von Saba anfasse, spüre ich die ganze Kathedrale. Das ist auch meine erste subtile Erkenntnis, die mir durch den Kopf fährt. Die Kathedrale kann sich nur als Ganzes offenbaren. Das *Befühlen* der Kathedrale mit den Fingern zeigt, dass hier etwas Gewaltiges mit ungeheurem Aufwand erschaffen wurde.«
Ich nicke. »Ich habe einmal mit fünfzehn Jahren während meiner Schulzeit ein Praktikum in einem Steinmetzbetrieb absolviert. Ich lernte dort die grundlegenden Steinbearbeitungstechniken kennen, angefangen beim Sprengen, Spitzen, Stocken, Zahnen, Scharrieren von Steinen, bis hin zur Arbeit mit Schrift- und Bildhauereisen.«
»Mein Vater war Steinmetz«, sagt Chmiel trocken. »Das kommt mir auch bekannt vor.«
»Meine Aufgabe war es gewesen, aus einem alten Grabstein eine urzeitliche Schnecke – einen Ammoniten – zu hauen. Abends war ich so erschöpft, dass ich direkt nach dem Abendessen einschlief und am nächsten Morgen schmerzten alle Knochen. Das Schwierigste jedoch war, meine Vorstellung von diesem Ammoniten mit Kohle auf den Stein zu zeichnen und diese Form freizulegen. Je feiner die Strukturen wurden, umso schwieriger wurde es, nicht unbeabsichtigt irgendeine Ecke abzuhauen und somit die ganze Skulptur zu ruinieren. Ist die Zeichnung schlecht, gelingt es nicht, das künstlerische Konzept zu verwirklichen – die Skulptur *muss* misslingen.«
Chmiel sagt: »Ich weiß, worauf Sie hinauswollen. Hier am Westportal von Chartres ist *nichts* misslungen. Das Konzept ist kongenial zur Vorlage umgesetzt worden.«
Beim Anblick dieser Skulpturen von Chartres erschauere ich ehrfürchtig, denn hier ist wahre Meisterschaft am Werk gewe-

sen. Ein ergrauter japanischer Herr bemerkt meine Gefühlsregung, schaut mich verständnislos an und geht dann weiter.

Ich schnaube belustigt. »Verglichen mit dieser ebenmäßigen Skulptur der Königin von Saba waren meine eigenen steinbildhauerischen Versuche unfassbar dilettantisch. In Chartres zeigt sich eine solche meisterhafte Arbeit, dass selbst der große Steinbildhauer Auguste Rodin in seinem Werk *Die Kathedralen Frankreichs* über Chartres schwärmte, dass es nichts Schöneres anzuschauen gebe, als die gotischen Kathedralen Frankreichs – und vor allem Chartres.«[9]

Das *Berühren* der Kathedrale führt uns also vor Augen, welches ästhetische Gespür und welche Energie die Steinmetzen und Steinbildhauer aufgewandt haben, um das Konzept der Baumeister von einem Gotteshaus zu verwirklichen. Die Arbeiter der Bauhütte müssen über ihre schöpferischen und körperlichen Grenzen hinausgewachsen sein. Ich frage mich, wie viele Knochen geschmerzt haben und wie viele Tränen des Verdrusses geflossen sein müssen, wenn wieder eine Skulptur durch einen falschen Schlag mit Knüpfel und Eisen aus Unachtsamkeit auseinanderflog.

»Diese Schufterei, die Kathedrale zu erschaffen, dauerte sechsundzwanzig Jahre, von 1194 bis 1220«, sagt Chmiel. »Der Kölner Dom entstand in über sechshundertzweiunddreißig Jahren. Die Kathedrale von Chartres wuchs also in Rekordzeit aus dem Boden der Beauce empor. Umso detailreicher musste die Planung sein. In anderen Worten: Jemand musste die Kathedrale von Chartres in ihrer jetzigen Form bereits ins letzte ikonographische Detail geplant haben, und zwar vor dem Baubeginn.«

Ich sage: »Je detaillierter der Plan war, umso schneller konnte es vorangehen. Es stellt sich die Frage nach dem Aufwand. Warum dieser Kraftakt, innerhalb von sechsundzwanzig Jahren diese Kathedrale zu bauen? War es nur der bloße Glaube an Gott? War es nur Frömmigkeit?«

Wenn einmal das Bewusstsein vorhanden ist, mit welchem Aufwand die Kathedrale von Chartres entstanden ist, dann stellt sich sehr schnell die Euphorie ein, wie gut erhalten der Bau doch heute noch ist. Die Kathedrale ermöglicht eine beinahe lückenlose Beschäftigung mit den ikonografischen Geheimnissen, die sie hütet. Zwar wurden während der Jahrhunderte viele Skulpturen beschädigt, doch rekonstruierte man sie im Laufe der Zeit. Chmiel zeigt auf die Figuren des Westportals. »Ich habe mich immer gefragt, warum die Skulpturen und Bleiglasfenster hier in Chartres über all die Jahrhunderte hinweg so gut erhalten geblieben sind.«

Die Frage ist berechtigt. Es gab zwei sehr dramatische Ereignisse in der Geschichte Frankreichs: die Französische Revolution 1789 und die deutsche Besatzung Frankreichs während des Zweiten Weltkriegs von 1940 bis 1944. War die Kathedrale den marodierenden Banden der Französischen Revolution oder den deutschen Besatzern während des Zweiten Weltkriegs zu unheimlich? Kathedralen wie etwa Noyon in der Picardie oder Chalon-sur-Marne in der Champagne treiben dem Besucher die Tränen der Wut in die Augen, denn hier sind so gut wie alle Skulpturen während der Französischen Revolution vom rasenden Mob zertrümmert worden.

Doch Chartres? Hier ist über neunzig Prozent erhalten geblieben. Wohnt hier der Geist Gottes? Fürchteten die Revolutionäre göttliche Rache, falls sie mit Hammer und Meißel das Werk von Jahrhunderten vernichteten? Die Unversehrtheit der Kathedrale von Chartres legt diesen Schluss nahe.

»Diese Unversehrtheit hat eine ganz irdische Ursache«, sage ich. »Wir verdanken sie unter anderem dem Mitglied der Kunstkommission im Komitee der Volkserziehung und Abgeordneten des Nationalkonvents, François-Antoine Sergent, der von 1751 bis 1847 lebte. Er stellte sich gegen die Revolutionäre und weigerte sich, die Kathedrale für die Zerstörung durch Hammer und Meißel freizugeben.[10] Wäre Sergent nicht gewesen, wäre die Kathedrale nicht mehr annähernd so gesprächig, wie sie es heute ist.« Diese steinerne Gesprächigkeit erlaubt es uns auch, nach ikonographischen Spuren zu suchen, die Antworten geben können. Die Frage ist nur, ob es uns gelingt, den Geheimcode von Chartres zu erkennen und zu übersetzen.

»Dann lassen Sie uns hören, was die Kathedrale uns zu sagen hat«, sagt Chmiel.

2. Eine verborgene Wirklichkeit

Die *Porta regia*, also das Königsportal, wird bereits in einer Chartreser Gebetbuchschrift aus dem Jahre 1135 genannt, ist also romanischen Ursprungs.[11] Es heißt deswegen Königsportal, weil hier biblische Könige dargestellt sind, von denen die Kunsthistoriker bis auf wenige Ausnahmen bis heute nicht wissen, wer genau diese Gestalten sind, wann sie erschaffen wurden und welche Bedeutung sie haben.[12]

»Das ist bemerkenswert«, sagt Chmiel. »Eine dieser Gestalten im rechten Gewände des linken Portals der Westfassade ist auf jeden Fall Moses.« Chmiel zeigt auf die Gesetzestafel, die er in den Händen hält. Eine andere Skulptur stellt König Salomo mit einer Schriftrolle in seinen Händen und einer Krone auf dem Kopf dar. Links neben König Salomo ist die Königin von Saba zu sehen, Salomos Geliebte. Neben ihr wiederum hält König David das Buch der Weisheit. Ganz links neben König David befindet sich »ein Prophet«.

Chmiel reibt sich nachdenklich das Kinn. »Weiß man, wer dieser Prophet sein soll?«

Ich hebe ratlos die Hände. »Niemand kann es mit Gewissheit sagen. Das ist es ja, was dieses Königsportal so besonders macht. Kunsthistoriker *vermuten*, dass es sich bei diesen Figuren etwa um die Königin von Saba, um König David oder König Salomo handelt.[13] Gewiss ist es nicht.«

Ich zeige auf die Figuren am linken und rechten Gewände des rechten Portals. »Diese Skulpturen dort entziehen sich ebenso komplett dem Wissen der Kunsthistoriker. Ebenso wie die Skulpturen des linken Gewändes des Mittelportals. Rätsel um Rätsel.«

Chmiel sagt: »Vielleicht ist dies auch ein Grund, warum das Königsportal und alle anderen Portale von Chartres während der Französischen Revolution unbeschädigt blieben, während das Gegenteil in St. Denis passierte, wo umfangreiche Arbeiten zur Rekonstruktion der Skulpturen vonnöten waren.«

»Es scheint so, dass die Steinmetzen absichtlich bestimmte Erkennungsmerkmale ausgelassen haben, sodass eine Identifizierung

– abgesehen von Moses mit seiner Gesetzestafel und der Königin von Saba – schwierig bis unmöglich erscheint.«[14]

Chmiel reibt sich das Kinn. »Das ist schon sehr merkwürdig. Die Figuren sind zwar unversehrt und gut erhalten. Doch die Steinmetzen haben Attribute weggelassen, die eine eindeutige Identifizierung ermöglichen könnten? Warum?«

»Das frage ich mich andauernd«, sage ich. »Was sollte hier verborgen und nur denen zugänglich gemacht werden, die in die Geheimnisse jener Epoche eingeweiht waren, als das Westportal geplant und anschließend in Stein gehauen wurde? Gibt es überhaupt keine Hinweise, die uns hier weiterbringen?«

»Gewiss ist, dass sich viele Handlungen, mit denen die biblischen Heiligen, Propheten und Könige gezeigt werden, größtenteils Rückschlüsse auf die Liturgie des Gottesdienstes ermöglichen«, erklärt Chmiel. »In Zeiten des Mittelalters waren diese Bildgeschichten an den Portalen und den farbenfrohen und lichtdurchfluteten Bleiglasfenstern im Inneren der Kathedrale die einzige Möglichkeit, die Bibel zu verstehen, denn die lateinische Sprache war bis auf wenige Ausnahmen nur den Geistlichen vorbehalten.«

»Okay«, sage ich. »Wollen Sie meine Interpretation hören, was das Ganze hier zu bedeuten hat?«

»Nur zu.«

»Wenn Sie mich fragen, dann weisen die Skulpturen an der Westfassade von Chartres auf eine verborgene Wirklichkeit jenseits der Bibel hin, die sich hier in Chartres in Gestalt der Kathedrale entfaltet. An keiner anderen Kathedrale wird der Eindruck erweckt, als seien die Steinskulpturen an den Portalen so gestaltet, dass um 1200

Bild 4: Prophet, König David, Königin von Saba und König Salomo

31

bis 1220 eine Art Stillstand des Raum-Zeit-Kontinuums stattgefunden hätte. Tatsächlich scheint hier die Wirklichkeit eingefroren zu sein. Beinahe erwartet man in Chartres die Steinmetzen, Maurer, Glaser und Zimmerleute jener Zeit auftauchen zu sehen.«

Wir treten einige Schritte zurück und betrachten nun die drei Portale der Westfassade. Mir fällt auf, dass einige Säulen der Portalgewände nicht von Figuren geziert werden. Ich zähle neunzehn Gewändefiguren. Fünf fehlen. Ursprünglich standen demnach vierundzwanzig Figuren an den Gewänden der drei Portale der Westfassade. Diese vierundzwanzig Figuren entstammen dem Alten Testament.[15] Zwischen diesen Figuren sind verschlungene Flechtmuster zu sehen, die von Sagengestalten der griechischen Mythologie durchzogen sind, Kentauren, Einhörner, Basilisken.

Das *Tympanon* – das Giebelfeld über dem Türsturz – des Mittelportals wird vom Weltenrichter Jesus Christus beherrscht, der in der sogenannten *Mandorla* thront, einem mandelförmigen Strahlenkranz. Hinter seinem Kopf ist ein Weihekreuz zu sehen. In der linken Hand hält er das Buch mit den sieben Siegeln aus der Apokalypse mit den Namen der Erlösten. Mit der rechten Hand segnet er. Jesus wird flankiert von den vier Darstellungen der Evangelisten Matthäus, Markus, Lukas und Johannes, die hier als Mensch, geflügelter Löwe, geflügelter Stier und Adler dargestellt sind.[16]

Darunter sind die zwölf Apostel. In den Archivolten sind in zwei Reihen angeordnet die vierundzwanzig Ältesten, die in der Offenbarung des Johannes vor dem Thron Gottes stehen, aber im Mittelalter in die zwölf Propheten aus dem Alten und die zwölf Apostel aus dem Neuen Testament aufgespalten wurden. In einer weiteren Reihe der Archivolten sind Engel zu sehen – ganz oben im Scheitel der halbrund zulaufenden Portalbögen befindet sich sogar ein gekrönter Engel. Jesus erscheint am Ende der Zeit auf der Erde, um die Menschheit zu richten. Das Motiv wird dadurch verstärkt, dass neben den zwölf Aposteln auch noch zwei Endzeitpropheten zu sehen sind. Den zwölf Aposteln obliegt die Aufgabe, die zwölf Stämme Israels zu richten.

»Wir haben hier in diesem mittleren Portal eindeutig eine bildliche Darstellung der letzten Tage der Menschheit gemäß der Offenbarung des Johannes vor uns«, sagt Chmiel. Ich stimme ihm zu. »Aber bis hierhin haben wir nichts Ungewöhnliches.«
Wir gehen zum linken Portal der Westfassade und untersuchen hier die Skulpturen und Reliefs.
»Es gibt Hinweise auf den Leidensweg Christi – die Passion«, sage ich. Nach der Kreuzigung, die hier seltsamerweise gar nicht dargestellt ist, entdecke ich eine Szene der Taufe, der Apostelentsendung, der Wiederkunft, der Himmelfahrt. Gesäumt werden diese Darstellungen von faszinierenden Reliefs der Tierkreiszeichen und den dazugehörigen Monatsdarstellungen, die anzeigen, welche Arbeiten in welchem Monat verrichtet wurden. So findet sich die Jungfrau im Scheitel, die im September mit der Traubenernte assoziiert wird, darunter etwa der Löwe, der mit dem Dreschen des Getreides verbunden ist usw. Die gesamten Tierkreiszeichen erscheinen hier.
»Ich habe mich immer gefragt, was diese Tierkreiszeichen darstellen sollen«, fragt Chmiel.
»Ich vermute, es ist eine Huldigung an die Schule von Chartres, wo die Astronomie ein bedeutendes Unterrichtsfach der sieben freien Künste war. Überhaupt – die sieben freien Künste ...«, murmele ich.
Das rechte Portal gestaltet sich etwas komplizierter. Es werden Szenen aus dem Leben Christi, wie die Verkündigung, die Heimsuchung in Gestalt des Besuchs Marias bei ihrer Cousine Elisabeth, die Geburt Christi und insbesondere seine Erlebnisse im Tempel von Jerusalem gezeigt.
Ich zeige auf die äußerste rechte und die äußerste linke Archivolte des rechten Portals der Westfassade. »Das scheinen sie zu sein.«
»Die sieben freien Künste?«
»Ja. Das dort in der rechten Archivolte sind die Arithmetik und Boëthius, die Astronomie und Ptolemäus, sowie die Grammatik, die mit dem römischen Sprachlehrer Donatus assoziiert ist. Auf der linken Seite geht es mit der Geometrie weiter, die mit dem Mathematiker Euklid unter ihr dargestellt ist, darüber die Rheto-

rik mit dem Politiker, Schriftsteller und Philosophen Cicero, gefolgt von der Dialektik, der – vielleicht – Aristoteles oder Platon unterstellt ist. Die sieben freien Künste werden hier in Gestalt von Jungfrauen repräsentiert, die über den entsprechenden antiken Persönlichkeiten thronen.«

»Aber warum ist diese Darstellung der sieben freien Künste in Ihren Augen so besonders?«

»Sie taucht in der dritten Erweiterung der Abtei von Cluny im Burgund in einem Kapitellzyklus auf, Ende des 11. Jahrhunderts. Aber niemals in dieser Form an einer solch prominenten Stelle wie hier an der Westfassade der Kathedrale von Chartres. Das ist schon äußerst bemerkenswert.«

Doch was waren die sieben freien Künste? Ich versuche, mein Wissen ins Gedächtnis zurückzurufen. »Die *septem artes liberales* gehen auf den in Karthago geborenen lateinischen Autor Martianus Capella (410–439) zurück, der in seiner Schrift *De septem disciplinis* die Hochzeit der Philologia mit Merkur, dem Gott der Wissenschaften, beschreibt.[17] Merkur und Philologia bilden hier eine Einheit, die wiederum aus sieben Teilen besteht. Sieben Jungfrauen gruppieren sich im *Trivium*, bestehend aus den drei Wissenschaftsdisziplinen der Grammatik, Dialektik und Rhetorik und dem *Quadrivium*, das aus der Arithmetik, Geometrie, Musik und Astronomie besteht.«

»Also ein Verhältnis von 3:4.«

»Genau. Martianus Capella fasste die sieben Wissenschaftsdisziplinen in seiner Schrift *De septem disciplinis* zusammen und hinterfragte in zwei vorangestellten Kapiteln die Bedeutung wissenschaftlicher Erkenntnis. Capella wies den sieben freien Künsten bestimmte Eigenschaften zu, die für sieben Wissenschaftsdisziplinen stehen und die in Chartres bildhauerisch umgesetzt wurden.«

»Verstehe. Deswegen trägt die Figur der *Arithmetik*, die ein Gebiet der Mathematik repräsentiert, zu dem auch die Grundrechenarten wie etwa Addieren, Subtrahieren, Multiplizieren und Dividieren gehören, etwa einen Rechenschieber mit Kugeln.«

»Ja«, sage ich. »Hier in Chartres wird die Arithmetik von dem römischen Gelehrten Boëthius begleitet, der um 480 geboren wurde und um 525 starb. Ursprünglich wollte Boëthius die Werke sowohl von Platon als auch von Aristoteles ins Lateinische übertragen.[18] Boëthius' Vermächtnis bestand jedoch letztendlich in der Übersetzung und Veröffentlichung von Aristoteles' Werk über die Logik mit dem Titel *Organon*. Durch Aristoteles finden wir hier einen versteckten Verweis auf den großen Philosophen Platon, der Aristoteles' Lehrmeister war. Doch die Arithmetik umfasst nicht nur die Grundrechenarten, sondern auch die Interpretation der mystischen Zahlensymbolik der Pythagoräer, die jeder Zahl eine bestimmte Bedeutung gegenüberstellten.«

Chmiel geht näher an die Darstellung heran. Nach einer Weile sagt er: »Die Gestalt der *Geometrie* zeichnet Figuren auf eine Tafel und wird von Euklid begleitet. Sie symbolisiert anscheinend die Geographie, euklidische Geometrie und sogar Landesvermessung mit Hilfe der Trigonometrie und ihrer praktischen Anwendung in der Triangulation zur geografischen Bestimmung von Orten auf der Erde. Das war ein Forschungszweig, den bereits der Astronom, Mathematiker und Bibliothekar von Alexandria, Claudius Ptolemäus betrieb, der von 87 bis 150 nach Christus lebte.«

Die *Musica* hält eine Harfe in ihrer linken Hand, während ein Monochord, ein Musikinstrument mit einer einzigen Saite zum Stimmen ihrer Instrumente, zu ihrer Rechten steht. Mit der rechten Hand schlägt sie mit einem kleinen Hammer gegen ein Glockenspiel – Ausdruck für die Suche nach dem Ton, der nach Pythagoras die Welt der Sphären zum Schwingen bringt. Das Stimmen der Instrumente ist auch ein Symbol für die kosmische Musik.

»Die kosmische Musik scheint hier in Chartres in Gestalt der Kathedrale zu Zahlen, Dimensionen und daher Stein erstarrt zu sein«, sage ich.

»Glockenspiel und Monochord als Ausdruck der kosmischen Musik?«, grinst Chmiel. »Das klingt nach dem Song *Time* von Pink Floyd.«

Ich muss ebenfalls grinsen. »Ich glaube, die Menschen damals waren weiter, als wir denken. Vielleicht gibt es hier in Chartres ja auch eine dunkle Seite des Mondes. Etwas uns Verborgenes. Das verdeutlicht die *Astronomia,* die mit dem rechten Finger zum Himmel zeigt. Der Astronom unter ihr ist Ptolemäus. Er ist ein Hinweis dafür, dass die Astronomie nicht als Sterndeuterei im Sinne der Astrologie interpretiert werden darf, sondern als eine Forschungsdisziplin, die als Wissenschaft zur mathematischen Berechnung der Sterne und Planeten, daher des Universums, aufgefasst werden sollte.«

Chmiel kratzt sich nachdenklich am Kopf. »Okay, daher auch all die Tierkreiszeichen. Aber was ist neben der *Musica?*«

»Das müsste die *Grammatik* sein, denn sie hält eine Rute in ihrer rechten Hand und unterweist zwei Kinder zu ihren Füßen, die jeweils gebundene Pergamentseiten halten, im rechten Gebrauch der Schrift und der Sprache. Die Grammatik, die auf den alten antiken Autoren beruht. Zu den Füßen der Grammatik hockt Donatus, der Biograf des Dichters Vergil und Autor von zwei Standardwerken über die Grammatik.«

»Dann kann das nur die *Rhetorik* als Sinnbild für die Redekunst sein. Hält sie einen Schleier hoch?«

»Es sieht so aus.«

»Es ist sehr wahrscheinlich ein versteckter Wink für die Verhüllung eines bestimmten, unbekannten Aspektes«,[19] sagt Chmiel. »So wie ein rhetorisch begabter Mensch durch geschickt gewählte Worte bestimmte Aspekte verhüllen oder besser verschweigen kann oder auch Dinge mitteilt, ohne sie zu sagen, so steht die Rhetorik für die ausgesprochenen Worthülsen, aber mehr noch für die unausgesprochenen Informationen.«

»Sie meinen, es steht für die *Verhüllung* einer verborgenen Wahrheit – womöglich hier in Chartres? Dafür spricht zumindest die Tatsache, dass die mittelalterlichen Gelehrten der Schule von Chartres im 12. Jahrhundert die Einleitung der Schrift über die *sieben freien Künste* von Martianus Capella häufig kommentierten.«[20]

»Doch wofür steht die Dialektik?«, fragt Chmiel. Ich benutze mein Teleobjektiv, um die Skulptur der Dialektik zu vergrößern. »Sie hält in der linken Hand eine Blume«, sage ich. »Mit der rechten Hand umfasst sie einen Drachen.«

Ich reiche die Kamera an Chmiel weiter. »Was hat der Drache hier zu suchen? Und was hat es mit dem Philosophen Platon hier in Chartres auf sich?«, schreibe ich in mein Notizbuch.

Wir erörtern das Leben Platons. Er wurde im Jahr 427 v. Chr. in eine adelige Athener Sklavenhalterfamilie geboren und im Jahre 407 in die Schule von Sokrates aufgenommen. 399 wurde Platons Lehrer Sokrates hingerichtet. Platon musste seine eigenen Wege gehen. Er reiste nach Mega-

Bild 5: Die Dialektik der sieben freien Künste als Jungfrau mit einem Drachen

ra, lernte dort den Mathematiker Euklid kennen und machte sich mit den grundlegenden Prinzipien der Arithmetik und Geometrie vertraut. Er bereiste Kyrene und Sizilien. 390 v. Chr. erreichte Platon Syrakus, um hier Philosophie zu lehren. Der Despot Dionysios I. verkaufte Platon als Sklave. Sein eigener Schüler Annikeris kaufte ihn frei, sodass Platon um 386 v. Chr. in Athen seine Philosophenschule gründen konnte. Platon starb 347 v. Chr. in Athen. Sein philosophischer Einfluss ist bis heute enorm. Platons Schüler Aristoteles vertiefte viele seiner Thesen und weitete das Gedankengut zur Dialektik in seiner Schrift *Topik* aus. Heute gilt Platon als der größte Philosoph der Geistesgeschichte. Er pflegte seine Werke in Dialogform aufzuschreiben.

Während seiner Reisen nach Sizilien kam Platon mit den Pythagoräern in Kontakt, einer Gemeinschaft von Denkern, die sich der Mathematik und der Zahlenmystik verschrieben hatte und auf den Mathematiker Pythagoras zurückgeht, der um 600 v. Chr. auf der Insel Samos geboren wurde. Für die Pythagoräer war der Anfang der Welt gleichbedeutend mit »der Zahl« an sich. Für sie war der Kosmos mathematisch beschreibbar. Angesichts der

Tatsache, dass Physiker heutzutage bemüht sind, eine Formel zur einheitlichen Beschreibung der Naturgesetze auszuarbeiten, ist diese Idee geradezu visionär gewesen. Durch die Pythagoräer stoßen wir so aber auch auf das Wort für den »Anfang«: Archē. Die pythagoräischen Zahlenmystiker schrieben der Zahl 10 eine besondere Bedeutung zu: Sie ist das Produkt der Zahlen 1 + 2 + 3 + 4 – also vier Zahlen, die addiert die Summe 10 ergeben und daher als Tetraktys – Vierergruppe – bezeichnet werden. Tetraktys und die Zahl 10 stehen für die Harmonie der Welt.

»In Chartres misst das Labyrinth 12,885 Meter«, erkläre ich. »Die Kathedrale ist *zehnmal* so lang wie das Labyrinth, etwa 128 Meter. Das ist eine Reverenz an die Pythagoräer und Platon. Und die Vierergruppe taucht in Chartres an ebenso prominenter Stelle auf, nämlich in der Vierung, jenem Raum, wo sich Quer- und Langhaus treffen. Das *gebundene System* besagt, dass die Vierung als Grundlage für die Raumaufteilung der gesamten Kathedrale dient. Das Rechteck oder Quadrat der Vierung der Kathedrale entspricht zwei Langhausjochen. Hier ist das Verhältnis von 1:2 gegeben. All das ist kein Zufall, sondern pythagoräische Wissenschaft. Die Erbauer von Chartres waren also mit den Lehren der griechischen Philosophen bestens vertraut.«

Chmiel sagt: »In der Bibel hat die Zahl 10 eine ebenso große Bedeutung, erinnern wir uns daran, dass die Zehn Gebote Gottes von Moses in zwei Steintafeln gehauen wurden, nachdem er das von JHWH gefertigte Original am Fuße des Sinai vor Wut über die Anbetung des goldenen Kalbs durch die Hebräer zerschmettert hatte.«

»Die Betonung liegt hier auf den verborgenen Erkenntnissen, die Platon anregte«, sage ich. »So gelangte die pythagoräische Zahlenmystik erst unter Platon zur Blüte. Platon war es auch, der in seinem Werk *Politeia* das sogenannte Höhlengleichnis in Dialogform niederschrieb.«

»Das Höhlengleichnis. Grundkurs Philosophie. Ist schon Jahrmillionen bei mir her. Wie war das noch mal?«

Ich versuche eine Kurzform des Höhlengleichnisses zu erklären. Platon stellte sich Menschen vor, die seit ihrer Geburt an Hals und Schenkeln gefesselt sind, sodass sie ihre Köpfe nicht bewegen können. Sie leben mit dem Rücken zu einer Wand. Hinter der Wand, die so hoch ist, dass Menschen sie gerade überragen, brennt ständig ein Feuer. Wenn zwischen dem Feuer und der Wand Menschen hin- und hergehen, Bildsäulen und andere steinerne und hölzerne Bilder hin- und hertragen, werden die Gefesselten nur Schatten auf der gegenüberliegenden Höhlenwand wahrnehmen. Für die Gefesselten besteht dann die Wirklichkeit in der Wahrnehmung der Schattenwelt.

Ich zeige zur Sonne, die uns hier draußen vor dem Westportal unbarmherzig einheizt. »Platon fragte sich nun, was geschehen würde, wenn einer der Gefesselten befreit und ans Sonnenlicht gebracht werden würde. Würde er die Welt des Tageslichts als die wirkliche Welt erkennen und akzeptieren, nachdem der Gefangene sich an das blendende Licht gewöhnt hätte?«

»Ich nehme an, Platon vermutete, dass es eine gewisse Zeit in Anspruch nehmen würde, bis der Befreite die neue Welt erkennt.«

»Ja, wenn der Gefangene die wahre Welt – die Formen und Gestalten, die Platon *Ideen* nannte – jedoch erst einmal akzeptiert habe, so würde er diese neue Welt der dunklen Höhle und die Freiheit der Fessel vorziehen.«

»Würde ihn der Mitteilungsdrang nicht dazu führen, seinen einstigen Mitgefangenen zu zeigen, wie die wirkliche Welt aussieht?«

»Ich denke schon«, sage ich. »Der Gefangene würde in die Höhle hinuntersteigen und von seinen neuen Sinneseindrücken erzählen. Doch die neue Erkenntnis von einer wahren Wirklichkeit würde von den Gefesselten nicht akzeptiert werden ohne entsprechende Beobachtungen durch die eigenen Sinne. Man würde ihm nicht glauben.«

»Verstehe. Die Gefangenen würden dem Befreiten nicht glauben, dass eine andere Realität existiert.«

»Ja, sie würden sagen, dass seine Augen schlecht geworden seien. Der Versuch der Erleuchteten, den Gefesselten die wahre Welt zu zeigen, würde mit dem gewaltsamen Tod enden, folgerte Platon.«[21]

Der große deutsche Philosoph Karl Jaspers nannte Platons Höhlengleichnis »ein Wunderwerk philosophischer Erfindung, um Anhaltspunkte für Gedanken zu haben, die der direkten Aussprechbarkeit nicht zugänglich sind«[22] und erinnerte daran, dass die Erkenntnisse aus dem Höhlengleichnis in drei Stufen einteilbar sind: *Die Umkehr, Die Stufenlehre* und *Die zwei notwendigen Richtungen des menschlichen Lebens*. In der Umkehr deutet Jaspers Platons Höhlengleichnis als Umkehr der vollständigen Erkenntnis. So wie der Gefesselte sich mit seinem ganzen Körper aus der Höhle ans Tageslicht begibt und sich umkehrt, um die neue Wirklichkeit wahrzunehmen, so muss das neue Wissen bereitwillig ganzheitlich aufgefasst und betrachtet werden.

»Wer nicht erkennen will, der wird nicht erkennen«, sage ich. »Auf Chartres angewandt bedeutet das, die Geheimnisse der Kathedrale können nur dann erkannt werden, wenn das Gebäude ganzheitlich betrachtet wird. Wer sich den Geheimnissen versperrt und sie leugnet, wird sie nicht entdecken und entschlüsseln können.«

»Interessant. Wer also nicht erkennen will, der wird nicht erkennen, auch wenn er sieht.«

»Dabei führt dieser platonische Weg des Erkennens über mehrere Stufen. Die sinnliche Wahrnehmung, so Jaspers, wird durch den reinen Gedanken ersetzt. Der reine Gedanke führt wiederum zur mathematischen Idee, zur dialektischen Wissenschaft.[23] Und zu guter Letzt sind die notwendigen Richtungen der Erkenntnis zwei Zustände des Wissens, die gegeneinander abgewogen werden müssen: von der Erscheinungswelt der Schatten in der Höhle – den Sinnendingen – in die Welt der wahren Wirklichkeit – der Ideen. Und umgekehrt.«

Chmiel sagt: »Auf Chartres angewandt würde das bedeuten: Es kann nicht schaden, die Kathedrale von ihrer reinen architektonischen wie auch ihrer mystischen, religiösen Seite zu betrachten und abzuwägen, ob sich beides bedingt. Wurde die Architektur der Kathedrale von Chartres zu dem, was sie jetzt ist, nur durch den Glauben an Gott? Oder wurden die religiösen Bilder zu dem, was wir jetzt in und an der Kathedrale von Chartres vorfinden, durch die hochgotische Architektur? Wenn dem so ist, gibt es einen verborgenen Zweck der Gotik?«

Ich deute wieder zur Skulptur der Dialektik hoch. »Platon bezeichnete die Dialektik als einen Prüfstein. Die Dialektik ist für ihn ein Synonym für die Erforschung und Auslotung der Wahrheit, ohne zu sehen oder sonstige Sinne anzustrengen.[24] Es geht also um den reinen Verstand, die Vernunft, die aber auch die Grenzen allen Wissens erreicht. Für Platon stellte die Dialektik die königliche Wissenschaft dar. Eine Dialektik, die er selbst, Platon, geprägt hat.[25] Das Wort *Dialektik* und die damit verbundene Lehre taucht zuerst in seinem Werk auf.«[26]

»Sie wollen also damit sagen, dass die erste verborgene Botschaft der Dialektik, die den Drachen hält, ist: Nutze deinen menschlichen Verstand, den Intellekt, um in Chartres nach verborgenen Wahrheiten zu suchen, die jenseits deiner ersten Wahrnehmung liegen?«

»Exakt. Es ist völlig klar, dass in Chartres eine verborgene Wirklichkeit existiert. Die Kathedrale *ist* die verborgene Wirklichkeit. Wir müssen sie erforschen. Wir haben den Code erkannt.«

Chmiel entnimmt seiner Stofftasche eine kleine Digitalkamera und fertigt Aufnahmen von der Skulptur der Dialektik an. »Die Dialektik in Chartres ist also ein Beweis dafür, dass hier eine solch verborgene Wirklichkeit tatsächlich existiert. Den ersten Schritt haben wir vollzogen. Wir haben die Dialektik als Anleitung zur Dekodierung genutzt. Resultat: Wir können nun erkennen, weil wir erkennen *wollen und können*.«

»Der erste Schein trügt hier also«, sage ich. »Im Falle der Kathedrale von Chartres ist die erste Wahrnehmung ein *Haufen alter Steine,* die übereinander geschichtet ein Gebäude darstellen. Die zweite Wahrnehmung ist die eines Gebäudes mit einer Unmenge an religiösen Skulpturen und Bleiglasfenstern aus dem Alten und Neuen Testament. Doch es gibt noch eine dritte Wahrnehmung.«

»Was meinen Sie?«

»Die dritte Wahrnehmung ist die der Dialektik an sich. Sie steht für die reine menschliche Vernunft, die eine Konstruktion der Kathedrale von Chartres erst ermöglichte. In diesem Sinne ist die übergeordnete Botschaft der Skulptur der Dialektik an der Westfassade von Chartres folgende: Der pythagoräische Anfang

der Welt – Archē –, die *Zahl* an sich und damit die Wissenschaft
– ermöglicht erst das Erkennen durch die Kathedrale von Chartres. Durch die Wissenschaft wird erst der Glaube an Gott ermöglicht – nicht umgekehrt.«

»Dies ist eine ungeheuerliche Botschaft«, sagt Chmiel. »Die
Westfassade von Chartres sagt uns also: Wissenschaft steht über
Religion! Forsche, damit du glauben kannst!«

»Ohne Wissenschaft kein Glaube, ohne Wissenschaft keine Kathedrale. Die – wahre – Botschaft der Skulpturen der Kathedrale
von Chartres kann also nur entschlüsselt werden, wenn sie wissenschaftlich betrachtet wird. Diese Aufforderung deckt sich mit
dem Gründer der Gotik, Abt Suger von St. Denis, der in seiner
Schrift *De Ordinatio* anmerkt, dass sich die wahre Bedeutung
der christlichen Ikonographie nur den *litterati* erschließt, die das
Gesehene wörtlich nehmen und nicht metaphorisch deuten.«[27]

Wir stehen eine Weile vor dem Westportal und lassen die neuen
Erkenntnisse auf uns einwirken. Immer mehr Touristen tauchen
auf. Eine elektrisch angetriebene Eisenbahn mit Anhängern, in
denen Touristen sitzen, nähert sich uns vom Südportal her und
verschwindet Richtung Altstadt.

»Doch was hat das Ganze mit dem Drachen zu tun, den die Gestalt der Dialektik im Arm hält?«, fragt Chmiel. »Und warum ist
die Dialektik als Jungfrau dargestellt?«

3. Nachrichten aus dem Drachenreich

»Drachen wurden in allen Kulturkreisen sowohl als Echse als
auch als Schlange dargestellt«, sage ich. »Sie sind eine archety-
pische Überlieferung aus Zeiten, in denen der Mensch sich vor
allem Unbekannten fürchtete.«

Chmiel sagt: »Die Grenze zwischen Schlange und Drache ver-
wischt in der Bibel. Wenn die Dialektik eine Schlange auf dem
Arm trüge, könnte das Reptil auf die zwingenden geistigen
Schlussfolgerungen der Logik hinweisen, während die Blume in
ihrer linken Hand auf die entgegengesetzten freigeistigen Kräfte
deuten.«[28]

Ich schüttele den Kopf. »Diese Interpretation geht auf Martianus Capella zurück. Die *würgende Schlange* taucht nur bei Martianus Capella auf. Doch wir sehen hier eindeutig einen Drachen und er würgt auch nicht die Dialektik. Und wie wir sehen können, geht die Dialektik mit dem Drachen sehr freundlich um.«

»Das ist korrekt. Wenn Sie mich fragen, dann bilden Drache und Jungfrau hier eine bemerkenswerte Eintracht.«

Auch im Alten Testament taucht der Drache zunächst in einer anderen Form auf: als Schlange.[29] Dabei ist es eigentlich völlig abwegig, hier bereits von einer Inkarnation des Bösen zu sprechen, denn die Schlange ist ein Geschöpf Gottes, auch wenn sie Eva verführt, den Apfel vom Baum der Erkenntnis zu essen.[30] Der Drache taucht in der Bibel auf, als der Prophet Jeremias über die Invasion der Babylonier im Jahr 587 v. Chr. berichtet. Der Drache ist hier der Feind aus dem Zweistromland: Die Truppen von König Nebukadnezzar II. belagerten Jerusalem, nahmen die Stadt schließlich ein, brandschatzten den Salomonischen Tempel, raubten alle Kostbarkeiten aus dem Allerheiligsten – abgesehen von der Bundeslade – und zwangen die Hebräer ins babylonische Exil.[31] Zum Sinnbild des Bösen wird der Drache auch in der Apokalypse des Johannes, wenn es hier heißt:

»Und es wurde hinausgeworfen der große Drache, die alte Schlange, die da heißt: Teufel und Satan, der die ganze Welt verführt, und er wurde auf die Erde geworfen, und seine Engel wurden mit ihm dahin geworfen.«[32]

Zuvor werden wir mit dem Motiv des Drachen, der das Kind »der Frau« – gemeint ist die Jungfrau Maria – fressen will, vertraut gemacht. Es entbrennt ein Kampf zwischen der Jungfrau und dem Drachen.

Chmiel nimmt die Brille ab und putzt die Gläser mit einem Taschentuch. »In der Offenbarung des Johannes ist der Drache oder die Schlange ein Sinnbild für die Feinde, die Zion – also Israel – bedrohen, während die Jungfrau den Sieg über das Böse darstellt.[33] Am Ende des Kampfes zwischen Jungfrau und Drache öffnet sich in der Offenbarung der Tempel Gottes und gibt die Bundeslade frei, jenes Symbol für den Bund Gottes mit dem Volk Israel.«[34]

»Ja, aber der Drache ist nicht nur ein Symbol des Bösen«, werfe ich ein. »Dem Drachen wurden im Mittelalter Attribute wie Listigkeit und Klugheit zugeschrieben, er ist also auch intelligent und daher ebenso ein Bild der Vernunft. In der nordischen Liederedda etwa ist der Drache Fafnír, der auf der Gnitaheide in einem unterirdischen Haus wohnt, der Hüter eines Schatzes.[35] Er kann nur durch Intelligenz überwunden werden.«

Chmiel setzt seine Brille wieder auf. »Wenn ich mich recht erinnere, besiegt Sigurd den Drachen durch eine List. Eine Abwandlung der nordischen Sage findet sich in der germanischen Nibelungensage wieder, wo Sigurd mit Siegfried dem Drachentöter identisch ist.«

Im angelsächsischen Nationalepos *Beowulf* (um 1000 n. Chr.) bewacht ein Drache geraubte Schätze. Hier lesen wir:

> »In einer verborgenen Felsenhöhle ruhten von alters her viele reiche Schätze, wohin sie in Urzeiten ein unbekannter Eigentümer versteckt hatte. Diesen wertvollen Hort entdeckte ein Lindwurm, ein habgieriger Drache, wie sie, von Flammen umlodert, oftmals nachts umherfliegen, und nahm alsbald auf dem Felsen Besitz von demselben.«[36]

Das Motiv des Drachen als finsterer Hüter eines Schatzes finden wir häufig in der mittelalterlichen Epik. Der Drache steht mithin nicht nur für das Biblisch-Böse, den Satan, sondern konkret für die Bewachung eines Schatzes. Er ist rächender Richter, aber auch Verwahrer von Wissen *über* den Schatz, also einer geheimen Weisheit oder Erkenntnis.[37] Im *Beowulf* lesen wir weiter:

> »Dreihundert Winter lag er auf dem roten Gold und schaltete und waltete ungestört über den Hort. [...] Sieben der bewährtesten Männer wählte sich darauf der Jüngling aus und schritt als Erster mit einer brennenden Fackel voran in die Wurmhöhle, um alles, was sie an Gold und Kleinoden enthielt, herauszuschaffen an das Licht der Sonne.«[38]

Hier steht Beowulf stellvertretend für alle Sagen, in denen ein Drache einen Schatz bewacht. Der Drache haust stets in einer

Höhle und meidet das Sonnenlicht. Der Schatz ist verborgen in der Dunkelheit der unterirdischen Welt.

Ich sage: »Auf die Skulptur der Dialektik bezogen, haben demnach der Drache, der einen Schatz bewacht und Platons Höhlengleichnis eine grundlegende Gemeinsamkeit: Der Gefangene/der Schatz wird aus der Höhle an das Licht der Sonne – ein Sinnbild für die Wahrheit im Sinne Platons – geholt. Bei Platon ist der Schatz die Erkenntnis, dass die Schatten der Höhle nur eine Illusion waren und die wahre Welt die des Sonnenlichts ist. In den mittelalterlichen Epen wird der materielle Schatz ebenso aus der Höhle an das Licht der Sonne gebracht.«

Während wir vor der Dialektik stehen und immer wieder Platz machen müssen, weil Hunderte Touristen an uns vorbei die Kathedrale betreten und verlassen wollen, offenbart sich mir plötzlich der Sinn dieser bemerkenswerten Skulptur der Dialektik. »Es entsteht der Eindruck, dass die Skulptur der Dialektik mehrere Botschaften an den Betrachter überbringen soll: Erstens entspringt dieses Motiv zwar den *sieben freien Künsten* des 5. Jahrhunderts und geht auf Martianus Capella zurück. Doch zweitens erscheint hier in Chartres auch das Bild eines Drachen, der den Schatz des Wissens – aber vielleicht auch einen materiellen Schatz – hütet. Aber drittens spielt hier auch das apokalyptische Bild von der Jungfrau Maria, die den Drachen besiegt, eine maßgebliche Rolle. Der Urheber dieser steinernen Botschaft hat also ein altes Motiv gewählt, um damit seine eigene verborgene Botschaft zu transportieren.«

»Die Botschaft, dass in Chartres zwei Schätze verborgen sind: ein materieller und ein ideeller«, sagt Chmiel.

4. Der Kult um die Jungfrau

Inzwischen haben wir eine bequemere Position eingenommen und uns auf den mit einem Eisengitter bewehrten Mauersims gesetzt, der das Westportal einzäunt. Ich montiere meine Kamera auf ein Stativ und mustere das linke Portal der Westfassade. Ich packe mein Notizbuch aus, um meine Aufzeichnungen zu konsultieren und die Erkenntnisse Chmiel mitzuteilen.

Die Kathedrale von Chartres wurde der heiligen Anna, der Mutter Marias, geweiht. Die Apokryphen, also die Bücher, die nicht in den Kanon der Bibel aufgenommen wurden, weil sie als Quelle augenscheinlich als zu unzuverlässig galten – wahrscheinlich aber von ihrem Inhalt her zu gefährlich waren –, berichten von der unbefleckten Niederkunft der hochbetagten Anna mit ihrer Tochter Maria.[39] Nicht nur die Mutter Jesu, Maria, galt demnach als unbefleckt, sondern auch Anna, die Großmutter des Heilandes Jesus Christus. Das Protoevangelium des Jakobus ist so angelegt, dass der Eindruck entsteht, Maria dient von Anfang an als »Gefäß« für Gott. In ihren Körper soll der Samen Gottes gepflanzt werden, um den künftigen Messias zur Welt zu bringen.[40] Die Heilsgeschichte besagt, dass die Ankunft Christi vorherbestimmt ist. Gottes Wille, dass sein Sohn Jesus auf der Welt erscheint und die Menschen durch seinen Kreuzestod von ihren Sünden befreit werden, wird geschehen.

Das Lukas-Evangelium berichtet, wie der Erzengel Gabriel über Nazareth erscheint. Der Engel wurde von Gott zu einer Frau namens Mirjam – hebräisch für Maria – gesandt. Das Evangelium überliefert, dass Maria sich nicht fürchten solle, denn sie habe die Gnade Gottes gefunden. Sie würde ohne ihren sehr alten Ehemann, den Zimmermann Joseph, einen Sohn gebären. Sie, Maria, solle ihm den Namen Jesus geben, er würde Sohn »des Höchsten« genannt werden. Jesus würde den Thron Davids, des Königs der Juden, einnehmen, Jesus würde ein heiliges Kind, der Sohn Gottes werden. Der Engel verspricht Maria, dass Jesus für immer herrschen werde.[41]

Maria scheint überrascht, jedoch überwältigt von der bevorstehenden Mission, die sie als Gebärerin des Gottessohnes aufgetragen bekommt. Zweifel ihrerseits, wie sie ohne einen Mann ein Kind gebären soll, zerstreut der Engel, indem er ihr mitteilt, dass Marias Verwandte Elisabeth aus dem Geschlecht der Levi ebenfalls ein Kind erwarte. Und obwohl Elisabeth als unfruchtbar gelte, sei sie bereits im sechsten Monat schwanger.

Maria besucht Elisabeth im Bergland von Judäa und berichtet von ihrer Begegnung mit dem Engel. Elisabeth erkennt Maria als die göttliche Mutter.[42] Ihr eigenes Kind, Johannes, hüpft erfüllt von Vorfreude in ihrem Bauch auf und ab. Elisabeth spricht hier eine weise Erkenntnis aus: »Selig ist die, die geglaubt hat, dass sich erfüllt, was der Herr ihr sagen ließ.«[43]

Elisabeth bringt unterdessen Johannes zur Welt, jenen Johannes, der später Jesus im Fluss Jordan taufen wird und dessen Geburt ebenfalls durch den Erzengel Gabriel prophezeit worden war.[44] Der zuvor stumme Vater des Johannes, Zacharias, kann wieder sprechen, denn der Heilige Geist Gottes fährt in ihn. Zacharias prophezeit die Einlösung des Heiligen Bundes, den Gott mit dem biblischen Urvater Abraham einst geschlossen hatte.[45] Die bevorstehende Ankunft – der Advent – des Jesus-Kindes ist also die Erfüllung der Prophezeiung Abrahams.

Jesus ist der neue Messias, der Erlöser, den Maria in ihrem Bauch trägt. Zumindest für einige wenige Menschen in Galiläa zu jener Zeit, denn der Großteil des jüdischen Volkes nimmt später von Jesus keine Notiz. Marias Verlobter Joseph, ein Zimmermann aus Nazareth, zweifelt daran, der Vater zu sein, denn er ist um die achtzig Jahre alt. Als er sich von Maria trennen will, offenbart ihm ein Engel in einem Traumgesicht, dass Maria mit dem Heiligen Geist schwanger ginge. Der Heilige Geist habe Jesus gezeugt.[46] Maria sei daher nicht fremdgegangen. Vielmehr sei sie eine Jungfrau und daher unbefleckt. Sodann vollzieht sich die Weihnachtsgeschichte von der Ankunft der Heiligen Drei Könige, die Jesus in der Krippe aufsuchen, nachdem sie einem Stern nach Bethlehem gefolgt sind.[47] Wir haben hier also die Geschichte des neuen Bundes vor uns. Jesus Christus steht für den neuen Bund Gottes mit der Menschheit. Das Jesus-Kind im Bauch der Maria ist das neue Gesetz.

Es sollte über vierhundert Jahre später im Jahre 431 n. Chr. in Ephesos in der heutigen Türkei zu einer Zusammenkunft von Theologen aus den West- und Ostkirchen kommen, zu der Kaiser Theodosius II. aufrief. Ziel des III. ökumenischen Konzils war es, über den Status der Maria als »Gebärerin von Gott« – *theotokos* – zu debattieren.[48] Welchen Stellenwert sollte Maria fortan in der

Theologie einnehmen angesichts des scheinbar unumstößlichen Dogmas, dass Jesus Gott und Mensch zugleich war?

Nestorius, der Patriarch von Konstantinopel, weigerte sich, Maria auf diesen »Titel« zu reduzieren, was ihm nicht unbedingt Freunde einbrachte. Nestorius plädierte für den Titel »Gebärerin von Christus«, da Jesus Christus zwar sehr wohl Mensch und Gott in Personalunion sein konnte, aber nur in dem Glauben lebte, sowohl Teil Gottes als auch zugleich Mensch zu sein. Nestorius sagte nichts anderes, als dass er glaube, Christus sei sehr wohl bewusst gewesen, dass er entweder nur Gott oder nur Mensch gewesen war. Jesus Christus hat offensichtlich viele Dinge nicht gesagt, die ihm später jedoch in den Mund gelegt wurden.

Die anderen Konzilsteilnehmer lehnten Nestorius' Meinung empört ab. Während dieser Debatte flogen die Fetzen. Der Gegner von Nestorius, Kyrill, der Patriarch von Alexandrien, stachelte die anderen Konzilsteilnehmer gegen seinen Kontrahenten auf. Nestorius und seine Anhänger wurden als Frevler aus dem Konzil ausgestoßen. Gleichermaßen sorgte Nestorius mit seinen Leuten dafür, dass Kyrill und dessen Anhänger aus der Kirche verbannt wurden. Resultat des Konzils war jedoch, dass Maria, die vorher »nur« als ein Mensch galt, nun zur »Mutter Gottes« erhöht wurde.[49] Die Logik ist offensichtlich: Ein Kind, das von Gott gesandt wurde, kann nur von einer göttlichen Frau stammen. Ohne Maria kein Jesus-Kind. Daher ist die gesamte Linie der Vorfahren Marias von Gott gesandt und reicht zurück bis zu König Salomo und König David – der Stammbaum des Jesse, König Davids Vater, der am Westportal von Chartres in einem der Fenster verewigt wurde.

»Die Heilige Jungfrau Maria mit Jesus in ihrem Bauch ist demnach die fleischgewordene Bundeslade, die das alte Gesetz in Gestalt der steinernen Gesetzestafeln mit den Zehn Geboten enthält«[50], sagt Chmiel. »So wie Gott in der Lade wohnte, wohnte er auch in Marias Schoß.«

»In anderen Worten: Die Jungfrau Maria *ist* die Bundeslade«, sage ich und blicke erstaunt zur Dialektik hoch. »Das ist Typologie. Die Typologie – die Gegenüberstellung – besagt, dass sich biblische Ereignisse des Alten Testament im Neuen Testament bewahrheiten. So wird etwa Mose mit Jesus assoziiert. Mose führte das Volk der Hebräer aus Ägypten nach Kanaan, in das gelobte Land und schloss den Bund mit Gott auf dem Berg Horeb im Sinai.«[51]

Jesus Christus ist der Verkünder des neuen Gesetzes, das nicht mehr heißt »Auge um Auge, Zahn um Zahn«, sondern »Liebe deinen Nächsten, wie dich selbst«. Jesus steht für den neuen Bund.

Doch das Konzil von Ephesos war erst der Beginn des wahren Kults um die Jungfrau Maria. Er gipfelte im Mittelalter in den Homilien des Zisterzienserabts Bernhard von Clairvaux (1090–1153), des geistigen Vaters des Templerordens. So schreibt Bernhard im Jahre 1120 in der 2. Homilie seiner Lobrede auf die Jungfrau Maria, *De Laudibus Mariae:*

> »Forschet in den heiligen Schriften, und ihr werdet, wie ich, Maria überall darin finden. Und in der That, wenn wir das älteste unserer Heiligen Bücher, in welchem vom Ursprung der Dinge die Rede ist, öffnen, so ist schon auf dem ersten Blatte der seligsten Jungfrau Maria gedacht. Denn nachdem der verhängnisvolle Fall des Menschengeschlechts erzählt worden, wird sie jener feierlichen Verheißung vom künftigen Erlöser, die viertausend Jahre lang den Trost und die ganze Hoffnung der unglücklichen Nachkommenschaft Adams ausgemacht, klar bezeichnet. Denn der Herr sagt zur Schlange: Weil Du das getan, so will ich Feindschaft setzen zwischen Dir und dem Weibe, zwischen Deinem Saamen [sic] und ihrem Saamen; sie wird Dir den Kopf zertreten und Du wirst ihrer Ferse nachstellen.«[52]

Bernhard von Clairvaux betont hier, dass die Jungfrau Maria, die in der Offenbarung des Johannes im Kampf gegen die Feinde Zions den Kopf des Drachen zertritt, bereits in der Genesis, dem 1. Buch Mose, in Gestalt der Eva vorgezeichnet ist.

»Hier haben wir wieder die Schlange, den Drachen, in Verbindung mit der Jungfrau Maria«, sagt Chmiel. »Und das aus dem Munde von Bernhard von Clairvaux.«

»Auf die Westfassade von Chartres angewandt, bedeuten diese neuen Erkenntnisse, dass die Dialektik, die hier zu sehen ist, nicht nur auf die Lehren des Platon hinweist, sondern auch auf die Bundeslade mit den mosaischen Gesetzestafeln.«

»Verstehe«, sagt Chmiel. »Der Drache weist sowohl auf die Apokalypse, die Offenbarung des Johannes und die Öffnung des Tempels und das Erscheinen der Bundeslade hin als auch auf einen verborgenen Schatz.«

»Die Frage, die sich uns nun stellt, ist, wer waren die Erbauer und geistigen Väter der Westfassade der Kathedrale von Chartres? Und woraus besteht der Schatz, den der Drache hütet?«

5. Die Schule von Chartres

Wir begeben uns in die Bar *La reine de Saba* gegenüber dem Südportal der Kathedrale, um uns bei Kaffee, einer heißen Schokolade und zwei Sandwiches einen Reim auf die neuen Erkenntnisse zu machen.

Chmiel zieht sein Exemplar meines Buches *Der Templerschatz* aus der Stofftasche hervor und blättert in den Seiten, bis er mir eine Grafik zeigt. »Hier auf Seite 184 ist eine faszinierende Grafik. Darin ist zu sehen, dass die Kathedralen, die der Jungfrau Maria geweiht sind, auf der Frankreichkarte das Sternbild des Drachen bilden, während die Kathedralen, die dem Märtyrer Stephanus geweiht sind, das Sternbild Jungfrau darstellen. Könnte die Dialektik etwas damit zu tun haben?«

»Ich will verdammt sein, wenn nicht«, grinse ich. »Warum sonst sollten sich die Erbauer die Mühe gemacht haben, winzige Städte wie etwa Sens, Toul, Sées oder Chartres auszusuchen, auf denen dann riesige Kathedralen errichtet wurden. Sie wählten Städte aus, die in dieses Konzept passten.«

»Und anscheinend spielt die Jungfrau eine ebenso große Rolle wie der Drache«, sagt Chmiel. »Aber wer waren die Erbauer der Westfassade? Wer waren die Erbauer der gesamten Kathedrale? Gab es einen Bauplan? Und wenn ja, nach welchen Prinzipien wurde er angefertigt?«

Der Besitzer der Bar bringt uns unsere Bestellung. Ich kann dem Drang nicht widerstehen, den Lehrer Chmiel auf die Probe zu stellen.

»Wissen Sie, wo wir hier sind?«, frage ich.

Chmiel zuckt die Achseln und schüttelt den Kopf. »Ich vermute, in einem sehr alten Haus.«

»Diese altehrwürdigen Häuser, in denen das Rektorat der Kathedrale, Souvenirgeschäfte, diese Bar und ein Restaurant untergebracht sind, waren einst Teil der sogenannten Domschule von Chartres.«

Chmiel trinkt seinen Kaffee und schaut mich fragend an. »Aber was hat es damit auf sich? Ich habe immer nur davon gehört, aber die Geschichte dieser Schule ist verborgen wie die geheime Botschaft der Kathedrale.«

»So geheimnisvoll ist es nicht«, sage ich, schaue in meinem Notizbuch nach und berichte.

Gegründet wird die Schule um das Jahr 1000 von dem ursprünglich aus Mailand stammenden Bischof Fulbertus (ca. 960–1028) parallel zum Bau der Kathedrale. Der karolingische Vorgängerbau aus dem 9. Jahrhundert war durch einen Brand vernichtet worden. Mit der finanziellen Hilfe des französischen Königs Robert II. (972–1031), Sohn von Hugo Capet, erschafft die Bauhütte von Chartres unter der Leitung von Fulbertus eine der größten romanischen Kathedralen ihrer Zeit.

Noch heute zeugt die gewaltige Krypta, die sogenannte Unterkirche von der Fulbertus-Kathedrale. Bischof Fulbertus, der auch gleichzeitig der Berater von König Robert II. und sein Mitschüler an der Domschule zu Reims ist, sorgt für die Einrichtung einer Bibliothek, in der lateinische und griechische Manuskripte antiker Autoren lagern. Griechische Texte kann aber zu diesem Zeitpunkt niemand in Chartres lesen. Der Grund ist einfach Unkenntnis des Griechischen. Fulbertus bringt sein Wissen durch seine eigene Ausbildung an der Domschule von Reims unter Gerbert Aurillac (950–1003), dem späteren französischen Papst Silvestris II., mit.

Von Gerbert Aurillac ist bekannt, dass er in Katalonien und Reims studierte und sehr früh mit arabischen Wissenschaften in Berührung kam. Gerbert ist daher versiert im Umgang mit dem Astrolabium zur Land- und Himmelsvermessung.[53] Er studiert die Fächer Mathematik (*mathesis*), wie sie seit dem 5. Jahrhundert durch Boëthius' Werk *De arithmetica* überliefert worden war, und Astronomie.[54] Gerbert Aurillac ist dementsprechend geschult in mindestens drei Disziplinen der sieben freien Künste: der Arithmetik, der Geometrie, die auch die Landvermessung beinhaltete, und der Astronomie.[55]

»Sehr interessant!«, wirft Chmiel ein. »So erklärt sich auch, warum die Erbauer der Kathedralen, die in den Sternbildern Drache und Jungfrau angeordnet sind, in der Lage waren, diese Städte auszuwählen, wo sich heute die Kathedralen befinden.«

Ich nicke und berichte weiter.

Fulbertus kann zu jener Zeit keinen begabteren Lehrer finden, denn Gerbert Aurillac gilt als der glänzendste Gelehrte des 11. Jahrhunderts, der das Wissen über die sieben freien Künste beherrscht wie kaum ein anderer.[56] So verwundert es nicht, dass dieser hervorragende Ruf Gerberts als führender Wissenschaftler seiner Zeit schließlich auf Fulbertus übergreift. Gerbert scheint Fulbertus' Begeisterung für die Astronomie geweckt zu haben, denn der Bischof von Chartres ist bekannt für seine Gedichte über die Astronomie. Auch besitzt Fulbertus eine Zusammenstellung arabischer Sternennamen.[57] Beide Leidenschaften kombiniert Fulbertus etwa in einem Gedicht aus seinem Essay über die Zeitrechnung:

> Aldebaran prangt im Stier, Menke und Rigel in den Zwillingen,
> Frons und der helle Calbalazet im Löwe,
> Skorpion, du hast Galbalagrab, und du, Steinbock, hast Deneb,
> Du Batanalhaut, bist allein genug für die Fische.[58]

»Der Mann muss besessen gewesen sein von der Astronomie«, sagt Chmiel und leert seine Tasse.

»Ja«, sage ich. »Hier offenbart Bischof Fulbertus seine ausgesprochene Liebe zur Astronomie, was sich besonders an der Anrede *du* bemerken lässt. Fulbertus personifiziert die Sterne, als seien es seine Kinder. Sein Gedicht ist eine Liebeserklärung an die Sterne, gar an das gesamte Universum.«

Der Kosmos, erzähle ich weiter, wie er Teil der platonischen Lehre war, nimmt für Fulbertus eine gesonderte Stellung ein. Der hervorragende Ruf, den die Schule von Chartres durch Fulbertus erhält, wird nach seinem Tod durch die Ausbildung weiterer

Studenten gefestigt. Studenten werden zu Meistern ausgebildet, Meister unterrichten neu ausgewählte Studenten. Die Bibliothek nimmt weitere lateinische und griechische Manuskripte in ihren Bestand auf. Der Fundus wächst rasant, sodass eine Wiedergeburt der antiken Philosophen die Folge sein wird.

So liegt die Gewichtung der Schule von Chartres am Beginn des 12. Jahrhunderts auf einem neuen Platonismus anstelle der theologischen Lehren der Kirchenväter um Augustinus, Hieronymus und Theologen wie etwa Beda Venerabilis. Die Domschule entwickelt sich zu einer vorzüglichen Bildungsstätte, die es sich leisten kann, nur die begabtesten Studenten auszubilden. So entsteht eine intellektuelle Elite, die in ganz Europa ihresgleichen sucht.

Als Ivo von Chartres im Jahre 1091 zum Bischof der Stadt geweiht wird, erhält die Schule von Chartres mit ihm eine weitere charismatische Persönlichkeit in der Tradition von Fulbertus. Allerdings verlegt Ivo von Chartres seinen intellektuellen Schwerpunkt von der platonischen Wissenschaft auf die Rechtslehre. Zu diesem Thema verfasst er eine seinerzeit bedeutende Schrift *Collectio tripartita, Decretum et Panormis,* in der er sich über weltliche Gesetze, kirchliche Regeln und deren Bruch, die Anwendung von Strafen und das rechtliche Verhältnis zwischen dem Papst und dem König Gedanken macht. Dementsprechend sagt man Ivo von Chartres hervorragende Verbindungen zu Papst Urban II. und König Philipp I. nach. Ivo stirbt im Jahr 1115.

Durch seinen Tod räumt er den Bischofsstuhl für Gottfried von Lèves, einen Freund des großen Zisterzienserabtes Bernhard von Clairvaux sowie des geistigen Vaters der gotischen Architektur, den Benediktinerabt Suger von St. Denis.

»Jetzt wird es spannend«, murmelt Chmiel. »Wir sprechen hier davon, dass die Zisterzienser, ein Reformorden der Benediktiner, vielleicht indirekt an der Gestaltung der Westfassade Einfluss genommen haben. Der geistige Vater der Tempelritter, Bernhard von Clairvaux, macht seinen theologischen Einfluss geltend.«

»Wir sprechen hier von Kathedralen, die im Norden Frankreichs entweder dem heiligen Stephanus oder der Jungfrau Maria geweiht sind. In Chartres findet diese Entwicklung ihren Höhepunkt. Diese Marienanbetung stammt von Bernhard von Clairvaux.«

Ich fahre fort ...

Als enger Vertrauter des Erzbischofs Heinrich von Sens ist Gottfried maßgeblich an der Gestaltung der Westfassade der ersten gotischen Kathedrale im burgundischen Sens beteiligt. Da Bischof Heinrich auch für die Bistümer Chartres und Paris verantwortlich ist, strahlt der zisterziensische Einfluss auch auf Chartres aus. So hat sich Gottfried von Lèves der zisterziensischen Nüchternheit verschrieben und achtet darauf, dass sich diese Zurückhaltung auch in der Architektur niederschlägt. Gottfried von Lèves ernennt im Jahre 1124 Bernhard – nicht verwandt mit Bernhard von Clairvaux – zum Kanzler, dem anschließend Gilbert von Poitiers (1080–1155) und dann Thierry von Chartres (1085–1155) folgen.

»Gerade als sich die ersten neun Tempelritter in Jerusalem versammelten.«

»Exakt«, sage ich.

Dies geschieht zu einer Zeit, als im benachbarten Augustinerherren-Kloster von St. Victor eine Konkurrenzschule entsteht, die im Jahre 1108 von Wilhelm von Champeaux (1070–1121) gegründet wird, dem Mentor des heiligen Bernhard von Clairvaux. Wir sehen, dass alle großen Geister jener Zeit miteinander bekannt und eng verbunden sind.

Der große Theologe Hugo von St. Victor (1097–1141) gehört dieser Chorherrenschule an.[59] In seinem Werk *Didascalion* huldigt Hugo von St. Victor den sieben freien Künsten.[60] Es wird in der Schule von Chartres als Standardwerk zur Vermittlung des antiken Wissens betrachtet. Es gibt also einen regen Austausch zwischen der Klosterschule von St. Victor und der Domschule von Chartres, doch sind die Schwerpunkte der Lehre anders gewichtet. Vielleicht ist die Schule von Chartres kein Lehrort im herkömmlichen Sinne, wo regelmäßiger Unterricht in den sieben freien Künsten wie an einer Universität stattfindet. Der Begriff der Schule von Chartres beschreibt vielmehr eine geistige Bruderschaft, die untereinander wissenschaftliche Erkenntnisse austauscht.[61] Denkbar ist, dass die Studenten nur durch persönliche Empfehlungen aufgenommen wurden.

»Also ein elitärer Haufen«, unkt Chmiel.

»Das könnte man wohl sagen«, sage ich. Ich schiele auf die Uhr und stelle zu meinem Erstaunen fest, dass die Zeit hier zu rasen scheint. »Halb vier Uhr nachmittags?«, rufe ich.

Ich konzentriere mich wieder auf die Fakten über die Schule von Chartres in meinem Notizbuch.

»Unter Bernhard von Chartres wird die platonische Lehre an der Schule weiter vertieft«, beginne ich.

Die Vertiefung der platonischen Lehre wird nur durch den englischen Astronomen und Philosophen Adelard von Bath (1080–1160) ermöglicht. Adelard hat bis 1109 in der Domschule von Laon unter Anselm von Laon studiert und ist ab dem Jahr 1116 in die antike griechische Provinz Syrakus auf Sizilien, in die Hafenstadt Tarsus und anschließend in das von Kreuzfahrern eroberte Antiochia im heutigen Syrien gereist. In Sizilien kommt Adelard erstmals mit der griechischen und arabischen Sprache, mit Medizin und anderen Wissenschaften in Kontakt. Nach 1126 kehrt er nach Europa und Frankreich zurück, um an der Schule von Chartres zu lehren.[62] Er hat es sich zur Aufgabe gemacht, die griechischen und arabischen Texte der vorangegangenen Epochen ins Lateinische zu übersetzen.[63] Jene antiken Texte der arabischen und griechischen Autoren, die bislang den Gelehrten der Domschule von Chartres durch mangelnde Sprachkenntnisse vorenthalten geblieben waren, können nun mühelos gelesen werden. Adelards erste Übersetzungen sind schließlich die astronomischen und mathematischen Texte des persischen Gelehrten Muhammad al-Khwarizmi.[64]

Auf diese Weise kommen die Gelehrten der Schule von Chartres unter anderem mit dem arabischen Zahlensystem, den Dezimalzahlen und der pythagoräischen Algebrarechnung in Kontakt. Die Übersetzungen Adelards von Bath lösen eine regelrechte Explosion des Wissens in Chartres aus. Eine Explosion, die den ersten Kanzler der Domschule, Bernhard, ehrfürchtig aussprechen lässt, was viele seiner Zeitgenossen denken und durch den späteren Kanzler der Schule, Johannes von Salisbury, in seinem Werk *Metalogicon* aufgezeichnet werden sollte: Zwerge seien die Gelehrten der Domschule von Chartres, so Bernhard von Chartres, und diese Zwerge säßen auf den Schultern von Riesen. Sie säßen nur deswegen auf den Schultern der Giganten, weil sie mehr und weiter sehen wollten als jemals zuvor. Nicht die gute Sehkraft oder die Größe mache die weitere Sicht aus, sondern die Tatsache, dass die Riesen es den Zwergen erlaubten.[65] Die Zwerge sind die Gelehrten der Domschule um Bernhard von Chartres – die Giganten sind Platon, Aristoteles, Pythagoras, Euklid. Und erst durch das Studium der alten Meister schärfen sich die Sinne der Neuplatoniker und Neuaristoteliker in Chartres.

Die Schule von Chartres ist ein Schmelztiegel verschiedenster gelehrter Persönlichkeiten, die aus ganz Europa herbeiströmen, um hier die antiken Autoren und Philosophen und die neuesten Entwicklungen der Theologie zu studieren. Das wird von der Kirche nicht immer gerne gesehen, sorgen doch die heidnischen Philosophen Platon und Aristoteles – auf den ersten Blick – mit ihrer Dialektik und Logik für eine Hinterfragung der biblischen Lehre.

»Halt, stopp!«, sagt Chmiel. »Gehe ich also recht in der Annahme, dass die platonische Lehre grundsätzlich im Gegensatz zur biblischen Lehre steht?«

»Ja«, sage ich.

»Und die Jungs von der Schule von Chartres wurden nicht verbrannt?«

»Die Inquisition gab es zu diesem Zeitpunkt noch nicht. Die kam erst zum Beginn des 13. Jahrhunderts auf.«

»Okay, aber man muss hier festhalten, dass dort in dieser Schule einige ketzerische Gedanken gepflegt wurden.«

Der Aufschwung der Schule von Chartres geht ab dem Jahr 1134 mit dem Umbau der alten, im romanischen Stil gebauten Fulbertus-Kathedrale einher, den Bischof Gottfried von Lèves in Auftrag gab. Vorausgegangen war ein Brand, der am 5. September 1134 die gesamte Stadt in Mitleidenschaft zog. In diesem Jahr beginnt der Neubau des Nordturms. Im Jahr 1145 werden dann der Südturm und das Königsportal begonnen.[66]

Zu dieser Zeit arbeitet Thierry von Chartres an einem umfangreichen Kommentar über die sieben freien Künste, den er *Heptateuchon* nennt. Thierrys Ansinnen ist nichts Geringeres, als dem Volk die Philosophie näherzubringen.[67] Zu diesem Zweck fasst er fünfundvierzig Texte der antiken Autoren von Aristoteles bis Pythagoras zu den jeweiligen Disziplinen der sieben freien Künste zusammen und versieht die Sammlung mit einem Vorwort.[68] Thierry betätigt sich als Bildungsvermittler, der die sieben freien Künste für jeden zugänglich hält, der nur seinen Geist der philosophischen Weisheit öffne.

»Verstehe«, sagt Chmiel. »Hier lernen wir wieder: Wer erkennen will, der wird erkennen. Wer nicht erkennen will, der erkennt nicht.«

»Vermutlich deckte sich der alte Fulbertus-Bau nicht mehr mit den neuen platonischen Ansichten, die mit dem Aufzug solcher Geistesgrößen wie Thierry von Chartres einhergingen«, sage ich. »Daher ist es wahrscheinlich, dass das Westportal unter Thierry von Chartres eine neue ikonografische Ausrichtung erhielt. Zumindest wurden die sieben freien Künste und die philosophischen Erkenntnisse bildhauerisch an prominenter Stelle verewigt. Niemand konnte von nun an übersehen, was hier in Chartres gelehrt wurde, wenn er mit den sieben freien Künsten vertraut war.«

Das Problem ist, den unverhohlenen Platonismus mit den seinerzeitigen theologischen Konzepten in Einklang zu bringen. Die platonische Lehre liegt also nicht nur in der abendländischen Luft und wird an den Dom- und Klosterschulen vermittelt. Es ist vielmehr die platonische Lehre, die besonders hier in Chartres eine bemerkenswerte Wiedergeburt erlebt. Denn viele Gelehrte der Schule, wie etwa Bernhard von Chartres oder Thierry von Chartres, sind Platoniker.[69] Auch Thierry von Chartres huldigt daher in seiner Schrift *Heptateuchon* den sieben freien Künsten. Die Scholastik, die wissenschaftliche Beweisführung mittels logischer Argumentation für oder gegen eine These, hält hier in der ersten Hälfte des 12. Jahrhunderts Einzug, deren geistige Wegbereiter die Philosophen Platon und Aristoteles waren.

Der Orden der Zisterzienser, die ihre eigenen Schulen in den Klöstern unterhalten, beobachten die platonische Lehre als weltliches Gedankengut mit misstrauischen Augen. Augenscheinlich verachten die Zisterzienser um den Abt von Cîteaux, Stephan Harding, und dessen Schützling, Bernhard von Clairvaux, bis zur Mitte des 12. Jahrhunderts die Schriften Platons, weil diese Erkenntnisse eine Gefahr für die theologischen Lehren jener Zeit bedeuten. Der Schein trügt hier jedoch gewaltig. Dass Bernhard von Clairvaux die Schriften der griechischen Denker über alles schätzt, wird aus seinen überlieferten Werken ersichtlich, die er nach allen Regeln der Rhetorik und Grammatik formuliert.[70]

Demnach waren auch die Zisterzienser mit den griechischen Philosophen und insbesondere der platonischen Lehre sowie den sieben freien Künsten vertraut, geißelten sie jedoch offiziell. Ein Beweis hierfür ist die Feindschaft Bernhards von Clairvaux zum Philosophen und Frühscholastiker Petrus Abaelard (1079–1142), der den Platonismus höher einschätzt als die Botschaften der Bibel. So schreibt Abaelard: »Angemessener als jene mit ›Wort‹ bezeichnet Plato die Vernunft oder die Weisheit Gottes mit ›Geist‹«[71] und fährt unbeirrt fort: »Den Worten der Philosophen stimmt Christus zu und bezeichnet sich als Jesus der Herr, eher als Gottes Sohn.«[72]

Für Bernhard von Clairvaux gilt, dass sich die Philosophie der Gotteslehre unterordnet. Sein bei den theologischen Studenten jener Zeit sehr populärer Kontrahent Abaelard kehrt diese These um und erregt damit Aufsehen im gesamten christlichen Abendland. Die Botschaft der Pariser Konkurrenzschule um Hugo von St. Victor ist, dass die Wissenschaften den Glauben an Gott beflügeln und nicht hemmen.[73] Denn letztendlich führt alles Wissen zu der Einsicht, dass Gott am Anfang stand – und immer stehen würde.

Dafür spricht die These Platons, dass der Weltenbaumeister – den Platon *Demiurg* nennt – die Weltseele zusammen mit dem Universum erschaffen hat. Ein Teil dieser Weltseele ist verantwortlich für die Bewegung der Materie im Universum.[74] Die Seele der Welt ist der Motor des Kosmos. Sie treibt alles an, so wie die Seele den Menschen erfüllt, so Platon. Die Weltseele ist unsterblich, denkend, einfach existent. Genau genommen postuliert Platon vier Schöpfungsstufen, die auf der pythagoräischen Zahlenmystik der Zahl *vier* basieren: das teilbare und unteilbare Sein, das teilbare und unteilbare Identische und das teilbare und unteilbare Verschiedenartige, die zusammen zur Weltseele verschmelzen.

Chmiel sagt: »Platons These erinnert erstaunlicherweise an die vier Grundkräfte, wie sie von heutigen Physikern als Fundament für die Existenz dieses Universums betrachtet werden: die starke und schwache Kernkraft, der Elektromagnetismus und die Gravitation. Auch wenn Platon es nicht vermochte, seine Prinzipien so präzise in mathematische Formeln zu fassen, wie es etwa Stephen Hawking tut.«

»Erstaunlich, nicht wahr?«, sage ich. »Für Platon durchdringt die Weltseele das gesamte Universum. Sie wird von außerhalb durch die Vernunft gesteuert und vermittelt zwischen der Materie des Universums und dem Bewusstsein des Menschen. Die Weltseele ist die Vermittlerin zwischen der von uns sinnlich wahrgenommenen Welt und den uns unsichtbaren Dimensionen des Kosmos. Da die Weltseele alles durchdringt, ist sie auch in uns. Durch sie erhalten wir die Vernunft. Daher erkennt der Kosmos sich selbst. In ihr ist alles enthalten, was jemals gewusst oder erkannt werden kann. Also auch die Idee, Gestalt oder Form. Platons Weltseele ist demnach auf einen einzigen Nenner zu bringen: Die Vernunft, die Dialektik, erschafft erst Gott – auch wenn Platon nicht an einen alleinigen Gott glaubte, ist diese Aussage zu seiner Zeit äußerst bemerkenswert.«

Chmiel nickt zustimmend. »Hier finden wir wieder das Postulat: Ohne Vernunft – also Wissenschaft – kein Glaube an Gott. Nach Platon ist die Welt, wie wir sie mit unseren fünf Sinnen wahrnehmen können, demnach nur eine Welt, die einer zweiten – daher wahren – Wirklichkeit der Formen untergeordnet ist. Diese Welt der Formen ist nur durch die Vernunft – also die Dialektik – erkennbar.«

»Das Höhlengleichnis Platons lässt grüßen«, sage ich. »Bereit für mehr Input?«

»Schießen Sie los!«

So kommen wir auf Bernhards von Chartres Schüler, den Grammatiker Wilhelm von Conches (1080–1154) zu sprechen. Er spezialisiert sich auf die Frage nach dem Ursprung des Kosmos und versucht, die platonischen Texte über die Entstehung der Welt mit dem biblischen Schöpfungsbericht möglichst widerspruchsfrei zu vereinen. Hier greift Wilhelm von Conches auf Platons Dialog *Timaios* zurück. Dabei zaudert er nicht, die Berichte von der Erschaffung der Welt aus dem 1. Buch Mose als allegorisch abzutun, sodass der Schwerpunkt seiner Forschung auf der dialektischen, wissenschaftlichen Argumentation liegt. Hier begegnen wir wieder der erstaunlichen Erkenntnis, dass die Domschule von Chartres im Europa des 12. Jahrhunderts eine intellektuelle Avantgarde bildete, die stets haarscharf an kirchenrechtlichen Sanktionen vorbeischrammte. Um die Lehren der Schule von Chartres nicht aus den Augen zu verlieren und letztendlich intellektuell nicht hinterherzuhinken, muss Bernhard von Clairvaux mit den Platonikern von Chartres zusammenarbeiten.

Wilhelms von Conches Schüler Johannes von Salisbury (1115–1180) schlägt eine Brücke zur Lehre Bernhards von Clairvaux. Johannes ist ein Schüler Abaelards und macht keinen Hehl aus seiner Sympathie für die platonische Wissenschaft an der Schule von Chartres. Abaelard nennt er einen *doctor admirabilis,* einen bewundernswerten Lehrer.[75] Und von Bernhard von Chartres schwärmt er, dass er der vollkommenste Platoniker schlechthin sei.[76] Seine Position ist nun klar umrissen. Zwar liebäugelt Johannes auch mit der strengen, asketischen Auslegung der Benediktinerregeln durch den Zisterzienserorden, wie es Bernhard von Clairvaux mit an Besessenheit grenzendem Fanatismus tut. Doch gelingt es Johannes in einem diplomatischen Drahtseilakt zwischen den beiden Parteien eine Brücke zu bilden. Dies gelingt Johannes von Salisbury auch durch den Einfluss seines engen Freundes Peter von Celle.[77]

Johannes vermag es, die kalte Wissenschaft der platonischen Vernunft mit der glühenden Marienverehrung und der Dreifaltigkeitslehre – Vater, Sohn und Heiliger Geist – Bernhards von Clairvaux in Einklang zu bringen und zwar so, dass die Zisterzienser gegen ihn nicht Sturm laufen, wie gegen Petrus Abaelard. So stimmt Johannes etwa mit dem musikalischen Weltbild der Zisterzienser überein, entwickelt jedoch sein eigenes Glaubensbekenntnis, das nichts anderes besagt, als dass das Gesetz der Proportion die Harmonie des Universums erzeugt und die Weltseele im Sinne Platons aus musikalischer Harmonie zusammengesetzt sei.

»Stopp! Hier muss ich wieder einhaken«, sagt Chmiel. »Das bedeutet doch nichts anderes, als dass sich das gesamte Universum mit seinen unsichtbaren Dimensionen in der Kathedrale von Chartres wiederfindet. Die Weltseele oder der Weltenschöpfer durchdringt die Kathedrale mit seinen Dimensionen und mathematischen Zahlen.«

»Es ist schwierig, sich in den Geist der Gelehrten der Schule von Chartres zu versetzen«, gestehe ich. »Aber ich glaube, so darf man sich das wohl vorstellen. Diese Gelehrten glaubten, den Geist Gottes einzufangen und in Gestalt einer gewaltigen Kathedrale manifestieren zu können. Mystische Zahlen der Pythagoräer, mit denen sich auch Platon auseinandersetzte, spielen hierbei eine besondere Rolle.«

Ich erzähle weiter. Das Universum bestehe nicht nur aus Zahlen, wie die Pythagoräer und auch Platon glaubten, sondern auch aus Musik, also Harmonie. Ein steinerner Kosmos, wie ihn die Kathedrale von Chartres darstellt, kann mithin nicht nur durch Dimensionen, sondern auch durch Musik dargestellt werden. Die Kathedrale ist Zahl, aber auch Musik. Musik besteht aus mathematischen Verhältnissen wie Prime, Sekunde, Terz, Quarte, Quinte etc., und die Proportionen der Kathedrale von Chartres bestehen ebenso aus Verhältnissen.
Das bereits erwähnte gebundene System besagt, dass das Quadrat der Vierung zwei Langhausjochen entspricht, hier also ein Verhältnis von 1:2 entsteht, Prime und Sekunde, den Abstand zwischen dem ersten und zweiten Ton. Hier schließt sich wieder der Kreis zur Darstellung der Skulptur der *Musica* mit dem Glockenspiel und dem Monochord an der Westfassade der

Kathedrale von Chartres. Mit dem Monochord experimentierte Pythagoras, um herauszufinden, welches Verhältnis die Seitenlänge zur Tonhöhe aufweist, wenn sie dementsprechend kürzer oder länger gehalten wird.

»Also sind die Dimensionen der Kathedrale von Chartres nichts anderes als Musik«, sagt Chmiel.

Ich stimme zu und sage: »Gott, wer bist du?, fragte Bernhard von Clairvaux, und antwortete auf seine eigene Frage: Du bist die Länge und Breite, Höhe und Tiefe. Bernhard beruft sich hier auf den Brief an die Epheser, wo es heißt: Durch den Glauben wohne Christus in eurem Herzen. In der Liebe verwurzelt und auf sie gegründet, sollt ihr zusammen mit allen Heiligen dazu fähig sein, die Länge und Breite, die Höhe und Tiefe zu ermessen und die Liebe Christi zu verstehen, die alle Erkenntnis übersteigt. So werdet ihr mehr und mehr von der ganzen Fülle Gottes erfüllt.«[78]

»Der Brief an die Epheser schließt damit, dass Gott, der in uns wirke, viel mehr tun könne, als wir erbitten und uns ausdenken könnten«, wirft Chmiel ein. »Gott wird verherrlicht durch die Kirche und durch Jesus Christus, der in ihr wohne. Hier vereinen sich die Platoniker der Schule von Chartres mit Bernhard von Clairvaux. Doch wie konnten die unbekannten Architekten von Chartres die alles durchdringende Weltseele, die auch in heutiger Sprache als Gott, Allah oder JHWH genannt werden könnte, auf der Erde manifestieren?«

Ich sage: »Wir können ahnen, worauf die platonische Lehre der Schule von Chartres abzielte. Die Platoniker von Chartres gingen von einer Weltseele aus, die alles durchdringt und uns die Vernunft bringt und durch das Erkennen der verborgenen Wirklichkeit erschaffen wird. Die Weltseele der Platoniker von Chartres wird geradezu *authentisch* und *fühlbar* in Stein. Wenn wir Gott mit der Weltseele gleichsetzen, dann erschafft Gott sich selbst durch die menschliche Vernunft, ja, Gott *ist* die menschliche Vernunft und musikalische Harmonie, durch die der Bau einer Kathedrale erst möglich wird.«

»Die menschliche Vernunft erzeugt Wissenschaft. Wissenschaft ermöglicht Glaube. Die logische Konsequenz daraus ist der Bau

einer Kathedrale, die Gott in all seinen Facetten repräsentiert.«
»In anderen Worten: In Chartres wurde ein Experiment durchgeführt, um Gott sichtbar zu machen. Er sollte sich durch die
pythagoräische Zahlenmystik und die musikalische Harmonie
in Gestalt der gotischen Kathedrale von Chartres manifestieren.
Die Dimensionen Gottes wurden in Chartres in einem Geheimcode verschlüsselt.«
»Doch welche Dimensionen wurden verwendet, um Gott sichtbar zu machen?«
Ich zucke die Achseln. »Wir sind hier, um das herauszufinden.
Die Geschichte der Schule von Chartres geht noch weiter«, sage
ich. »Jemand meinte, die Bundeslade in Chartres verschlüsseln
zu müssen.«

6. Das Stiftszelt des Abts Peter von Celle

Johannes von Salisbury stirbt im Jahr 1181, berichte ich weiter.
Ihm folgt im gleichen Jahr Peter von Celle als Bischof von Chartres. Um das Jahr 1115 wird Peter in die adlige Familie des Hauses
Aulnoy-les-Minimes in Provins in der Champagne geboren.[79]
In seiner Kindheit und Jugend wird er im Benediktinerkloster
Saint-Martin-des-Champs ausgebildet.[80] Peter von Celle tritt
nach seinem Theologiestudium in Paris in das Kloster Montier-
la-Celle, unweit von Troyes, ein. Daher sein Name Peter von Celle. Nach 1145, als das Westportal von Chartres unter Gottfried
von Lèves entsteht, wird er Mönch der Zisterzienser und macht
in dieser Zeit auch die Bekanntschaft des geistigen Vaters der
Templer, Bernhard von Clairvaux, sowie von Bernhards Zögling,
Papst Eugen III., der ebenfalls aus dem Orden der Zisterzienser
stammt.
»Peter von Celle war also eng befreundet mit den beiden Schlüs-
selfiguren des Zisterzienserordens«, sage ich. »Auch zum Templerorden hatte er Kontakt: Er korrespondierte mit den Grafen
der Champagne und hier insbesondere mit Theobald IV., der
auch gleichzeitig der zweite Graf von Champagne und Neffe des
Gründers des Templerordens, Hugo I. von Champagne, war.«

»Das ist sehr interessant«, sagt Chmiel. »Vielleicht gab es einen direkten Einfluss der Templer auf den Bau der Kathedrale.«

»Gut möglich, dass die Adelsfamilie der Grafen von Champagne hier Einfluss nahmen«, sage ich. »Die Grafen der Champagne förderten Peter – andernfalls lässt sich sein schneller Aufstieg nicht erklären.[81] Peters' Cousine war Agnes von Braine. Sie war in zweiter Ehe mit Robert, dem Grafen von Dreux, verwandt, der ein Bruder des französischen Königs Ludwig VII. war.«[82]

»Da haben wir es. Peter unterhielt also nicht nur umfangreiche Beziehungen zu den Zisterziensern[83] und den Templern, sondern auch zum Königshaus und war somit eine spirituelle wie politische Größe.«

Nun betritt eine französische Reisegruppe aus einem Dutzend Leuten die Bar, die kurz darauf alle Plätze besetzen. Eine Bestellung jagt die nächste. Ich versuche mich auf die Fakten zu konzentrieren.

»Weiter! Erzählen Sie weiter!«, drängt Chmiel. Ich gebe seinem Wunsch nach.

1149 – mit jugendlichen vierunddreißig Jahren – wird Peter von Celle zum Bischof der Stadt Beauvais ernannt. Ab dem Jahr 1162 leitet er die Abtei St. Rémi in Reims.[84] Wie wichtig Peter von Celle zu jener Zeit für das Königshaus ist, zeigt die Tatsache, dass er in der Abtei von St. Rémi in Reims die Ampulle mit dem heiligen Salböl für die Könige aufbewahrt.[85] In dieser Zeit beginnt seine intensive Beschäftigung mit der jüdischen Religion und der christlichen Auslegung des Tabernakels – des Stiftszelts – der Israeliten samt seinem heiligen Inventar: der Bundeslade mit den steinernen Gesetzestafeln, dem Räucheraltar, dem Schaubrottisch sowie dem berühmten siebenarmigen Leuchter, der Menora.

»Hier kommen wir der Sache schon näher«, unterbricht mich Chmiel. »Ein Bischof von Chartres, der sich sehr für die Bundeslade interessiert?«

»Es ist nicht nur bloßes Interesse«, sage ich. »Peter ist regelrecht besessen von der Lade und den Gesetzestafeln. Seine Briefe wimmeln von Anspielungen auf die Lade des Herrn, die Lade des

Bundes oder die Lade des Gesetzes. Aber vor allem das Stiftszelt des Mose hat es ihm angetan. Im Exodus, dem 2. Buch Mose des Alten Testaments der Bibel, lesen wir, wie JHWH dem Anführer der hebräischen Sklaven, die Ägypten in Richtung Kanaan verlassen, um der Knechtschaft des ägyptischen Pharaos zu entkommen, auf dem Berg Horeb im Sinai erscheint. Der Anführer ist Mose. Gott JHWH[86] – zu Deutsch *Ich bin, der ich bin* – bietet Mose einen göttlichen Bund an: die Hebräer sollen Gottes auserwähltes Volk sein, wenn sie seine zehn göttlichen Gebote befolgen.«[87]

»Völlig klar«, sagt Chmiel. »Diese Zehn Gebote sind heutzutage immer noch das Fundament für manch rechtsstaatliche Verfassung: Du sollst nicht töten, Du sollst nicht stehlen, nicht Ehe brechen, nicht Deines Nächsten Weib begehren etc.[88] Mose nimmt JHWHs Einladung an, steigt auf den Gipfel des Horeb – und Puff-Zack-Hokuspokus! – verschwindet in der göttlichen Wolke und bleibt dort vierzig Tage und Nächte.«[89]

Ich versuche nun ins Detail mit meiner Erklärung zu gehen. Mose empfängt von JHWH die Gesetzestafeln mit den Zehn Geboten. Gott trägt Mose auf, dass er unter den zwölf Stämmen der Israeliten um freiwillige Spenden bitten soll – Gold, Silber, Kupfer etc. – für die Herstellung der Heiligtümer. Außerdem beauftragt JHWH Mose mit dem Bau einer Heimstatt, des sogenannten Stiftszelts, auch Tabernakel genannt.[90] »Und sie sollen mir ein Heiligtum machen«, sagt JHWH. Denn JHWH möchte unter den Hebräern wohnen, er möchte anwesend sein in seiner unfassbaren, unsichtbaren Allmacht. Doch JHWHs Anleitungen zum Bau des Stiftszeltes müssen exakt befolgt werden. »Genau nach dem Bild, das ich dir von der Wohnung und ihrem ganzen Gerät zeige, sollt ihr's machen.«[91]

Chmiel sagt: »Ich weiß, was dann passiert.«

»Nun?«

»Mose soll eine innen wie außen vergoldete Lade aus Akazienholz anfertigen. Dieser Kasten mit den Dimensionen von zweieinhalb Ellen Länge und eineinhalb Ellen Breite und Höhe, soll am Boden vier goldene Ringe aufweisen, durch die vergoldete hölzerne Tragestangen gezogen werden. Cherubim sollen an den gegen-

überliegenden Enden des sogenannten Gnadenthrons, dem De-
ckel der Lade, befestigt werden. Cherubim sind Mischwesen mit
Stierkörper und Adlerschwingen. Sie wurden aus getriebenem
Gold gefertigt und hatten die Aufgabe, zwischen dem Diesseits
und der göttlichen Sphäre zu vermitteln.«[92]
Ich sage: »JHWH weist Mose an, die Steintafeln mit den Zehn
Geboten in die Lade zu legen und den goldenen Kasten mit dem
Gnadenthron zu bedecken. Zwischen den Flügeln der Cherubim
will JHWH zu Mose sprechen und ihm weitere Anweisungen
mitteilen, die er den Israeliten überbringen soll.[93] Gott erscheint
den Hebräern in Gestalt der Lade und den Gesetzestafeln.«

Aber dem ist nicht genug, erläutere ich. Nicht nur eine Lade als
Zeichen des Bundes JHWHs mit dem auserwählten Volk der
Hebräer soll Mose anfertigen. Er soll auch einen ebenfalls mit
vergoldeten Stangen versehenen goldenen Tisch für die Zur-
schaustellung von Brotopfergaben für JHWH anfertigen lassen.
Zu diesem Schatz gehört auch ein siebenarmiger Leuchter aus
massivem Gold, *Menora* genannt, mit Verzierungen, die Kelche,
Knäufe und Blumen darstellen. JHWH offenbart seine detaillierte Anleitung: Mose soll sieben Lampen herstellen, und sie »oben
anbringen«, sodass sie »nach vorn leuchten«, ferner soll er Licht-
scheren und Löschnäpfe aus feinem Gold herstellen. Ein Zentner
feines Gold soll Mose dazu verwenden für diese Gerätschaften.
JHWH ermahnt Mose: »Und sieh zu, dass du alles machst nach
dem Bilde, das dir auf dem Berge gezeigt ist.«[94]
Doch die Kultgegenstände sind nur das Vorspiel für einen viel
größeren Plan, den Gott verfolgt. Er weist Mose an, ein *Stiftszelt* zu errichten. Die Kostbarkeiten sollen Gott geweiht und
in diesem Stiftszelt untergebracht werden. Wenn man sich die
Beschreibung für den Bau des sogenannten Tabernakels in der
Bibel durchliest, könnte man jedoch glauben, die detaillierte An-
leitung zur Konstruktion eines Fertighauses zu lesen.
Gott nennt sein Stiftszelt »Wohnung«, denn er wohnt unter den
Hebräern. Es folgen minutiöse Anweisungen, die sich von der
Art der Leinwand und der Farbe der Hütte, die verwendeten
Edelmetalle, bis über die Ornamentik, die Art des Holzes und

der Felle ergehen. Demzufolge besteht das Tabernakel aus einem
Eingangstor mit einem bunt gemusterten Vorhang. Dieser Eingang ist eingelassen in eine Umzäunung, die aus einer Bahn von
280 Ellen messendem, weißem Baumwollleinentuch sowie sechzig Säulen aus Akazienholz mit Füßen aus Kupfererz und Köpfen aus Silber besteht – jeweils zwanzig Säulen an der Süd- und
Nordseite und jeweils zehn auf der östlichen und der westlichen
Seite.

Jede Säule misst fünf Ellen in der Höhe und ist fünf Ellen von
der nächsten entfernt. Festgehalten wird dieser Zaun durch starke Seile, die außerhalb und innerhalb des Zaunes mit Pflöcken
aus Kupfererz im Boden verankert sind – in der heutigen Sprache könnte man diese Pflöcke auch »Zeltheringe« nennen. Außerhalb wie innerhalb des Vorhofs ist am Kopf jeder Säule ein
Haken angebracht, durch den die entsprechende Säule befestigt
wird. Wenn wir zur Zeit Mose die ägyptische Elle zugrunde legen, die fünf Handbreiten oder auch zwanzig Finger maß, dann
ergibt sich eine heutige Dimension von ungefähr 52,5 cm pro
Elle.[95] Der Vorhof ist also 26,25 Meter breit und 52,5 Meter lang.
Im Innenhof steht der Brandopferaltar auf einer Erhebung für
die Luftzufuhr. Der Altar ist aus Akazienholzbrettern gefertigt,
die mit feuerresistentem Kupfererz überzogen sind. In diesem
Brandopferaltar werden Rinder und Kleintiere wie etwa Schafe
zur Ehre JHWHs verbrannt, nachdem sie auf den sechs Opfer-
bänken zur Rechten des Brandopferaltars geschlachtet wurden.
Zwischen dem Brandopferaltar und dem Heiligtum steht ein Becken aus Kupfererz für die rituellen Hand- und Fußwaschungen
der Priester.[96]

Das Stiftszelt besteht aus zwanzig vergoldeten Akazienholzbrettern jeweils an der Nord- und Südseite. Der Westteil ist aus acht
vergoldeten Brettern gezimmert. Jedes Brett weist eine Breite
von eineinhalb Ellen auf, also 78,75 cm, sowie eine Dicke von
einer Elle. Demzufolge ist das Stiftszelt in heutigen Maßen schätzungsweise 15,75 Meter lang und 6,30 Meter breit. Im Osten ist
der Eingang hinter fünf goldenen Akazienholzsäulen mit Kup-
ferfüßen und goldenen Kapitellen durch einen Vorhang behängt.
Der gesamte Raum des Stiftszelts ist in zwei Bereiche aufgeteilt:

Das »Heilige« misst zwei Drittel des Gesamtraumes, zwanzig Ellen, also 10,5 Meter. Das Allerheiligste misst zehn Ellen, demnach 5,25 mal 5,25 Meter. Jedes Brett des Stiftszelts fußt auf zwei Platten aus massivem Silber und weist vier goldene Ringe auf, durch die vergoldete Akazienholzstangen über die gesamte Breite gezogen werden. Durch die Bretter selbst verläuft mittig eine innere Riegelstange, die den Augen der Priester verborgen bleibt.

Ich sage: »So haben wir einen äußerst wertvollen Bau vor Augen, der zunächst mit einem zehnteiligen Teppich mit Cherubimverzierungen bedeckt war. Dieser Teppich wiederum wurde durch Decken aus Dachs-, Widder- und Ziegenfellen geschützt.«
Chmiel zeichnet das Stiftszelt auf einer Serviette nach, verwirft aber seinen Versuch mit einem entschuldigenden Lächeln. »Gut, dass ich nicht Kunst unterrichte.«

Ich fahre fort: Im Bereich des »Heiligen« steht der siebenarmige Leuchter parallel zur Längsseite des Stiftszelts. Ihm gegenüber befindet sich dazu der goldene Schaubrottisch. Vier mit Gold

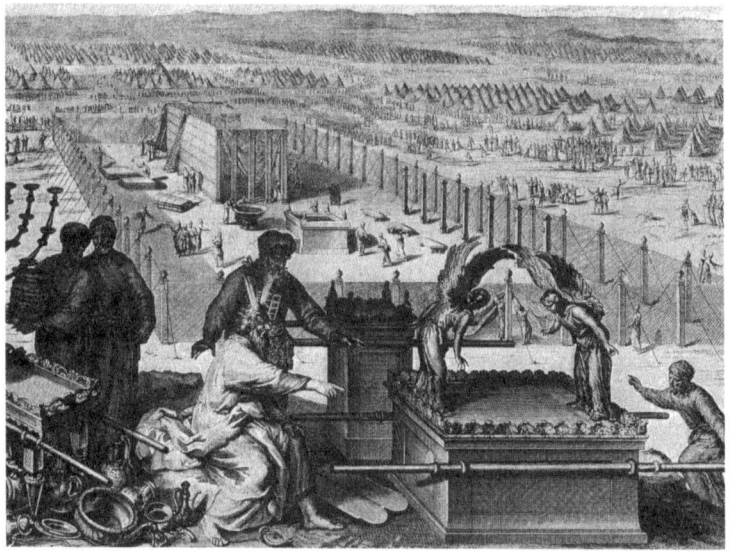

Bild 6: Das Stiftszelt des Mose, im Vordergrund steht die Bundeslade

verkleidete Akazienholzsäulen wachsen vor dem Eingang zum Allerheiligsten empor und tragen einen mit drei Cherubim verzierten, schweren Vorhang, der eine Art Sichtschutz bieten soll. Vor diesen Säulen befindet sich im »Heiligen« der Räucheraltar, in dem die Priester Spezereien verbrennen. Im Allerheiligsten des Stiftszelts, jenseits des Vorhangs, schließlich steht die Bundeslade mit den steinernen Gesetzestafeln. Dieser Raum durfte nur durch den Hohepriester betreten werden.[97]

Ich sage: »Weisen die *sieben freien Künste* an der Westfassade der Kathedrale von Chartres etwa unter anderem auf das Höhlengleichnis von Platon hin, so wird in Peters von Celle Schrift offensichtlich, dass er unsere Aufmerksamkeit vom Sichtbaren auf die unsichtbaren Dinge lenken will. Bei Platon geht es um die unsichtbare Welt, die Ideen, die wir uns mit unserem Verstand erschließen. Bei Peter von Celle ist es ebenso. Es geht ihm um das unsichtbare Stiftszelt in Chartres.«[98]
»Die unsichtbaren Dinge.« Chmiels Blick schweift in die Ferne. »Das heißt, die unsichtbaren Dinge sind hier in Chartres verborgen.«
»Richtig«, antworte ich. »Im Grunde ist diese Unsichtbarkeit des Stiftszelts identisch mit den unsichtbaren Ideen und Formen der platonischen Lehre. Hier in Chartres ist etwas vor unseren Augen verborgen, doch wir können es nicht sehen. Wir können es nur errechnen.«
»Sie meinen, wir müssen auf Mathematik zurückgreifen?«
»Ich denke, ja, denn Platon war ja ein Anhänger von Pythagoras. Eine Kirche oder Kathedrale ist zwar ein Bauwerk aus Stein, doch die Gotik basiert auf uralten, unsichtbaren Dimensionen und auf einer Statik, die Steine scheinbar schweben lässt. Der Bau der Kathedrale basiert auf Wissenschaft, auf Mathematik, Geometrie, Trigonometrie. Doch Peter von Celle weist darauf hin, dass man sich nur mit dem Stiftszelt befassen könne, wenn man *im* Stiftszelt selbst sei.«[99]
Chmiel sagt: »Also war die logische Konsequenz für ihn, ein eigenes Stiftszelt in Anlehnung an das Buch Exodus zu errichten.«
»Richtig.«

»Und wie verhält es sich später mit dem Salomonischen Tempel, wo die Bundeslade ruhte?«

»Peter von Celle nimmt das Stiftszelt als Inspirationsquelle, um sich auch mit dem Salomonischen Tempel etwas genauer zu befassen.«

Nachdem die Israeliten sich in Kanaan niedergelassen hatten und die Bundeslade nach dem Raub durch die Philister von König David nach Jerusalem gebracht worden war, beschließt Davids Sohn Salomo einen Tempel für die Schätze zu errichten. Der Raub der Lade durch die Philister in der Schlacht von Aphek zeigt den Israeliten, dass ein mobiles Zelt zur Unterbringung der Schätze nicht mehr ausreicht.[100] Ein Tempel, in dem die Schätze untergebracht werden können, muss errichtet werden. Die Bundeslade, die Menora, der Schaubrottisch und der Räucheraltar sollen in Jerusalem eine endgültige, sicher bewachte Heimstatt finden, die nur schwer zu plündern sein würde.

König Salomo sendet ein Bittschreiben um Material und architektonische Unterstützung an den phönizischen König Hiram I. Die Hilfe wird gewährt. Der phönizische König sendet ihm nicht nur Baumaterial wie etwa Zedern-, Zypressen- und Sandelholz, sondern auch den dazugehörigen Architekten namens Hiram, der eine ganz bestimmte Vision vom Salomonischen Tempel hat.[101]

Der Bau des Salomonischen Tempels dauert gemäß der Darstellung im ersten Buch der Könige ganze sieben Jahre.[102] Er wird in Jerusalem errichtet, wo heute der Felsendom auf dem Tempelberg steht. Wie im Falle des Stiftszelts befindet sich der Eingang des Salomonischen Tempels im Osten, das Allerheiligste ist im Westen. War das Stiftszelt mit einem Zaun umgeben, so ist der Salomonische Tempel nun mit einer Mauer abgegrenzt.

Die Vorhalle des Tempels misst zwanzig Ellen, sie ist einhundertzwanzig Ellen hoch und innen mit Gold verkleidet. Hiram lässt die große Halle, das »Heilige«, mit Zypressenholz täfeln und ebenfalls mit Gold überziehen. Der Überzug wird mit Darstellungen von Palmen und Blumen und Edelsteinen verziert. Balken, Türen, Schwellen und die Wände sind mit Gold überzogen.

Die Wände wiederum sind mit feinsten Schnitzereien von Cherubim verziert.

Die Bibel berichtet, dass Hiram im Allerheiligsten etwa sechshundert Zentner Gold verarbeiten lässt. Im Allerheiligsten werden zwei große, mit Gold überzogene Cherubim aufgestellt, deren Aufgabe es ist, die Lade zu bewachen. Die ausgestreckten, geschwungenen Flügel der Cherubim messen jeweils fünf Ellen und berühren die Wände des Allerheiligsten. Sie blicken mit ihren Gesichtern zum Eingang des Heiligsten. Zwischen dem Heiligsten und Allerheiligsten lässt Hiram einen Vorhang aus blauem und rotem Purpur, Scharlach und weißer Leinwand mit gewebten Cherubim aufhängen.[103]

Den Eingang des Salomonischen Tempels zieren zwei gewaltige Säulen aus Bronze, die 15,6 Ellen oder 8,2 Meter hoch und 3,4 Ellen oder 1,8 Meter dick sind. Sie werden *Jachin* und *Boas* genannt, benannt nach dem Hohepriester Jachin und Boas, dem Urgroßvater von König David. Die Vorhalle misst 120 Ellen – oder 54 Meter – in der Höhe, wenn wir wieder die ägyptische Elle mit 52,5 cm zugrunde legen. Demnach erweckt die Vorhalle den Eindruck von Glockentürmen einer Kathedrale, denn die Haupthalle und das Allerheiligste sind wesentlich niedriger.

Der Tempel besteht aus einer Dreiteilung: Die Vorhalle ist vierzig Ellen lang, demnach 5,25 Meter in der Länge. Die Haupthalle – das Heilige – misst sechzig Ellen, also 31,5 Meter. In ihr werden, wie zuvor im Stiftszelt, der siebenarmige Leuchter Menora, der Schaubrottisch und der Räucheraltar aufbewahrt. Zwanzig Ellen oder etwa 10,5 Meter ist das Allerheiligste lang, breit und hoch und beherbergt die Bundeslade unter den riesigen Cherubim.[104] Vorhalle und Allerheiligstes sind demnach so groß wie der heiligste Bereich und bilden ein Verhältnis von 2:1.

Die Haupthalle und das Allerheiligste sind mit Gold überzogenem Zedernholz getäfelt, die Schnitzereien von Blüten- und Rankenwerk aufweisen. Vor- und Haupthalle verfügen über Fenster, die mit Metallstäben gesichert sind.[105] Der gesamte Tempel wird von einem mehrgeschossigen, drei Meter hohen Umgang mit Seitengemächern eingefasst, die an den Chorumgang mit Seitenkapellen einer gotischen Kathedrale erinnern. Von unten betrachtet weist jede Kammer des Tempelumgangs eine Höhe von jeweils 2,5 Meter, 3 Meter und 3,5 Meter auf. Das Dach des Tempels lässt Hiram mit Balken und Zederntafeln bedecken.[106] Außerhalb des Tempels steht der Brandaltar für die Tieropfer. Zwischen dem Altar für die Brandopfer und dem Salomonischen Tempel wird ein Becken aus Kupfererz aufgestellt, das von zwölf Rindern getragen wird: das *eherne Meer*.[107] Das Becken dient den rituellen Fuß- und Händewaschungen der Hohepriester.

Wie wir gesehen haben, beruht der Salomonische Tempel auf dem ursprünglichen Stiftszelt. Wie im Stiftszelt, so ist auch im Salomonischen Tempel das Allerheiligste quadratisch. Gott erscheint nun in den Dimensionen, die er den Israeliten in Gestalt des Stiftszelts und später in Gestalt des Salomonischen Tempels gegeben hat. Gott, JHWH, *ist* der Tempel, verborgen in den Maßen.

Chmiel fährt sich durch die Haare und sagt: »Doch was hat der Salomonische Tempel mit Peter von Celle, dem Bischof von Chartres zu tun?«

»Es ist offensichtlich«, sage ich. »Als Peter von Celle der Vorsteher der Abtei von St. Rémi in Reims war, ließ er an der dortigen Westfassade zwei steinerne Säulen anbringen – sie stellen die Säulen *Jachin* und *Boas* des Salomonischen Tempels dar, die im Buch der Könige des Alten Testaments Erwähnung finden.[108] Kein gotischer Bau weist eine solche *offenkundige* Anspielung auf den Salomonischen Tempel auf.«

Ich sage: »Tatsächlich geschah diese Umgestaltung der Westfassade von St. Rémi im architektonischen Wettbewerb mit Abt Suger

Bild 7: Die Säulen Jachin und Boas an der Westfassade der Abtei von St. Rémi

von Saint Denis. Suger ließ zur gleichen Zeit die Königsabtei von St. Denis nördlich von Paris zur Geburtsstätte der Gotik ausbauen. Er verstand sich im Auftrag von König Ludwig VII. als Hüter der Bundeslade.«[109]

»Aber ich vermute, dass es kein Wettbewerb war, sondern eher ein friedlicher Gedankenaustausch zwischen Peter von Celle und Abt Suger von St. Denis.«

»So kann man das sehen. Peters von Celle Schrift *Mosaici Tabernaculi* über das Stiftszelt ist eine Steigerung zu Abt Sugers Vision von der Gestaltung eines Kirchenraumes nach den göttlichen Maßen. Suger betrachtete sich als König Salomo, seinen Bauherr, König Ludwig VII., sah Suger als König David an. Das Tabernakel des Mose mit seinen Schätzen bildete daher noch mehr für Peter von Celle das mystische Vorbild für den Kirchen- und Kathedralbau.«[110]

»Könnte es sein, dass König Ludwig VII. und Abt Suger Förderer von Peter von Celle waren?«

»Tatsächlich war es so. Auf Drängen seiner Freunde König Ludwig VII. – dem Schirmherr der Königskathedralen von Laon, Noyon, Senlis und Notre Dame de Paris – sowie des Bischofs von Sens wurde Peter von Celle im Jahr 1181 dann zum Bischof von Chartres ernannt.[111] Er beabsichtigte, die biblischen Maße des Tabernakels und die göttlichen Dimensionen des Salomonischen Tempels in die Kathedrale von Chartres einfließen zu lassen. Doch Peter starb im Jahr 1183.[112] Elf Jahre später wurde die Kathedrale von Chartres bei einem Brand zerstört. Doch sollte das spirituelle Erbe beim Neubau umgesetzt werden.«

Chmiel erwidert: »Die wichtigste Frage, die ich aus Ihren Ausführungen herauslese, ist folgende: Warum wollte Peter von Celle in Chartres ein neues Abbild des Salomonischen Tempels errichten?«

»Mehr noch stellt sich auch die Frage, warum seine Briefe von Anspielungen auf die Bundeslade und die Gesetzestafeln mit den Zehn Geboten nur so wimmeln. Und wie sind die biblischen Maße für den Salomonischen Tempel mit den sieben freien Künsten in Einklang zu bringen?«

»Das müssen wir uns an und in der Kathedrale ansehen«, sagt Chmiel. Wir zahlen und verlassen eilig die Bar.

7. Die göttliche Dimension Phi

Zu unserem Entsetzen stellen wir fest, dass Arbeiter einer Baufirma Gerüste von zwei Lastwagen vor der Westfassade abgeladen haben und bis zur Westrose aufbauen. Die Arbeiter errichten einen Maschendrahtzaun um den rechten und mittleren Eingang, um die Kathedrale abzusperren. Ein Schild am Zaun teilt uns mit, dass die Restaurierungsarbeiten bis zum Oktober andauern werden. Also gute drei Monate.

Ich sage: »Lassen Sie uns noch einmal einen Blick auf die Skulpturen der sieben freien Künste werfen, bevor die Sicht durch die Gerüste versperrt ist.«

Über uns turnt ein Bauarbeiter auf dem Baugerüst herum, der nun Fangnetze auf der Höhe der Skulptur der Dialektik befestigt. Diese Netze sollen verhindern, dass Steine und Dreck niederprasseln und Besucher verletzen.

»Sehen Sie Euklid?«, frage ich Chmiel. Der Lehrer hält die rechte Hand an die Stirn, um seine Augen vor dem Sonnenlicht zu schützen. »Sie meinen unterhalb der Geometria? Was ist damit?«

»Ich glaube, Euklid ist der Schlüssel.«

»Wie kommen Sie darauf?«

»Sehen Sie sich die Proportionen der Skulptur des Euklid und die Proportionen der Geometria über ihm an. Diese harmonischen Proportionen gelten für alle sieben Skulpturen der sieben freien Künste. Alle Jungfrauen und ihre assoziierten Gelehrten sind so harmonisch dargestellt, dass ich einen Besen fressen würde, wenn sie nicht ...«

»Verstehe, Sie sprechen vom Goldenen Schnitt!«, ruft Chmiel.

Ich nicke andächtig. »Gemäß den Messungen des Kunsthistorikers Ernst Moessel wird hier bei den Skulpturen der sieben freien Künste der Goldene Schnitt angewandt und zwar so exakt, dass der Zufall ausgeschlossen ist.«[113]

»Dann ist klar, dass die Erbauer der Kathedrale den Goldenen Schnitt hier umgesetzt haben.«

»Richtig. Die Frage ist, wo der Goldene Schnitt in der Kathedrale außerdem angewandt wurde.«

»Das können wir nur herausfinden, wenn wir uns die Geschichte des Goldenen Schnitts ansehen ...«

Euklid wird um 360 v. Chr. geboren. Er studiert an der Athener Akademie von Platon und geht anschließend nach Alexandria, um dort Arithmetik und Geometrie zu unterrichten. Wahrscheinlich verfasst er auch dort sein Standardwerk *Elemente,* das bis heute Gültigkeit behalten hat, denn hier befasst sich der Mathematiker ausführlich mit dem geheimnisvollen Gesetz des Goldenen Schnitts. Thierry von Chartres, der Kanzler der Domschule, besaß ein Exemplar von Euklids *Elemente,* das Adelard von Bath aus dem Griechischen ins Lateinische übersetzt hatte.[114] In der Schrift *Almagest* des Mathematikers und Astronomen Claudius Ptolemäus konnten sowohl Thierry von Chartres und alle späteren Lehrer der Domschule ersehen, wie der goldene Schnitt konstruiert wurde.[115]

Bereits Platon erwähnt dieses Verhältnis vor Euklid, das überall in der Natur auftaucht, auch wenn der Philosoph es nicht als »Goldenen Schnitt« bezeichnete.[116] In seiner Schrift *Timaios* über die Entstehung der Welt schreibt Platon über die sogenannten fünf *regulären,* oder auch *platonischen Körper:*

> »Durch die Bildung vier solcher Winkel entstand der erste feste Körper, vermittels dessen die ganze [um ihn beschriebene] Kugel in gleiche und ähnliche Teile zerlegbar ist. Der zweite Körper entsteht aus denselben Dreiecken, welche zu acht gleichen sich verbinden. [...] Der dritte entstand [...] während er zwanzig gleichseitige Dreiecke zu Grundflächen hat [...] das gleichschenklige aber ließ die Natur des vierten entstehen. [...] Da aber noch eine, die fünfte Zusammenfügung übrig war, so benutzte Gott diese für das Weltganze.«[117]

Insgesamt postuliert Platon fünf Körper mit deckungsgleichen, gleichseitigen Flächen: Tetraeder (vier Flächen), Hexaeder (sechs Flächen), Oktaeder (acht Flächen), Dodekaeder (zwölf Flächen) und Ikosaeder (zwanzig Flächen). Diese Körper unterscheiden sich alle durch die Gestalt der Vielecke, aus denen sie gebildet werden: nämlich aus Dreiecken, Vierecken und Fünfecken.

Da Platon von den pythagoräischen Zahlenmystikern und hier insbesondere von Empedokles (495–435 v. Chr.) beeinflusst ist, schreibt er jedem Körper eine Eigenschaft, ein Element, zu, aus denen seiner Ansicht nach das Universum besteht. So entspricht das Tetraeder dem Feuer, das Hexaeder der Erde, das Oktaeder der Luft und das Ikosaeder dem Wasser. Zusammen bilden sie die Einheit des Universums – symbolisiert durch den zwölfflächigen Dodekaeder. Zusammen ergeben diese Zahlen die Abfolge von 4:6:8:12:20.

Durch Platon entdeckt Euklid, dass die regelmäßigen und deckungsgleichen Seitenflächen dieser platonischen Körper harmonische Proportionen bilden. Das gilt besonders für das Dodekaeder, das aus zwölf Fünfecken besteht. Die Diagonalen dieses gleichseitigen Fünfecks, also eines Pentagramms, teilen sich jeweils zweimal mit unterschiedlichen Längen auf und bilden eine Teilstrecke des Goldenen Schnitts. Eines dieser Dreiecke wird auch als *goldenes Dreieck* bezeichnet.

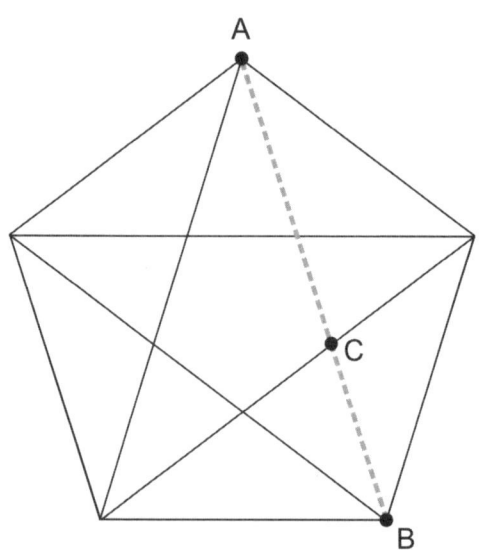

Bild 8: Das goldene Dreieck ist in einem gleichseitigen Fünfeck enthalten

So befasst sich Euklid mit der Aufgabe, eine gegebene Strecke so zu »teilen, dass das Rechteck aus der ganzen Strecke und dem einen Abschnitt dem Quadrat über dem anderen Abschnitt gleich ist.«[118]

Euklid legt mit seiner Regel die Teilung einer Strecke fest. Der Goldene Schnitt ist demnach ein Verhältnis von Proportionen, die über die Ästhetik des Betrachteten bestimmen. In einfachen Worten ausgedrückt:

Der kürzere Abschnitt einer Strecke verhält sich zum größeren Abschnitt einer Strecke wie der größere Abschnitt zur Gesamtlänge der Strecke:

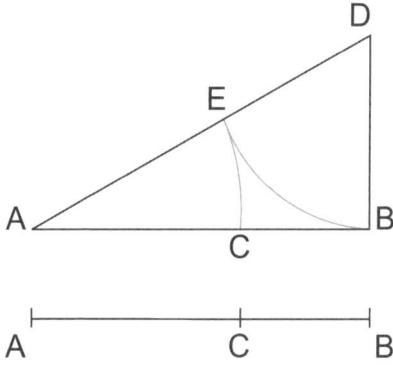

Bild 9: *Der* Goldene Schnitt *losgelöst vom goldenen Dreieck*

Der Goldene Schnitt kann sehr einfach durch die Zuhilfenahme eines Lineals und eines Zirkels ausgerechnet werden. Im Mittelalter wurde daher der Goldene Schnitt mit Seilen und Knoten durch die Konstruktion eines Fünfecks umgesetzt. Mathematisch ausgedrückt ergibt sich folgendes Teilungsverhältnis:

$(1 + \sqrt{5}) : 2 = 1{,}618033988749895$

Wenn das Verhältnis des Goldenen Schnitts – das auch das »göttliche Gesetz« genannt wird – mit einer Zahl ausgedrückt werden soll, dann kommt 1,6180339... dem am nächsten.

Die antiken Rechenspielereien stießen auf das Interesse des italienischen Mönchs Leonardo von Pisa (1170–1250). Friedrich II., der Kaiser des Heiligen Römischen Reichs, fragte ihn, wie viele Kaninchen das Licht der Welt erblicken, wenn deren Neugeborene nach zwei Monaten ebenfalls Nachwuchs zeugen.[119] Leonardo von Pisa, der auch als *filius bonacci* – kurz Fibonacci – berühmt wurde, entdeckte dabei folgendes Phänomen:

0	+ 1	=	1
1	+ 1	=	2
2	+ 1	=	3
3	+ 2	=	5
5	+ 3	=	8
8	+ 5	=	13
13	+ 8	=	21
21	+ 13	=	34
34	+ 21	=	55
55	+ 34	=	89
89	+ 55	=	144
144	+ 89	=	233
233	+ 144	=	377
377	+ 233	=	610
610	+ 377	=	987
987	+ 610	=	1597
1597	+ 987	=	2584
2584	+ 1597	=	4181
4181	+ 2584	=	6765
6765	+ 4181	=	10946
etc.			

Das Geheimnis der Fibonacci-Zahlen besteht darin, dass jede Zahl der Summe der beiden vorhergehenden Zahlen entspricht: 1 + 2 + 3 + 5 + 8 + 13 + 21 + 44 etc. Die Folge kann beliebig fortgesetzt werden. Nun ist es interessant zu sehen, wie sich die Fibonacci-Zahlen dem Wert 1,6180339 des Goldenen Schnitts annähern:

1:1	=	1
2:1	=	2
3:2	=	1,5
5:3	=	1,6666666...
8:5	=	1,6000000...
13:8	=	1,6250000...
21:13	=	1,6153846...
34:21	=	1,6190476...
55:34	=	1,6176470...
89:55	=	1,6181818...
144:89	=	1,6179775...
233:144	=	1,6180555...
377:233	=	1,6180257...
610:377	=	1,6180371...
987:610	=	1,6180327...
1597:987	=	1,6180344...
2584:1597	=	1,6180338...
4181:2584	=	1,6180340...
6765:4181	=	1,6180339...

Ab hier beginnt die Schlacht der Fibonacci-Zahlen hinter dem Komma. Die Zahlen der Fibonacci-Reihe decken sich daher nicht *exakt* mit dem Wert des Goldenen Schnitts, sondern stellen eine mathematische Annäherung an das ästhetische Phänomen des Goldenen Schnitts dar.

Doch nun wird es unheimlich, denn der Goldene Schnitt scheint nicht nur ein rein mathematisches Phänomen zu sein. Tatsächlich findet er sich überall in der Natur wieder, angefangen bei Rosenblättern, die im goldenen Winkel von 137,5° wachsen, bis zu Schneckengehäusen oder entferntesten Spiralgalaxien in den Tiefen des Universums. Manch verwegene Forscher glauben sogar, dass die große Cheops-Pyramide von Gizeh ebenfalls nach dem Goldenen Schnitt konstruiert worden sei, denn das Verhältnis der Wandlänge der Pyramide von 238,7 Metern zu ihrer Höhe von 146,6 Metern ergibt eine Annäherung an den Goldenen Schnitt von 1,6282.

Der griechische Buchstabe Φ – gesprochen »fie« – für »F«, wird in der Mathematik mit dem Wert des Goldenen Schnitts 1,6180339... belegt. Der Buchstabe Φ wurde dem Namen des griechischen Architekten Phidias (490–430 v. Chr.) entlehnt, der den griechischen Parthenon-Tempel mitgestaltete.

Der Goldene Schnitt war für Platon und später Euklid eine göttliche Botschaft über die Beschaffenheit des Universums. Es war der Beweis, dass Mathematik das Universum durchwirkt. Ein Universum eines unsichtbaren Schöpfers, dessen kosmische Dimensionen als Mittel zur Kommunikation mit uns dienen. Diese Kommunikation wurde von den antiken Gelehrten früh erkannt – und von den mittelalterlichen Lehrern der Schule von Chartres im Sinne von Platon in Stein verewigt.

»Die Darstellung der Skulptur der *Geometrie* im Zusammenspiel mit Euklid unter ihr ist daher nicht nur eine Anspielung auf die göttliche Dimension Φ des Goldenen Schnitts«, sage ich. »Sondern die Gesamtheit des Bildes wird von ihm durchwirkt.«

»Doch was hat all das zu bedeuten?«, fragt Chmiel. »Existiert ein Zusammenhang zwischen dem Goldenen Schnitt und den Dimensionen des Stiftszelts und des Salomonischen Tempels, die in der Bibel im Buch Exodus erwähnt werden und denen Peter von Celle, der Abt von Chartres, huldigte?«

»Ich kann mir vorstellen, worauf es hinausläuft. Wenn wir uns daran erinnern, dass die Bundeslade der Israeliten nach Gottes Anweisungen die Maße von 2,5 Ellen x 1,5 Ellen x 1,5 Ellen aufwies, dann ... Können Sie mir bitte Ihren Taschenrechner geben, falls Sie einen dabei haben?«

Chmiel kramt in seiner Stofftasche, fördert tatsächlich einen Taschenrechner zutage und reicht ihn mir. Ich tippe die Zahlen ein und sage: »Dann stellen wir mit großem Erstaunen fest, dass die Bundeslade einen Φ-Wert von 1,6666666667 hat.«

Ich zeige Chmiel das Display.

»Damit deckt sich die Bundeslade mit dem exakten Teilungswert des Ikosaeders – die Zahl 20 – durch den Dodekaeder, also der Zahl 12«, sagt Chmiel und nimmt mir den Taschenrechner aus den Händen.

»20 geteilt durch 12 ergibt den Wert 1,6666666667. Ebenso entspricht die Bundeslade der Proportion 5:3 des goldenen Schnitts, was ebenfalls den Wert 1,6666666667 ergibt!«

Wir sehen uns erstaunt an. Ich sage: »Die Frage, die sich nun stellt, ist: Was wollten uns die Meister der Schule von Chartres und die Architekten der Kathedrale mitteilen? Oder besser ausgedrückt: Was erzählt uns die Kathedrale über die Bundeslade und die Gesetzestafeln mit den Zehn Geboten? Und können wir verstehen, was die Kathedrale uns mit der Sprache der Mathematik sagt?«

»Na, dann lassen Sie uns doch reingehen!«, sagt Chmiel.

»Moment!«, sage ich und setze mich auf die Mauer vor dem Westportal. »Ich muss zuerst die neuen Erkenntnisse zusammenfassen.«

Ich schlage mein Notizbuch auf, hole meinen Kugelschreiber aus dem Rucksack und schreibe:

• Am Westportal von Chartres befindet sich an prominenter Stelle eine Darstellung der sieben freien Künste. Sie bestehen aus der Grammatik, Rhetorik und Dialektik sowie der Arithmetik, Geometrie, Musik und Astronomie.

• Die Dialektik, der platonische Inbegriff für die Vernunft, ist als eine Jungfrau dargestellt, die einen Drachen hält.

• Die Jungfrau ist gemäß der Typologie gleichbedeutend mit der Bundeslade, denn in ihrem Leib befindet sich das neue Gesetz in Gestalt von Jesus Christus, während die Bundeslade das Zeugnis für den alten Bund Mose mit JHWH ist.

• In der Offenbarung des Johannes zertritt die Jungfrau den Kopf des Drachen. Danach taucht die Bundeslade im himmlischen Tempel Gottes auf.

• Die Apokalypse des Johannes spielt demnach eine besondere Rolle in Chartres.

• Gemäß mittelalterlicher Sagen gilt der Drache als Hüter eines unterirdischen Schatzes. Der Schatz wird aus der Höhle an das Licht der Sonne gebracht.

• Dieses Bild deckt sich mit Platons Höhlengleichnis. Der Schatz ist die neue Erkenntnis, dass jenseits der ersten Wahrnehmung eine tiefer gehende Wirklichkeit existiert.

- Die Schule von Chartres bestand aus Anhängern des griechischen Philosophen Platon.
- Durch die Interpretation von Platons Höhlengleichnis wird offensichtlich, dass sich in Chartres hinter der ersten Wahrnehmung eine zweite Wirklichkeit – die Wahrheit – verbirgt. Denn sonst hätten die Urheber der Westfassade der Kathedrale von Chartres nicht explizit auf die sieben freien Künste und insbesondere die Dialektik hingewiesen.
- Durch die Lehren Platons, die in Chartres gelehrt wurden, erschließt sich das Höhlengleichnis zusammen mit den sieben freien Künsten.
- In Chartres verbirgt sich daher ein ideeller als auch ein materieller Schatz.
- Der Zisterzienser und spätere Bischof von Chartres, Peter von Celle, war besessen von der biblischen Beschreibung des Stiftszelts, in der die Israeliten während ihrer Wanderung durch die Wüste Sinai die Bundeslade mit den Gesetzestafeln und weitere Schätze aufbewahrten.
- Abt Peter von Celle schuf an der Westfassade der Abteikirche von St. Rémi durch die Anbringung der beiden Säulen Jachin und Boas eine Anspielung auf den Salomonischen Tempel in Jerusalem.
- Abt Peter von Celle erwähnt die Bundeslade und die Gesetzestafeln häufiger als alle anderen Zeitgenossen in seinen Briefen und Schriften.
- Abt Peter war ein Jünger Bernhards von Clairvaux, dem geistigen Vater des Templerordens.
- In Chartres zeigt sich der Goldene Schnitt an der Darstellung der sieben freien Künste. Demzufolge muss er auch anderswo in Chartres angewandt worden sein.
- Die biblischen Dimensionen z.B. der Bundeslade ergänzen sich mit dem ästhetischen Verhältnis des Goldenen Schnitts, der dem Wert 1,618... entspricht und sich auch in der Bundeslade wiederfindet.
- Die Länge der Kathedrale von Chartres ist mit ca. 128 Metern zehnmal so groß wie das Labyrinth.

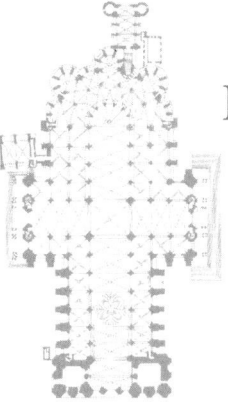

II. Die Kathedrale

»Über 3000 Jahre haben die Menschen nach der verlorenen Lade gesucht. Das sollte man nicht auf die leichte Schulter nehmen. Niemand kennt ihre Geheimnisse. Sie ist mit nichts zu vergleichen wonach du vorher gesucht hast, Indy.«

Dr. Marcus Brody

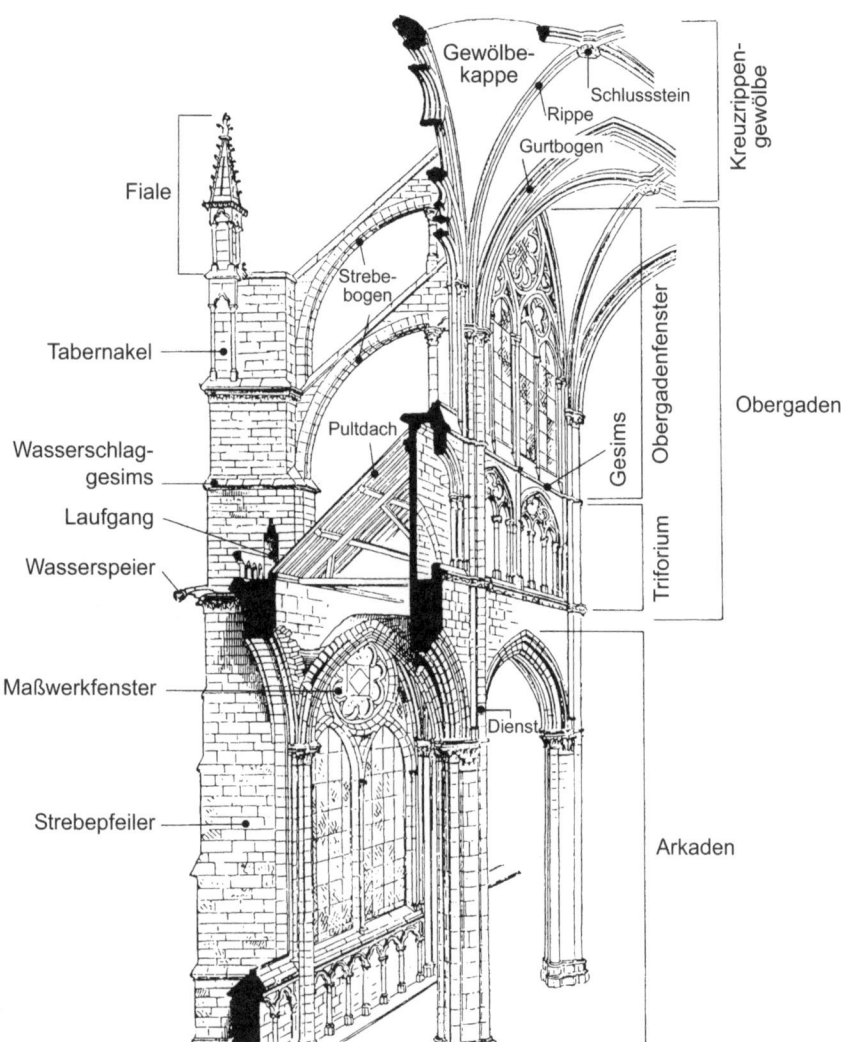

Gewölbe-
kappe

Schlussstein

Rippe

Gurtbogen

Kreuzrippen-
gewölbe

Fiale

Strebe-
bogen

Tabernakel

Obergadenfenster

Obergaden

Wasserschlag-
gesims

Pultdach

Gesims

Laufgang

Triforium

Wasserspeier

Maßwerkfenster

Dienst

Strebepfeiler

Arkaden

1. Ein Tempel für die Jungfrau

Ich schnappe meinen Fotokrempel und wir betreten die Kathedrale durch die Tür des rechten Portals. Das an- und abschwellende Dröhnen von Presslufthämmern und das Rauschen von Sandstrahlgebläsen empfängt uns. Die Kathedrale ist gerade kein Ort für Besucher, die hier die stille, spirituelle Zwiesprache mit Gott oder die esoterische Erleuchtung durch ominöse Energieströme suchen. Während der Chor gerade restauriert wird, erstrahlt der Hochchor über der Apsis bereits in alter, heller Pracht.

Ich frage mich, wie hell es hier um 1220 gewesen sein mag, als die Kathedrale gerade fertiggestellt worden war. Nach über achthundert Jahren müssen die Restauratoren Quadratzentimeter für Quadratzentimeter von einem Schmutzfilm befreien, der sich über unzählige Generationen hinweg durch menschliche Ausdünstungen, Rußpartikel von Abermillionen Opferkerzen und Weihrauch von über einer Million Gottesdiensten auf die Wände der Kathedrale gelegt hat. Dieser Schmutzfilm lagert vor allem auf den Bleiglasfenstern. Die Hochchorfenster, durch die nun das Sonnenlicht scheint, leuchten in farbenfrohem Glanz.

Ich versuche, den Lärm zu ignorieren. Wir stellen uns in die Vorhalle und schauen uns den Wandaufriss des südlichen Langhauses an. Das Langhaus wird von zwei Seitenschiffen gesäumt, die sich hinter der Vierung vergrößern, so dass der Chor jeweils durch ein zusätzliches Seitenschiff erweitert ist. Der

Bild 10: Blick vom Langhaus zum Hochchor

85

Chorumgang ist dementsprechend breit. Ich zähle sieben Joche bis zur Vierung und stelle fest, dass hier das gebundene System greift.

»Das Quadrat der Vierung entspricht zwei Gewölben des Langhauses«, sage ich an Chmiel gewandt. »Der Baumeister hat sich für ein Verhältnis von 1:2 entschlossen, was in musikalischen Dimensionen der Oktave entspricht. Es gibt eine klassische Aufteilung von Seitenschiffarkaden, einem mit Arkaden bestückten Laufgang – dem sogenannten Triforium – und Obergadenfenstern.«

Ich zeige nach oben zum Gewölbe. »Die Dienste, die die jeweiligen Joche des Langhauses und des Chors kennzeichnen, verlängern sich zu Gurtbögen, die sich auf halber Höhe der Obergaden krümmen und zum Schlussstein der Gewölbekappe hin vereinen.«

»Scheint, dass es ein mustergültiges Kreuzrippengewölbe mit Gurt- und Schildbogen, Schildmauer und Diagonalrippen ist.«

Chmiel zeigt zum Gewölbe hinauf. »Da! Das Gewölbe weist kleine Risse auf, die das Gemäuer bei näherer Betrachtung sehr filigran und zerbrechlich wirken lassen.«

Jeden Moment erwarten wir, einen oder mehrere Steine aus dem Gewölbe herausbrechen zu sehen. Doch es geschieht nichts dergleichen – so wie es größtenteils seit über achthundert Jahren der Fall war.

Wir setzen uns langsam in Bewegung, nach oben blickend, aber immer auch abwechselnd nach vorne schielend, um zu vermeiden, dass wir den einen oder anderen Touristen anrempeln.

Anhand der Gurtbögen des Kreuzrippengewölbes des gesamten Langhauses entdecke ich, dass die Joche zur Vierung hin immer breiter werden.

»Sehen Sie das?«, frage ich.

»Entweder war das Absicht oder ein Fehler in der Planung«, antwortet Chmiel.

Als wir vor dem Altar stehen und zur Vierung hochblicken, sehe ich, dass sich das gleiche Phänomen am Gewölbe des Chors wiederholt: Die Joche werden zum Chor schmaler und zur Vierung breiter. Das Gleiche entdecke ich im nördlichen und südlichen Querhaus.

Bild 11: Das Kreuzrippengewölbe des Langhauses

»Merkwürdig!«, murmelt Chmiel »Der Baumeister der Kathedrale von Chartres hat die Gewölbe des Chors und das Langhauses und der Querhäuser zur Vierung verbreitern lassen. Das war definitiv kein Fehler des Baumeisters, sondern Planung. Es ist ein architektonisches Kunststück, ein Hinweis, dass der Vierung besondere Aufmerksamkeit gelten soll. Warum?«
Ich seufze ratlos. »Das werden wir noch rausfinden müssen.«
Wir setzen uns auf die Stühle in der Nähe des Altars vor der Vierung. Ich vermerke diese merkwürdige Tatsache in meinem Notizbuch.
Die Baugeräusche erinnern mich an meine eigene Steinmetzarbeit und die unzähligen Steinsplitter, die mir trotz einer Schutzbrille in die Augen flogen, an den Lärm der Presslufthämmer und Steinsägen, den Staub, der von Schleifmaschinen aufgewirbelt wurde. Weder Schutzbrille noch Presslufthammer hatten die Steinmetzen der Vergangenheit zur Verfügung – von sicheren Baugerüsten ganz zu schweigen. Ich erschauere, als ich zum Kreuzrippengewölbe etwa sechsunddreißig Meter über mir aufschaue. Ich stelle mir vor, wie leicht ein Maurer oder Zimmermann damals von einem der wackeligen hölzernen Baugerüste

abstürzen konnte. Unfälle werden mit Sicherheit öfter geschehen sein, als das dem Domkapitel lieb gewesen war. Doch vielleicht geschahen diese Unglücke seltener als wir denken, denn die Bauleute des Mittelalters beherrschten ihr Bauhandwerk – und das vielleicht sogar besser als die Bauleute heute. Sie mussten geübt und innovativ sein, denn sie verfügten nicht über elektrische Maschinen, die ihnen die Arbeit erleichtern konnten. Wie geübt und innovativ die Steinmetzen und Bauleute des Jahres 1194 in Chartres waren, ist nicht überliefert durch Aufzeichnungen aus jener Epoche. Man sieht nur das Resultat in Gestalt der Kathedrale.

»Wer wohl der Baumeister war?«, fragt Chmiel. Neben ihm nimmt eine hübsche südländisch aussehende Frau von schätzungsweise dreißig Jahren mit einer bemerkenswert professionell aussehenden Fotokamera und einem beneidenswert lichtstarken Teleobjektiv Platz. Ihr Freund reicht ihr das Stativ und setzt sich neben sie. Sie tauschen geflüsterte Worte auf Italienisch aus. »Una cattedrale splendida«, verstehe ich.

»Die Architekten und Bauleute sind unbekannt«, sage ich an Chmiel gewandt. »Ungewöhnlich ist, dass das Domkapitel von Chartres anscheinend großen Wert darauf legte, Spuren zu verwischen, die heute Aufschluss darüber geben könnten, wer die Finanziers, Organisatoren, Bauplaner und ausführenden Werkleute der Kathedrale waren. Es existieren nur sehr wenige bis gar keine Aufzeichnungen aus jener Zeit, die Zahlen über Spenden und andere finanzielle Zuwendungen enthalten.«

Üblicherweise legten der Baumeister und die Steinmetzen Wert darauf, sich in oder an der Kathedrale in Stein zu verewigen, erkläre ich. So wurden die Architekten der Kathedrale von Reims im Zentrum des Labyrinths verewigt: 1) Jean von Orbais, der ab dem Jahr 1211 den Bau des Chors leitete; 2) Jean Le Loup, der für die Errichtung der Querschiffe verantwortlich zeichnete; 3) Gaucher von Reims, der von 1247 bis 1255 die Fassade der Kathedrale fertigstellte und 4) Bernhard von Soissons, der von 1255 bis 1290 die Verglasung an der Westfassade anbrachte. In der Mitte des Zentralsteins des Reimser Labyrinths schließlich wurde Robert von Coucy die größte Ehre zuteil: Er ließ bis 1290 die beiden symmetrisch wirkenden Glockentürme aufbauen.[120] Auch in Amiens ist der Zentralstein des Labyrinths erhalten, der noch heute Aufschluss über die Namen der Baumeister gibt: Auf Robert von Luzarches folgte Meister Thomas von Cormont, dessen Sohn Regnault ihn beerbte und im Jahr 1288 die Inschrift in Stein verewigen ließ.[121] Doch es geht noch pompöser: In Notre Dame de Paris ist allein die Gedenktafel für den Architekten des südlichen Querhauses, Johann von Chelles, *acht Meter breit*.[122]

Doch merkwürdigerweise ist in Chartres nichts dergleichen verewigt. Forderte die hohe Baugeschwindigkeit ihren Tribut in Form von Anonymität? Oder wollten die Finanziers der Kathedrale nicht, dass ihre Identität und die wahren Hintergründe über den Bau der Kathedrale ans Tageslicht kommen sollten? Es ist bemerkenswert, dass die Aufzeichnungen der Domkapitel der gotischen Kathedralen Nordfrankreichs ab dem Jahr 1137 bis zum Ende des 12. Jahrhunderts keine Urheber überliefern. Nirgendwo sind Namen von Baumeistern genannt.[123] Diese Merkwürdigkeit ist kein Allgemeinplatz, sondern, wie der Wiener Kunsthistoriker Gerhard Schmidt betont, eine absolute Ausnahme für die Region Nordfrankreich und hier insbesondere die Picardie, die Île-de-France und die Champagne, auf denen hauptsächlich Notre-Dame- und Stephanus-Kathedralen stehen.[124]

»Was hat diese Anonymität zu bedeuten?«, frage ich.

»In der Kathedrale von Chartres wird die Anonymität geradezu auf die Spitze getrieben«, sagt Chmiel. »Wir werden es herausfinden.«

Er erhebt sich und macht sich auf zum Chor. Ich folge ihm.

Als wir uns vor dem Chor an einer Gruppe von kichernden deutschen Teenagern vorbeischlängeln, stehen wir plötzlich vor einem Gitter, hinter dem eine in Holz eingefasste Glasvitrine steht, die einen vergoldeten Reliquienschrein beherbergt.

Ich entdecke hinter kleinen Glasscheiben ein Stück Stoff. Einem Schild am Gitter zur Kapelle St. Etienne entnehme ich die Information, dass es sich dabei um die *Camisia*, das Kleid der Jungfrau Maria, handelt, das sie während der Geburt ihres Sohnes Jesus Christus getragen haben soll.

Chmiel sagt: »Dieses Kleid der Jungfrau Maria wie auch die Jungfrau an sich spielte in der Geschichte der Stadt Chartres stets eine bedeutende Rolle. Das Kleid war im Jahre 876 von Karl dem Kahlen, einem Enkel Karls des Großen, gestiftet worden. Es gilt noch heute als Besonderheit, denn es überlebte das große Feuer. Das Feuer kam in der Nacht des 10. auf den 11. Juni 1194.[125] Es fraß sich unaufhaltsam durch die Gassen der Altstadt von Chartres, ließ Holzbalken, Ried, getrockneten Lehm und Steine von Hunderten Fachwerkhäusern in Flammen aufgehen. Funken flogen schrill pfeifend durch die Nacht wie Meteorschwärme und setzten das Holzdach der Fulbertus-Kathedrale in Brand.«

Ich sehe, dass der Brand gerade in seiner Vorstellung wütet, als Chmiel hinzufügt: »Durch die Häuser, die nur wenige Meter von der Kathedrale entfernt standen, griff der Feuersturm nach Stunden auf die Kathedrale über und leckte an den Holztüren der Portale, die jedoch nach kurzer Zeit der Hitze nachgaben. In diesem Moment retteten zwei geistesgegenwärtige Priester die *Camisia* und brachten sie in der Krypta der Kathedrale in Sicherheit – um anschließend selbst unter Lebensgefahr das Gebäude zu verlassen.«[126]

Ich erschauere und sage: »Ich versuche, es mir auszumalen. Als das Feuer in die Kathedrale eindrang, müssen die Gesichter der Heiligenskulpturen in traurigem Glanz erstrahlt sein – und durch die Hitze zersprungen sein. Wie ein lebendiges Monstrum muss das Feuer seinen heißen, zerstörerischen Atem über Chorgestühl und die Holzbalken des Daches gespien haben.«

Chmiel schaut zum Gewölbe hoch. »Das Gewicht der Dachkonstruktion riss die Mauern mit sich, sodass die Nord- und Südfassaden nachgaben. Ein Dominoeffekt war die Folge. Das Gebäude stürzte unter seinem eigenen Gewicht und mangelndem statischen Halt zusammen. Aber was geschah dann?«

Ich erzähle die gängige Version, die bislang unhinterfragt von allen Historikern übernommen worden ist ...

Als die überlebende Bevölkerung von Chartres am nächsten Tag mit Entsetzen die noch glühende und schwelende Ruine der

Kathedrale sieht, sind nur noch die Westfassade, untere Parti-
en der Glockentürme und die Unterkirche vom Feuer verschont
geblieben. Die Kunsthistoriker Jan van der Meulen und Jürgen
Hohmeyer haben jedoch in ihrer Monografie über Chartres zu
bedenken gegeben, dass selbst beim Brand von 1836 in Chartres
nur wenig Schaden angerichtet wurde und die Bombardierung
Kölns während des Zweiten Weltkriegs dem Dom nur sehr wenig anhaben konnte. Ähnlich sehen es die Kunsthistoriker Brigitte und Peter Kurmann.

In der Schrift *Die wahren Wunder der Heiligen Jungfrau Maria
in der Kirche von Chartres*[127] eines anonymen Schreibers aus dem
Jahre 1210, die Johann von Marchand, ein Mitglied des Domkapitels, ins Französische übersetzte, wird berichtet, dass der Chor
neu eingedeckt wurde. Und im Jahr 1195 ist der Hochchor bereits wieder einsatzbereit.[128] Der Bereich des Chors war demnach
sehr wahrscheinlich nach nicht so sehr beschädigt, dass er einge-
rissen werden musste.

»Dieser Widerspruch ist bemerkenswert«, sage ich. »Er besagt,
dass trotz der relativ geringen Schäden ein Neubau in Erwägung
gezogen wurde. Auch wenn es ein mächtiges Feuer war, das am
10. und 11. Juni 1194 wütete. Die Kathedrale wird nicht bis auf
die Grundmauern vernichtet worden sein.[129] Diese Vermutung
van der Meulens und Hohmeyers deckt sich mit der Tatsache,
dass lange vor dem Feuer von 1194 im Bereich des dritten Chor-
jochs der Krypta mit einer Ummantelung begonnen worden war
– zu unbekannten Zwecken.[130] Vielleicht, um die Kathedrale des
Fulbertus zu erneuern und zu erweitern.«

»Das Verständnis der Kunsthistoriker ist, dass der Brand von
1194 der Auslöser für den Neubau der Kathedrale war. Bis heute
weiß niemand, was die Ursache für die Feuersbrunst war. Vielleicht eine unbeaufsichtigte Kochstelle in einer Küche, deren
Flammen auf die übrige Behausung übergriffen? Die Funken einer Schmiede? Oder sogar Brandstiftung? Vielleicht war es im
Sinne des Domkapitels, wenn die alte Fulbertus-Kathedrale ab-
brennt und eine neue gebaut wird?«

»Wir werden es niemals erfahren«, sage ich. »Es gibt keine Unterlagen.«

Ich fahre fort. Die Legende besagt weiter, dass das Hemd der Jungfrau Maria nach dem Feuer unversehrt aus der Krypta gerettet und den entzückten Einwohnern von Chartres präsentiert wurde. Karl der Kahle hatte das Hemd der Jungfrau Maria gestiftet, weil er seine Schenkung als logische Konsequenz aus der Sage um die *Virgo Paritura*, »die Jungfrau, die gebären wird«, betrachtete.[131] Demnach wurde diese Ur-Jungfrau von Chartres gemäß der Legende bereits während der römischen Besatzungszeit – und somit lange bevor Maria von Nazareth lebte – von den Druiden des carnutischen Volksstammes angebetet. Karl der Kahle hatte die Legende von der *Virgo Paritura* als Zeichen für die göttliche Vorsehung gedeutet – durch seine Schenkung stand er nun in göttlicher Gunst. So beschloss er, die *Camisia* hier in Chartres aufbewahren zu lassen. Für die Legende der *Virgo Paritura* existieren keine schriftlichen Quellen, jedoch sind möglicherweise mündliche Überlieferungen ein Zeugnis von diesem fernen Kult.[132]

Die Kunde von der Anwesenheit der *Camisia* in Chartres schien sich bereits sehr früh herumgesprochen zu haben. Als die Truppen des normannischen Königs Rollo im Jahre 911 Chartres angriffen, hielt Bischof Gaucelinus die Reliquie den Truppen entgegen wie einen heiligen Schutzschild. Als dann auch noch burgundische Truppen auftauchten, suchten die normannischen Soldaten panisch das Weite, wahrscheinlich nicht nur, weil sie befürchteten, von Gott für den Angriff der Heimstatt Mariens bestraft zu werden.[133] Und als Theobald von Chartres mit dem französischen König Ludwig VI., genannt der Dicke, in kriegerischen Auseinandersetzungen stand, sorgte angeblich das Kleid Marias dafür, dass die Stadt durch die Angriffe der Kapetinger verschont blieb.[134]

»Hübsche Gutenachtgeschichte«, grinst Chmiel.

»Das Domkapitel pflegte natürlich diesen Mythos der *Camisia* und trieb den Ruf Chartres als wichtigste Pilgerstätte der Umgebung voran. Als die Kathedrale 1194 abgebrannt war, interpretierte man die Katastrophe zugunsten der Jungfrau Maria: Der Brand war eine Strafe Gottes für das sündhafte Volk.«[135]

»Nach dem Motto, die Mutter Gottes habe einen würdigeren Ort verdient, als die *armselige* Kathedrale, die Abt Fulbertus im Jahr 1020 errichten ließ?«

»Exakt. Es war also der Wille der Jungfrau Maria, dass die Kathedrale brannte – die Menschen glaubten, dass Maria selbst mit dem göttlichen Funken des Zorns den Bau entfacht habe, weil sie erbost darüber gewesen sei, dass die Menschen auf der Erde ihr keine angemessenere Stätte zur Verfügung stellten.«[136]

So war das Hemd der Jungfrau Maria vor dem Brand von 1194 die Haupteinnahmequelle der Stadt: Das Domkapitel ließ mit Weihwasser gesegnete Nachbildungen des Hemdes anfertigen, um sie auf den vier großen Handelsmessen am 2. Februar (Reinigung), 25. März (Verkündigung), 15. August (Himmelfahrt) und 8. September (Mariä Geburt), die jedes Jahr vor der Kathedrale stattfanden, an wohlhabende Pilger zu verkaufen.[137] Von diesen Hemden erhofften sich schwangere Frauen, ein gesundes, von Gott gesegnetes Kind zur Welt zu bringen – so wie einst Maria. Ritter trugen die *Camisia* unter ihren Kettenhemden und hofften, dass die göttliche Macht, die von dem Stoff ausging, sie im Gefecht vor dem Tod durch den Morgenstern oder den Schwerthieb des Feindes schützten.

Als der Reliquienschrein aus dem 10. Jahrhundert mit dem vermeintlichen Hemd der Jungfrau Maria am 13. März 1712 geöffnet wurde, fand man einen etwa 0,45 x 5,35 Meter langen Schleier.[138] Es handelte sich dabei also eher um eine Art Stoffballen oder Schleier als um ein Hemd. Der Schleier wurde zerschnitten und auf verschiedene Orte verteilt. In Chartres sind demnach nur noch zwei Stücke ausgestellt, die etwa 2,12 Meter x 46 cm und 26 cm x 18 cm groß sind.[139] Was dann folgte, nachdem der Schleier wie von göttlicher Hand vor dem Feuer bewahrt worden war, wird oft als ein geheimnisvolles Bauwunder kolportiert. Gemäß der Berichterstattung in der Schrift *Die Wunder der Heiligen Jungfrau Maria in der Kirche von Chartres* hatte der Legat von Papst Coelestin III., Kardinal Melior von Pisa, großen Anteil am Wiederaufbau der Kathedrale:[140]

»Es traf sich, dass ein gewisser Kardinal und apostolischer Legat der römischen Kirche, Melior genannt, … zugegen war und

die denkwürdige Lage mit eigenen Augen sah, was ihn so heftig
rührte, dass er den Bischof und die Kanoniker zusammenrufen
ließ und sie mit göttlichen Worten dazu ermahnte, den verlorenen Ruhm wiederzugewinnen, indem er sie zur Buße bewegte.
[...] Da beschlossen der Bischof und die Kanoniker einstimmig,
einen erheblichen Teil ihrer Einkünfte während drei Jahren der
Wiederherstellung der Kirche zu widmen.«[141]

Diese Aussage deckt sich mit einem Dekret, das Papst Alexander
III. im Jahre 1179 über die Finanzierung des Baus von Kirchen
erließ. Demnach waren die Kosten für den Bau und den Erhalt
der Kirche von der *fabrica ecclesiae* zu tragen.[142] Bei der *fabrica ecclesiae* handelt es sich um die Vermögensmasse der Kirche.
Der Bischof, der beabsichtigte, eine neue Kirche oder Kathedrale
für seine Stadt zu bauen, musste daher selbst das Geld für den
Bau aufbringen.[143]
Kardinal Melior von Pisa sprach also mit dem Bischof und dem
Domkapitel von Chartres und überzeugte sie davon, dass die
einzige konsequente Reaktion auf die Brandkatastrophe nur der
Wiederaufbau sein könne.[144] Er wird ihnen gesagt haben, dass
das Geld zwar nicht aus Rom kommen würde – doch es gebe
andere Quellen. Die Geldfrage schien merkwürdigerweise keine
Rolle zu spielen. Wichtig war die *Absicht,* eine neue Kathedrale
zu bauen. Doch zunächst zählte nur der Wille der Bevölkerung,
Geld und Arbeitskraft zu spenden. Der Anfang musste getan
werden.
So vermochte es der Kardinal, die Einwohner von Chartres nach
der Katastrophe damit zu motivieren, die Unversehrtheit des
Schleiers von Maria als ein Zeichen Gottes zu sehen. Also trom-
melte Melior von Pisa die Menschen von Chartres zusammen
und hielt eine Ansprache. Als dann der Schleier vom Kardinal,
dem Bischof und den Angehörigen des Chartreser Domkapitels
der ungläubigen Menschenmenge präsentiert wurde, brachen
die emotionalen Dämme. Die durch den Brand dezimierte und
gepeinigte Bevölkerung hatte nun die vermeintliche Botschaft
der Jungfrau Maria verstanden. Die Chronik *Die Wunder der
Heiligen Jungfrau Maria in der Kirche von Chartres* berichtet:

»Zu dieser Zeit wünschte die Jungfrau und Gottesmutter, die Herrin von Chartres nicht nur genannt wird, sondern es auch wirklich ist, dass das ihr gehörige Heiligtum ihrer würdiger werde. Deshalb gestattete sie, dass die alte unzureichende Kirche ein Raub der Flammen wurde und dadurch der jetzigen Basilika Platz machte, die nicht ihresgleichen in der ganzen Welt hat.«[145]

Die Jungfrau wollte demnach eine viel prächtigere, würdigere Heimstatt und sie wollte in Chartres bleiben.[146] Sie wollte einen Tempel. Also musste er gebaut werden. Und zwar hier in Chartres – und sonst nirgendwo. So will es die Legende. In anderen Worten: Der Brand kam dem Domkapitel sehr gelegen. Zumindest war die Wiederauffindung des Schleiers der Jungfrau Maria eine Inszenierung, die eines begabten Hollywood-Regisseurs würdig war.[147] Die Folge war eine überschäumende, jedoch kurzzeitige Spendenbereitschaft der Pilger und Bewohner von Chartres.

Die Kathedrale von Chartres war nicht nur ein Gebetshaus, sondern auch gleichzeitig Umschlagsplatz für Händler, die sich an den Festtagen auf den vier großen Märkten im Jahr in Chartres einfanden.[148] Keine Kathedrale – kein Handel. Die Stadt Chartres drohte, nach dem Brand sowohl in wirtschaftlicher wie religiöser Hinsicht keine Rolle mehr zu spielen – und Chartres war unter anderem abhängig vom Reliquien-Tourismus.

So wie heute Gläubige aus aller Welt nach Lourdes oder nach Turin reisen, um sich von einer Krankheit heilen zu lassen oder das Grabtuch Jesu zu sehen, das in der Kathedrale San Giovanni Battista ausgestellt ist, pilgerten jedes Jahr Tausende Menschen aus der näheren Umgebung von Chartres herbei, um das Hemd der Maria zu bewundern. Diese Pilger waren bereit, dafür zu zahlen. Und wer nach Chartres kam, um das Hemd zu sehen, der kaufte auch andere Dinge, wie Lebensmittel oder handwerkliche Produkte und nahm Dienstleistungen in Anspruch. Aber das war kein großer Anteil an der Gesamtsumme, die nötig war, um die Kathedrale in ihrer jetzigen Gestalt ohne Unterbrechung zu errichten.

So drängte Kardinal Melior von Pisa auf einen *schnellen* Neubau der Kathedrale – und das Volk jubelte. In seinem Falle waren es sicher religiöse Gründe, die ihn dazu brachten, die Bevölkerung zur Mitarbeit aufzurufen. Für das Volk sprachen die wirtschaftlichen Ausfälle dafür, die Kathedrale so schnell wie möglich wieder aufzubauen.

»Das alles klingt für mich sehr unglaubwürdig«, sagt Chmiel. »Wenn die Finanzierung zunächst nur für drei Jahre gesichert war, wie es der Bericht *Die Wunder der Heiligen Jungfrau Maria in der Kirche von Chartres* besagt, was geschah danach?«

»Der Bau dauerte über sechsundzwanzig Jahre. Es schien, dass genug Geld vorhanden war – woher es kam, weiß man nicht. Allein die Planungsphase wird ein Jahr in Anspruch genommen und sehr viel Geld verschlungen haben. Geld, dass eigentlich nicht da war.«

»Woher kam es dann?«

Wir sehen uns beide an. »Die Templer?«, frage ich.

»Natürlich nur der Templerorden«, sagt Chmiel. »Niemand wird sonst über solch gewaltige Summen verfügt haben. Die Templer waren die ersten Bankiers, die den bargeldlosen Zahlungsverkehr einführten. Sie verwalteten ungeheure Summen, die ihnen von Adligen in ganz Europa gespendet worden waren.«

»Dann entstand der Bau der Kathedrale nach den Vorgaben der Templer. Die Templer drückten dem Baumeister ihren architektonischen und ikonografischen Stempel auf. Der Baumeister und das Domkapitel mussten sich danach richten. Denn wenn kein Geld vorhanden war, konnten auch keine Arbeiter bezahlt werden.«

»Doch wer war der Baumeister?«

2. Der Baumeister Anonymus von Chartres

Eine berechtigte Frage. Wer sollte den Wiederaufbau leiten? Wer war der Mann, dem die vertrauensvolle Aufgabe durch das Domkapitel übertragen wurde, die Kathedrale von Chartres zusammen mit einem Heer von Arbeitern zu errichten? Wir wissen es nicht. Wir können jedoch anhand von bautechnischen Parallelen zu anderen Kathedralen ableiten, wo der Baumeister von Chartres ebenfalls gewirkt hat, um daraus Rückschlüsse zu ziehen.

Ich sage: »In Chartres und Laon entdeckte ich verblüffende Übereinstimmungen des Wortes für *Bundeslade*. Der Baumeister von Laon ließ einen seiner Steinmetzen das Wort *Archa Dei* – für *Lade Gottes* – in die rechte Archivolte des linken Portals der Westfassade von Laon einarbeiten. Das Wort erscheint in Laon unterhalb der Bundeslade, deren Deckel von zwei Engeln angehoben wird und den siebenarmigen Leuchter der Menora und den Topf mit dem himmlischen Manna offenbart – merkwürdigerweise aber nicht die Gesetzestafeln mit den Zehn Geboten.«

Ich schreibe in mein Notizbuch das Wort »Archa« und zeige es Chmiel.

»Das Wort Archa für die Bundeslade ist falsch geschrieben«, bemerkt Chmiel. »Es müsste *Arca* heißen, ohne *H*.«

»Richtig. Das gleiche Wort erscheint in Chartres am Nordportal ebenso falsch, denn hier heißt es: Archa cederis.«

»Ich war in Laon«, sagt Chmiel. »Dort und in Chartres tauchen an keinen anderen Kathedralen in Frankreich schriftliche Erläuterungen zu biblischen Szenen auf.«

Bild 12: Das Wort Archa *am Westportal von Laon und am Nordportal von Chartres*

»Nur in Laon und Chartres. Wir können hieraus schließen, dass in Laon und Chartres die gleichen Steinmetzen und wahrscheinlich auch der gleiche Baumeister gewirkt haben. Diese verblüffende Schlussfolgerung können wir aus der einfachen Tatsache ziehen, dass die Steinmetzen von Laon und Chartres das theologische Konzept hinter den Sprüchen von der Bundeslade nicht verstanden haben werden, sondern nur ausführten, was ihnen aufgetragen wurde.«

»Das glaube ich auch«, sagt Chmiel. »Die Steinmetzen von Laon werden von ihrem Baumeister angewiesen worden sein, diese besonderen biblischen Sprüche und Kommentare unter- oder oberhalb von Skulpturen mit biblischen Szenen der Bundeslade einzuarbeiten. Der Baumeister wird diese Anweisungen an die Steinmetzen im Auftrag der Bauherren und Geldgeber weitergeleitet haben. Es steckt also eine Methode dahinter.«

»Daher ist die Schlussfolgerung naheliegend, dass der Architekt von Laon auch der Baumeister von Chartres war – oder, dass der Baumeister von Chartres zumindest in die Geheimnisse des Kathedralbaus von Laon und anderer Kathedralen wie etwas später Soissons eingeweiht war.«[149]

»Soweit ich weiß, wurde die Westfassade von Laon zwischen den Jahren 1205 bis 1220 errichtet, ebenso wie das Nordportal von Chartres.[150] Es ist sehr wahrscheinlich, dass der Baumeister von Chartres vorher in Laon gearbeitet hat oder zumindest ein Schüler des Baumeisters von Laon war.«[151]

»Denken wir weiter«, sage ich. »Wenn der Baumeister von Laon identisch ist mit dem Baumeister von Chartres, dann ist es auch wahrscheinlich, dass er mit der Konstruktionsweise von Kirchen der Zisterzienser um Bernhard von Clairvaux vertraut war, die keinen runden, sondern nur einen viereckigen Chorabschluss kannten – so wie ihn die Kathedrale von Laon aufweist.«

Chmiel sagt: »In Chartres ist der Chor zwar durch einen halbkreisförmigen Chorumgang mit Radialkapellen abgeschlossen und nicht viereckig, doch konstruierten die Zisterzienser ihre Kirchen meistens von der Vierung aus.«

»Ein Entwurf im Bauhüttenbuch des Villard von Honnecourt zeigt ein zisterziensisches Kloster, das von seinen Erbauern auf der Basis des Quadrats eines Seitenschiffjoches entworfen wurde.«

Chmiel schaut mich fragend an. »Wer war dieser Villard von Honnecourt?«

Ich berichte von Villard von Honnecourt, der viele Jahre unterwegs gewesen war im Auftrag der Zisterzienser. Er war zwischen den Jahren 1210 und 1230 im nördlichen Frankreich von Bauhütte zu Bauhütte gezogen. Villard verfasste ein Bauhüttenbuch aus Pergament, das heute in der Bibliothèque Nationale in Paris unter der Archivnummer »fr 19093« eingesehen werden kann.[152] Es enthält Notizen und Zeichnungen, die er im Laufe seiner Reisen von den Baustellen der großen Kathedralen Nordfrankreichs angefertigt hatte. Nach Cambrai, Laon, Chartres, Reims und Meaux führten ihn seine Reisen bis nach Ungarn – und dann wieder zurück in die Champagne, in die Picardie und schließlich in die Île de France, jene von schier endlosen Feldern bedeckte Region um Paris. Hier in Chartres dokumentierte er eines der größten Mysterien des Mittelalters: das Labyrinth.

Das bautechnische Wissen erlernte Villard im Zisterzienserkloster Vaucelles, wenige Kilometer entfernt von seinem Heimatort Honnecourt-sur-Escaut in der Picardie.[153] In Vaucelles – im heutigen Departement du Nord gelegen –, das 1132 durch den heiligen Abt Bernhard als Tochterkloster von Clairvaux eingeweiht wurde, wurde Villards lebenslange Faszination für die Geheimnisse des gotischen Baustils entfacht. Eine der Zeichnungen in Villards Bauhüttenbuch zeigt den Bauplan eines Zisterzienserklosters, in dem die Vierung eine besondere Rolle spielt.

»Vielleicht war der Baumeister von Chartres jemand, den Villard von Honnecourt kannte. Vielleicht hat Villard sogar in Chartres gearbeitet«, sagt Chmiel.

»Das ist gut möglich.«

»Die Form des Quadrats geht also von der Vierung aus und wiederholt sich im gesamten Bau des Klosters.«[154]

»Diese Vorgehensweise bei der Konstruktion bestätigte einige Jahre vor Villards Zeichnung der Kanzler der Schule von Chartres, Peter von Roissy, in seinem *Handbuch über die Mysterien der*

Kirche, in dem er sich über den christlichen Kirchenbau im Licht der platonischen Lehre Gedanken machte. So deutete Peter das Quadrat als Einheit der Kirche, aber noch mehr als das Allerheiligste des Salomonischen Tempels, in dem die Bundeslade ruhte, als Vorbild für die Kathedrale.«[155]

Chmiel hebt fasziniert die Augenbrauen. »Demnach spielte die Vierung eine besondere Rolle, die als eine quadratische Verbildlichung des Allerheiligsten des Salomonischen Tempels angesehen wird.«[156]

So geschah es auch in Laon, berichte ich weiter. Die Kathedrale von Laon entstand unter dem direkten Einfluss des Templerordens, der im Jahr 1134 nur einen Steinwurf von der Kathedrale entfernt eine Kapelle errichtete.[157] Die Tempelritter, die noch bis zum Jahr 1134 durch den Gründer des Ordens und ersten Großmeister, Hugo von Payns, angeführt wurden, arbeiteten Hand in Hand mit dem Domkapitel der Kathedrale von Laon. Im Jahr 1210, zur gleichen Zeit, als die Westfassade von Laon entstand, wurden auch die Skulpturen des Nordportals von Chartres erschaffen.

Der *Magister operi* von Chartres war mit großer Wahrscheinlichkeit ein Geistlicher mit handwerklicher Ausbildung, der einen langen Ausbildungsweg hinter sich hatte. Er war ein Meister seines Fachs. Bevor er die Kathedrale von Chartres errichtete, wirkte er in Laon. Durch seinen Besuch an der Schule von Chartres oder von Laon wird er mit der platonischen Lehre und den sieben freien Künsten in engen Kontakt gekommen sein. Dabei wird er durch seinen Unterricht, den er an der Schule von Chartres genossen hat, die intellektuelle Unterteilung der Geometrie gekannt haben, die Hugo von St. Victor einführte. Hugo von St. Victor, der Kanzler der Augustinerchorherrenschule von St. Victor in Paris, unterteilte die Geometrie in einen theoretischen und einen praktischen Zweig.[158]

Der theoretische Teil wurde in den Domschulen wie etwa in Chartres unterrichtet und beinhaltete die Höhen- und Tiefenmessung, Strecken- und Flächenmessung, aber auch die Berechnung und Vermessung von sphärischen Körpern mit Hilfe der Dialektik, also der Vernunft.[159] Der praktische Teil wurde anhand von Werkzeugen wie etwa dem Lot und der Lotwaage, dem Dreieck oder dem Knotenseil demonstriert. Dementsprechend wurden die Anwender der theoretischen und praktischen Geometrie bereits in der Schrift *De divisione philosophiae* des Dominicus Gundissalinus in *artifices vero theoretice* und *artifices vero practice* unterteilt.[160] Darunter kategorisierte Dominicus auch die Steinmetzen und Baumeister, die er *cementarii* nannte.[161]

Anonymus war also ein *wirklicher praktischer Kunstfertiger,* ein *cementarii,* und wusste sowohl die platonische Lehre der Dialektik mit den Geheimnissen des Salomonischen Tempels aus dem Alten Testament sowie den zisterziensischen Kirchenbaugeheimnissen zu vereinen.

»In jedem Fall musste Baumeister Anonymus sehr wertvolle handwerkliche Erfahrungen auf Kathedralbaustellen gesammelt haben«, sagt Chmiel. »So ist es heute noch.«

Ich zeige Chmiel eine Tabelle in meinem Notizbuch, die Aufschluss über den jeweiligen Baubeginn der gotischen Kathedralen seit Abt Sugers Restaurierungsarbeiten von St. Denis im Jahre 1137 gibt.

»Wie Villard von Honnecourt konnte auch Anonymus von Chartres auf zahlreichen Baustellen sein bautechnisches Wissen erweitern«, sage ich.

Chmiel nickt. »Unser Baumeister Anonymus von Chartres wird daher in Laon sein Meisterstück abgeliefert haben. Anders als es in der Kunstgeschichte kolportiert wird, können wir unschwer ersehen, dass es keinen Wettbewerb darum gab, welche Stadt die höchste oder gewaltigste Kathedrale baute, um die Konkurrenz zu übertrumpfen. Mal wurde niedrig, dann hoch, dann wieder niedrig gebaut und so weiter.«

»Zwar wurde die mit einer Gewölbehöhe von 42,30 Metern größte *vollendete* Kathedrale von Amiens erst im Jahr 1220 begonnen, als Chartres gerade fertiggestellt wurde. Doch sehen wir, dass Notre Dame de Paris, deren Bauherr unter anderem König Ludwig VII. war, lange Zeit die höchste Kathedrale in Nordfrankreich war.«

Kathedrale	Bau-beginn	Höhe des Langhauses	Länge der Kathedrale	Weihung
St. Denis	1137	29,00 m	108,00 m	Dionysius
Sens	1140	24,40 m	113,50 m	St. Etienne
Langres	1140	23,00 m	94,30 m	St. Mammès
Rouen	1145	28,00 m	136,86 m	Notre Dame
Angers	1148	24,70 m	90,47 m	St. Maurice
Cambrai	1148	–	131,00 m	Notre Dame
Noyon	1150	21,50 m	102,00 m	Notre Dame
Senlis	1153	23,50 m	72,00 m	Notre Dame
Laon	1160	24,00 m	110,50 m	Notre Dame
Paris	1163	32,50 m	130,00 m	Notre Dame
Bayeux	1165	–	–	Notre Dame
Poitiers	1166	27,00 m	ca. 99,00 m	St. Pierre
Sées	1174	24,00 m	106,00 m	Notre Dame
Meaux	1175	31,00 m	85,00 m	St. Etienne
Strasbourg	1176	32,00 m	103,00 m	Notre Dame
Chartres	1194	36,50 m	ca. 128,00 m	Notre Dame
Évreux	1194	21,75 m	109,00 m	Notre Dame
Bourges	1195	38,00 m	117,00 m	St. Etienne
Soissons	1197	21,50 m	116,00 m	St. Gervais/St. Protais
Dol-de-Bretagne	1203	20,20 m	93,50 m	St. Samson
Coutances	1208	21,90 m	95,17 m	Notre Dame
Troyes	1208	29,50 m	114,00 m	St. Pierre et St. Paul
Reims	1211	38,00 m	138,00 m	Notre Dame
Auxerre	1215	30,00 m	100,00 m	St. Etienne
Le Mans	1217	–	120,00 m	St. Julien
Amiens	1220	42,30 m	133,50 m	Notre Dame
Metz	1220	41,41 m	123,20 m	St. Etienne
Tours	1220	29,00 m	–	Saint-Gatien
Toul	1221	32,00 m	98,00 m	St. Etienne
Nevers	1224	–	101,00 m	St. Cyr-et-Sainte-Julitte
Beauvais	1225	42,30 m	70,00 m	St. Pierre
Chalons	1230	27,08 m	96,40 m	St. Etienne
Clermont-Ferrand	1248	28,70 m	99,00 m	Notre Dame
Toulouse	1272	19,00 m	–	St. Etienne

»Das fällt mir nun auch auf! Nach Notre Dame de Paris wurden bis zum Jahr 1194 neue Kathedralen nur mit kleineren Gewölben errichtet«, stellt Chmiel erstaunt fest. »Erst die Kathedrale von Chartres erreichte eine Gewölbehöhe von über 36 Metern.«
»Hätte es eine Konkurrenzsituation unter den Städten gegeben, dann wäre Notre Dame de Paris sofort übertrumpft worden.«
»Verstehe. Das war nicht der Fall«, sagt Chmiel.
»Ja, die Daten sprechen für sich. So können wir das Märchen von der Konkurrenz unter den Kathedralstädten ad acta legen. Wie sollten auch all die Kathedralen, die der Jungfrau Maria oder dem Märtyrer Stephanus geweiht waren und ein Gesamtkonzept bilden, eine Konkurrenz untereinander darstellen? Vielmehr drängt sich der Verdacht auf, dass diese Kathedralen sich gegenseitig in ihrer Bedeutung ergänzten.«
»Es wäre für unseren Baumeister Anonymus von Chartres auch nicht möglich gewesen, von Baustelle zu Baustelle zu wandern, um sich ein umfassendes Wissen in der Konstruktion von gotischen Kathedralen anzueignen, wenn die Städte untereinander verfeindet gewesen wären. Qualifizierte Arbeiter wären von den Baumeistern abgewiesen worden.«
»Doch durch Villard von Honnecourts Bauhüttenbuch ist überliefert, dass eine rege Wanderung zwischen den Baustellen der Kathedralstädte stattfand. Villard bildete in seinen Zeichnungen technische Entwicklungen ab, die beim Bau der von ihm besuchten Kathedralen zum Einsatz kamen, wie etwa eine mit Wasserkraft angetriebene Säge.[162] Die Technologien, die in Cambrai oder Laon angewandt wurden, konnte Baumeister Anonymus von Chartres auf der Baustelle anwenden und verbessern.«

3. Das Geheimnis der schwebenden Steine

Wir schweigen und blicken uns ehrfürchtig in der Kathedrale um. Immer mehr Touristen strömen in die Kathedrale. Arbeiter eilen an uns vorbei, um am Chor die Restaurierungsarbeiten fortzuführen.

Meine Gedanken versuchen, das Konzept des Baumeisters Anonymus von Chartres zu erfassen. Beim Entwurf der neuen Kathedrale von Chartres wandte Anonymus seine Kenntnisse über die sieben freien Künste und insbesondere sein Wissen über die Arithmetik, Geometrie und Harmonielehre an. Er berief sich auf die Interpretation des Kanzlers der Schule von Chartres, Peter von Roissy, der die Kathedrale als gotische Wiedergeburt des Salomonischen Tempels sah. Diese Wiedergeburt des Salomonischen Tempels deckte sich mit den Aussagen des großen theologischen Lehrmeisters Hugo von St. Victor. Es war eine konsequente geistige Fortführung des Gedankenguts von Peter von Celle, dem Abt von St. Rémi und späteren Bischof von Chartres, der geradezu besessen war vom mosaischen Stiftszelt und der Bundeslade.

Unter diesen Voraussetzungen hatte Baumeister Anonymus von Chartres die notwendigen Baukomponenten in Zahlen und Zeichnungen zu fassen. Seine Bauplanung würde mit der Vierung beginnen. Wenn er nicht größenwahnsinnig oder völlig geistig umnachtet war, skizzierte er seine Vorstellungen vorher auf Pergament und präsentierte seinen Entwurf den Chorherren – so wie es wahrscheinlich vorher auch in Laon getan hatte.

Zwar widerspricht der Kunsthistoriker Günther Binding dieser Vermutung und betont, dass etwa der Bischof von Lincoln, Robert Grosseteste (1168–1253), für die Zeit vor 1228 keine Baupläne kannte.[163] Erst Vincenz von Beauvais (1184–1264), ein Bibliothekar am Hofe von König Ludwig IX., erwähne in seiner Schrift *Speculum maior* die verkleinerte Grundrissprojektion, so Binding. Doch die Frage drängt sich auf: Was war vorher? Die Kunst- und Architekturgeschichte streitet darüber, ob es detaillierte Projektionen von Bauwerken auf Pergament vor dem Jahr 1228 gab.

Fest steht, dass bereits benediktinische und zisterziensische Mönche sehr detaillierte Baupläne von gesamten Kirchen- und Klosterkomplexen angelegt und auf Pergament gezeichnet haben. Dies geschah bereits im Jahre 830 im Kloster Reichenau am Bodensee, wo der Schreiber Reginbert des Abtes Haito das Kirchengebäude, einen Friedhof, den Klostergarten, das Refektorium und andere Gebäude des Klosters St. Gallen in der heutigen Schweiz erstaunlich exakt skizzierte.[164] Da unser Baumeister Anonymus von Chartres die Domschule von Chartres besucht hatte und mit der zisterziensischen Baukunst vertraut war, dürfte er diese alte Tradition der Projektion beherrscht haben.

Auch das Bauhüttenbuch des Villard von Honnecourt belegt, dass Baumeister bereits ab 1220 Zeichnungen anfertigten. Wie sollte auch ein Baumeister ein solch komplexes Vorhaben wie den Bau einer gigantischen Kathedrale mit all ihren zu berücksichtigenden Komponenten nur in seinem Geist entwerfen? Im Falle seines unerwarteten Todes oder einer schweren Verletzung musste das Domkapitel in der Lage sein, das Wissen des Baumeisters ohne Verzögerung an einen Nachfolger weiterzugeben. Ein Bauplan war also unumgänglich.

So ist der Gedanke, dass es keinen skizzierten Bauplan der Kathedrale von Chartres gab, geradezu absurd. Die Tatsache, dass solche Pläne aus der Zeit zwischen 1137 bis 1280 nicht erhalten geblieben sind, ist kein Beweis, dass diese Baupläne niemals existierten. Der Klosterplan von St. Gallen beweist es. Man sollte eher fragen, warum die Baupläne des Anonymus von Chartres die Zeit nicht überdauert haben. Wurden sie nach dem Wiederaufbau der Kathedrale absichtlich vernichtet? Wenn ja, so passt diese Vorgehensweise des Domkapitels in das übrige Schema von der Anonymität des Baumeisters. Vielleicht wurden sie vernichtet, weil dann nachvollzogen werden konnte, dass hier in Chartres ein gewaltiges Geheimnis verschlüsselt wurde.

Anonymus von Chartres konnte den Stiftern und Chorherren nach seinen Berechnungen sagen, ob ihre Wünsche in seine Planung einfließen und daher auch so verwirklicht werden konnten. Die Unsichtbarkeit der Zahlen, die Geometrie der Räume und die Harmonie der Dimensionen sollten sich in der neuen Kathedrale von Chartres mit der Schwerelosigkeit der Gotik manifestieren, um Gott in Gestalt des Lichts sichtbar zu machen, das durch die neuen großen Fenstergaden fallen und so das Dunkel des Innenraums erleuchten sollte. Denn für Bernardus Silvestris von der Chartreser Schule, wie auch für Abt Suger von St. Denis, war Gott gleichbedeutend mit einem Lichtstrahl, der das Dunkel erhellt. Der Lichtstrahl ist das Sinnbild des Göttlichen.[165] Im platonischen Sinne ist das Licht aber auch die Wahrheit. Daher ist die Gotik auch eine platonische Bauweise.

Chmiel tippt mir auf die Schulter und ich schrecke aus den Gedanken hoch. »Was glauben Sie, wie wird der Baumeister vorgegangen sein?«

»Nun, Anonymus von Chartres musste sich an den bereits existierenden Vorbildern in Nordfrankreich orientieren, um aus den Überresten der alten Fulbertus-Kathedrale dieses architektonische Juwel zu erschaffen, das wir heute sehen. Für den Neubau war es daher für den Baumeister und die Chorherren des Domkapitels von Chartres unumgänglich, die künstlerische Gestaltung der Nachbarkathedralen zu studieren.«

»Verstehe. St. Denis, Sens, Langres, Cambrai, Noyon, Senlis, Soissons, Laon, Paris und so weiter. Die romanischen Vorgängerbauten dieser Kathedralen waren allesamt durch dicke Wände, kleine rundbogige Fenster und niedrige Rund- und Spitztonnengewölbe geprägt, die wenig Licht in den Innenraum ließen«, erläutert Chmiel. »Ausnahmen bildeten nur die dritte Erweiterung des gewaltigen Benediktinerklosters von Cluny und die Basilika St. Madelaine im burgundischen Vézelay. Die Finsternis der romanischen Basiliken sollte durch die kühnen Baupläne von Abt Suger von St. Denis dem Licht der Gotik weichen. Er *musste* also gotisch bauen, nicht romanisch. Aber welche Rolle spielte Abt Suger genau bei der Entstehung der Gotik?«

Abt Suger von St. Denis, der auch der Kanzler und Ratgeber der Könige Ludwig VI. und dessen Sohn Ludwig VII. war, hatte am 9. Juni 1137 den Grundstein zur Erneuerung der Westfassade der Königsbasilika von St. Denis legen lassen.[166] In St. Denis ruhten seit dem Jahr 639 die Gebeine der merowingischen und später kapetingischen Könige, sodass dem Bau in politischer wie religiöser Sicht eine besondere Bedeutung zukam.[167] Bereits drei Jahre später, am 9. Juni 1140, wurde die Westfassade eingeweiht, die sich nun durch eine bemerkenswerte Neuerung auszeichnete: die Rundbögen der Fenster in der dritten Zone waren durch

Spitzbögen ersetzt und eine gewaltige Fensterrose am Eingangs-
portal eingesetzt worden. Die Fensterrose sollte von nun an das
gotische Symbol für die göttliche Vollkommenheit sein, das sich
in anderen Kathedralen in noch spektakulärerer Weise wieder-
holen sollte. Zum Beispiel in Laon oder hier in Chartres.

Eine weitere Neuerung führte Suger für das Langhaus und den
Chor ein, der am 11. Juni 1144 fertiggestellt werden sollte: Um
mehr Sonnenlicht in den Innenraum gelangen zu lassen, ließ
Suger für das Langhaus ein höheres Gewölbe entwerfen, das
wiederum in Joche unterteilt war, die von den bereits erwähnten
Diensten gekennzeichnet und gestützt wurden. Das höhere Gewölbe ermöglichte eine größere Fläche von farbenprächtigen, in
Blei eingefassten Fenstern, die von dem Sonnenlicht durchflutet
werden konnten. Im Inneren der Abteikirche war das Tonnenge-
wölbe schließlich durch unterteilte Gewölbekappen mit Kreuz-
rippen ersetzt worden. Das Kreuzrippengewölbe war geboren.

Der Preis für die gewaltige Höhe war jedoch die Notwendigkeit
eines statischen Ausgleichsmoments: Das hohe Gewicht der Ge-
wölbekonstruktion und des Dachstuhls drückte diagonal nach
unten und stemmte somit auch die hohen Mauern der Seiten-
wände des Langhauses auseinander. Der Feind des neuen gotischen Baustils war die Schwerkraft und das angestrebte Ziel von
Sugers Baumeister war es, eine Schwerelosigkeit der Steine zu
erreichen.

Die Lösung fand Suger in Emporen und in Laufgängen oberhalb der Arkaden des Seitenschiffs und unterhalb der Obergaden, dem sogenannten Triforium. Sowohl die Empore, von der
man bequem in den Innenraum des Langhauses der Abteikirche
sehen konnte, als auch das Triforium sorgten für eine zusätzli-
che Stabilität des Gebäudes. Ab dem Jahr 1160 wurden an den
Kathedralen Nordfrankreichs die Außenwände des Langhauses
und der Seitenschiffe durch Strebebögen gestützt, die wiederum
mit Strebepfeilern verbunden waren. Die Strebepfeiler wurden
von Fialen gekrönt, die als zusätzliches Gewicht von oben für
die Stabilität der gesamten Strebekonstruktion sorgten, in dem
sie den Schub nach unten ableiteten. Das Strebewerk sorgte für
ein grundlegend neues statisches Konzept, das Abt Sugers Bau-

meister aufgriff. Auf diese Weise konnten die Emporen, die heute noch in Noyon, Soissons oder Laon zu sehen sind, bei späteren Kathedralen vermieden werden.

Durch das gesamte Strebewerk wurde der statische Druck der hohen Wände abgefangen und schließlich über die Strebebögen und Strebepfeiler abgeleitet. So wurde die an dem Gebäude zerrende irdische Schwerkraft aufgelöst. Die Gotik ist also mehr als nur eine gen Himmel strebende Architekturform. Die Gotik ist die Aufhebung der irdischen Schwerkraft, aber auch die Verdrängung der Finsternis durch das Licht. Eine wahrhaft göttliche Architektur, die man als *Ausgleich der Schubkräfte* bezeichnen kann. Auf diese Weise war es Suger und anderen Bauherren später möglich, immer größere Fenster im Langhaus und im Chor unterzubringen.

»Aber war die Auflösung der Schubkräfte Sugers Idee?«, fragt Chmiel.

»Niemand weiß, woher Suger die Idee zur gotischen Bauweise in St. Denis hatte, noch, ob das architektonische Konzept seinem alleinigen Denken entsprang. Vieles spricht dafür, dass er nicht der Urheber der statischen Prinzipien der Gotik ist, sondern nur der Bauherr, der den neuen revolutionären Baustil in seinen drei berühmten Schriften *De Ordinatione, De Consecratione* und *De Administratione* theologisch kommentierte.«[168]

»Okay«, sagt Chmiel. »Gewiss ist, dass der Spitzbogen älter ist als die Abteikirche von St. Denis. Er taucht bereits am Felsendom und in der unmittelbar benachbarten Al-Aqsa-Moschee auf dem Tempelberg in Jerusalem auf, die, glaube ich, in den Jahren zwischen 691 und 705 n. Christus errichtet wurden.«[169]

»Stimmt, Spitzbögen sind ein islamisches Baumerkmal. Sie wurden vermutlich von Geistlichen noch vor der Eroberung Jerusalems nach Europa gebracht, denn sie tauchten erstmals im Jahr 1089 in der Klosteranlage von Cluny im Burgund auf.«[170]

Chmiel nickt anerkennend über mein Wissen. Ich versuche, die Vorstellung zu unterdrücken, jetzt in der Schule zu sein und von einem Lehrer abgefragt zu werden. Bei diesem Gedanken frage ich mich, ob dieses Thema jemals in den Schulen unterrichtet werden wird und kann nur mit dem Kopf schütteln, denn anscheinend sind Kurvendiskussionen in der Oberstufe wichtiger. »Das Kreuzrippengewölbe wurde zwischen 1093 und 1130 in der Kathedrale von Durham verwirklicht«,[171] fahre ich fort. »Obwohl Suger das Prinzip der Schubableitung bekannt war, wurde das erste offene Strebewerk jedoch erst um 1160 in der Kirche Saint-Germain-des-Prés angebracht.[172] Suger benutzte daher eine Vorstufe des offenen Strebewerks in Gestalt von abgestuften Mauervorsprüngen. Er war sich also sicherlich der benediktinischen und auch zisterziensischen Baukunst bewusst, als der Baumeister von St. Denis seinen Plan entwarf.«

»Verstehe«, sagt Chmiel. »Dem Architekten von Chartres blieb also keine andere Wahl, als die Kathedrale von Chartres im gotischen Stil zu bauen, wenn er eine prächtigere Heimstatt für die Reliquie der Jungfrau Marias erschaffen wollte, als es die Fulbertus-Kathedrale vorher war. Es war *notwendig*, in gotischem Stil zu bauen, weil das Kreuzrippengewölbe, das Strebewerk und der Spitzbogen die einzige Möglichkeit darstellte, Gott in Form von Schwerelosigkeit und Licht angemessen zu huldigen.«

»Die Gotik ist der Versuch, Gott architektonisch zu manifestieren. Es ist nicht als konzeptuelle, aus einzelnen Komponenten wie Spitzbögen, Kreuzrippengewölbe und Strebewerk zu betrachtende Kirchenbauweise zu verstehen. Man könnte die Gotik auch als eine zu Stein erstarrte Symphonie des Glaubens bezeichnen.«

»Oder als das Geheimnis der schwebenden Steine. Aber wie genau ging Anonymus von Chartres bei der Planung vor? Und wer war bei der Planung beteiligt? Das habe ich mich immer wieder gefragt.«

4. Der Wiederaufbau der Kathedrale

»Nicht der Bischof, sondern das Domkapitel von Chartres, das aus einer Gemeinschaft von Geistlichen aller Weihestufen bestand, war der Bauherr«,[173] sage ich. »Das Domkapitel unterstützte den Bischof in seinen administrativen Aufgaben. Ihm gehörte ein Kanzler an, der die Protokolle schrieb und die Siegel bewahrte und eher die Aufgabe eines Sekretärs erfüllte. Ferner waren ein sogenannter Vorsänger, der den Chor leitete und mit den zeremoniellen Aufgaben der Liturgie des Gottesdienstes betraut war und ein Schatzmeister Bestandteil des Kapitels der Kathedrale. Der Schatzmeister wiederum hatte ein strenges Auge auf den Kirchenschatz und die Reliquien.«[174]

»Das klingt kompliziert und bürokratisch«, lacht Chmiel.

»War es auch. Der *Procurator fabricae*, der über die Ausgaben, die beim Bau der Kathedrale anfielen, entschied und Buch führte, wurde von den Chorherren des Kapitels einmal im Jahr neu gewählt.[175] Der *Procurator fabricae* des Domkapitels bestimmte zusammen mit den Chorherren einen Bauaufseher, den *Magister operi*, der den Fortlauf der Bauarbeiten überwachte. Auch ernannte er in Absprache mit den Chorherren des Domkapitels einen Bau- oder Werkmeister, der ebenso den Titel *Magister operi* trug.«[176]

»Ich vermute, der Baumeister war ein Steinmetz- oder Maurermeister von hohen Ehren, der von Baustelle zu Baustelle gereist war und somit wertvolle Erfahrung beim Bau von Kathedralen gesammelt hatte.[177] In unserem Fall war es Baumeister Anonymus von Chartres.«

»Die Fertigkeiten, über die ein Steinmetzmeister verfügen musste, beinhalteten nicht nur die theoretischen, sondern auch die praktischen Aspekte des Handwerks: Er musste alle Steinmetztechniken von der Steinbildhauerei bis zur Vermessung des Kathedralplatzes beherrschen. Sieben freie Künste hin oder her. Er musste auch anpacken können und durfte nicht nur ein Theoretiker sein.«

An uns läuft ein junger Steinmetz vorbei. Er trägt einen gelben Bauhelm auf dem Kopf und dunkelblaue Arbeitskleidung, die von oben bis unten mit Steinstaub bedeckt ist. Soweit ich es erkennen kann, trägt er eine Kreissäge in der Hand. Er verschwindet im Eingang zum Chor. Wenige Sekunden später erklingt das nervtötende Kreischen der Säge durch die Kathedrale.

»Gibt es Überlieferungen von anderen Kathedralbaustellen? Weiß man, wie andere Baumeister gearbeitet haben? Vielleicht wirft das ein Licht auf unseren Baumeister Anonymus von Chartres.«

»Die gibt es«, sage ich. »So berichtet ein gewisser Gervasius im Jahr 1184 in seiner mittelalterlichen Schrift *Chronica Maior* über den Brand der Kathedrale von Canterbury, dass die Chorherren des dortigen Domkapitels *Kunstfertige* aus dem ganzen Land, aber auch aus Frankreich, in die Stadt riefen, um mit ihnen zu beraten, wie der Bau einer neuen Kathedrale erfolgreich auszuführen sei.«[178]

»Das klingt faszinierend. Was weiß man über die Entstehung der Kathedrale von Canterbury?«

»Schließen Sie die Augen«, fordere ich Chmiel auf. »Und stellen Sie sich England im Jahr 1174 vor.«

Canterbury ist in Aufruhr, denn die romanische Kathedrale ist bis auf die Grundmauern abgebrannt. Die Chorherren des Domkapitels kommen eiligst zusammen, um darüber zu beraten, welcher Baumeister geeignet wäre, um die Kathedrale wieder aufzubauen. Unter den Kunstfertigen, den *Artifices*, die das Domkapitel von Canterbury schließlich nach England beruft, ist ein gewisser Wilhelm von Sens, »ein ausgesprochen tüchtiger Mann, in Holz und Stein ein ganz besonders Kunstfertiger«.[179] Wilhelm ist einer der begabtesten Baumeister des Abendlandes, der für den Bau der ersten Kathedrale Frankreichs in Sens verantwortlich zeichnet und unter Abt Suger maßgeblich am gotischen Umbau der ursprünglich romanischen Abteikirche von St. Denis beteiligt war. Die Wahl Wilhelms von Sens als Baumeister der Kathedrale von Canterbury ist nicht zufällig. Thomas Beckett, der englische Lordkanzler von König Heinrich II. und spätere Erzbischof von Canterbury, der in Canterbury infolge eines eskalierten Streits mit dem König über die Rechtsprechung von kriminell gewordenen Geistlichen durch vier Ritter ermordet worden war, hatte vor seinem Tod in Sens Asyl und die Gunst von König Ludwig VII. erfahren. Die Chorherren von Canterbury zollen der Gastfreundschaft der Chorherren von Sens ihren Dank, indem sie Wilhelm als Baumeister für ihre neue Kathedrale erwählen.[180]

Wilhelm wird vom Domkapitel von Canterbury beauftragt, den dortigen Chor im gotischen Stil zu errichten. Er trifft in Canterbury ein, als die Chorherren hilflos mit ansehen müssen, wie sich die französischen und englischen *Kunstfertigen* über die zukünftige Gestalt der Kathedrale so sehr zerstreiten, dass keine Lösung in Sicht ist. Gervasius schreibt:

> »Inzwischen suchten die Brüder Rat, wie und nach welcher Maßgabe der Vernunft die niedergebrannte Kirche wiederhergestellt werden könne, aber sie fanden ihn nicht. Denn die Säulen der Kirche, die gewöhnlich Pfeiler genannt werden, fielen in ihrer allzu großen Schwächung durch das Wüten des Feuers stückweise herunter und konnten kaum standhalten, und entzogen damit allen, auch den sehr Klugen, den richtigen und nützlichen Rat. So wurden Baumeister aus Frankreich und England zusammengerufen, aber selbst die stimmten nicht überein beim Ratgeben. Denn die einen versprachen, die vorgenannten Säulen ohne Schaden für das (Mauer-)Werk darüber wiederherzustellen, aber ihren Überlegungen widersprachen andere, die sagten, dass die ganze Kirche abgerissen werden müsse, wenn denn die Mönche sicher leben wollten.«[181]

Diesen Disput beendet Wilhelm von Sens, indem er das Domkapitel davon überzeugt, dass der alte Chor von gefährlichen Rissen wimmelt, abgetragen und neu aufgebaut werden muss, um genug Stabilität für die Vierung – den viereckigen Raum des Gewölbes, wo sich das Langhaus und die Querhäuser treffen – zu gewährleisten. Zuvor hat Wilhelm viel Zeit in der Ruine der Kathedrale zugebracht und die Gemäuer der ehemaligen Kathedrale auf ihren Zustand untersucht. Die Neuerrichtung der Kathedrale vollzieht sich dann in stilistischer Anlehnung an die erste gotische Kathedrale in Wilhelms burgundischer Heimatstadt Sens.[182]

Doch Wilhelm ist nicht nur ein anweisender Baumeister, sondern packt während des Baus auch selbst tatkräftig mit an. Das geht so lange gut, bis im Jahr 1178 das Brett eines Baugerüsts in fünfzig Fuß Höhe am Vierungsgewölbe durchbricht und die Schwerkraft der Erde den Baumeister in die Tiefe reißt.[183]

Wilhelm wird so schwer verletzt, dass er die Arbeiten nur vom Krankenlager aus delegieren kann. Die *Chronica Maior* des Gervasius von Canterbury berichtet weiter:

>»Aber weil doch der Winter bevorstand und es nötig war, das obere Gewölbe zu vollenden, übergab er einem fleißigen und klugen Mönch, der den Maurern vorstand, die Vollendung des Werks. [...] Der Meister jedoch, der im Bett darniederlag, ordnete an, was früher, was später gemacht werden musste. Als der Meister im Frühjahr spürte, dass er durch keine Kunst der Ärzte geheilt werden könnte, kündigte er das Werk auf und kehrte über das Meer nach Frankreich zurück. Ihm folgte in der Bauleitung ein anderer mit Namen Wilhelm, ein Engländer von Geburt, klein an Gestalt, aber in unterschiedlichen Werken sehr geschickt und tüchtig.«[184]

Bis zu seinem tragischen Unfall weist Wilhelm von Sens jedoch zwischen den Jahren 1174 und 1184 ein Heer von Arbeitern an, den Chor selbst Joch für Joch nach seinen Vorstellungen zu errichten. So können bereits 1184 erste Gottesdienste abgehalten werden. Die Steine lässt Wilhelm aus seiner burgundischen Heimat kommen, da er diesem Material mehr Vertrauen schenkt. Die Steinproduktion und der Steintransport müssen organisiert, Arbeiter gesucht und auf ihre Tauglichkeit geprüft werden. Darunter sind Handwerker aller Zünfte: Steinbrecher, Steinmetzen, Steinbildhauer, Mörtelmischer, Verputzer, Maurer, Dachdecker, Zimmermänner, Schreiner, Seiler, Schmiede, Bleigießer, Glasmaler und Glasbläser – eine regelrechte Industrie. Ferner befinden sich an der Baustelle meistens Hüttenknechte. Ihre Aufgabe besteht darin, die Kathedralenbaustelle sauber zu halten und den Ablauf des Gottesdienstes im provisorischen Kirchengebäude zu organisieren. Sie sorgen auch für die Nahrungsmittelbeschaffung und weisen die Köche an.

Zudem sind bezahlte Hilfsarbeiter zugegen. Dazu zählen Fuhrleute, Gräber oder Träger, die Steine auf Karren fahren, mit Händen schleppen oder andere Tätigkeiten ausüben, die ohne spezielle Ausbildung möglich waren und von den Fachkräften ferngehalten werden sollten, um den Ablauf der Bauarbeiten so unkompliziert wie möglich zu gestalten. So sind an der Kathedralbaustelle um die 400 bis 500 Arbeiter gleichzeitig beschäftigt, die der Baumeister delegieren muss, wobei die Zahl im Herbst und Winter drastisch abnimmt und auf eine Stammbesetzung von bis zu 50 Männern reduziert ist, da der Frost die Arbeiten erheblich erschwert.[185] Meistens sind die Arbeiter während des Winters in Hütten oder Logen untergebracht, um während der Kälte die vielen Steine nach vorgefertigten Entwürfen und Rissen zuzuhauen, die dann im Frühling in und an der Kathedrale verarbeitet werden. Diese Hütten sind nicht zu verwechseln mit der Bauhütte der Stadt, die für die organisatorischen Belange des Kathedralbaus zuständig ist.[186] Zur Hütte gehören sämtliche qualifizierten Arbeiter, angefangen bei den Steinmetzen und Steinbildhauern, über die Maurer, bis zu den Zimmerleuten, Glasern und Glasmalern. Teilweise leben die Arbeiter in Häusern, die der Bauhütte der Kathedrale gehören.[187] Die übrigen Mitarbeiter müssen anderswo unterkommen. Der Baumeister, der die Hütte anführt, ist Mitglied einer Bruderschaft, die aus Baumeistern verschiedener Kathedralstädte besteht.

Wie Gervasius berichtet, beginnen die eigentlichen Bauarbeiten in Canterbury mit dem Einriss des alten Chors. »Darüber hinaus wurde in diesem ganzen Jahr nichts getan ...«[188] Wir sprechen hier von einem Zeitraum von einem Jahr, von September 1174 bis September 1175. Die logistische Planung für den Neubau der Kathedrale schien in diesem Jahr geschehen zu sein.

Wie in Canterbury, so standen die Chorherren in Chartres ebenso vor der gewaltigen Frage, ob die Reste des Chors niedergerissen werden sollten oder nicht. Unser Baumeister Anonymus von Chartres wird jedoch aller Wahrscheinlichkeit einer Bruderschaft angehört haben, die große Erfahrung mit abgebrannten Kirchen und Kathedralen hatte. So war beispielsweise die Notre-Dame-Kathedrale von Cambrai bereits um 1148 abgebrannt und neu aufgebaut worden.[189] Villards Zeichnungen in seinem berühmten Bauhüttenbuch geben von den späteren Bauarbeiten in Cambrai Aufschluss.

Ebenso wie in Canterbury wird Baumeister Anonymus von Chartres, der vom Domkapitel ernannt worden war, die Ruine

mit anderen Kunstfertigen begutachtet haben. Da die Verhee-
rung durch den Brand in Chartres den Aufzeichnungen zufolge noch schlimmer war als in Canterbury zwanzig Jahre vorher, wird das Gremium dem Domkapitel geraten haben, einen
neuen Bau zu errichten – unabhängig davon, ob das Volk dem
zustimmte oder nicht. Denn zu gefährlich wäre es gewesen, auf
beschädigten Fundamenten und Bündelpfeilern eine neue Kathedrale zu bauen.

Doch die räumlichen Möglichkeiten unseres Baumeisters Anonymus von Chartres für die neue Kathedrale waren begrenzt. Da
er den Neubau aufgrund von städterechtlichen Aspekten nicht
an einem völlig anderen Ort errichten konnte, blieb ihm nichts
anderes übrig, als die Dimensionen der Krypta, die sogenannte
Unterkirche, die beim Brand von 1194 verschont geblieben war,
durch ein neues Fundament einzufassen. Die Krypta bildete also
das Maß für die neue Kathedrale.

Nach einer Zeichnung des Fulbertus-Schülers Andreas von
Mici aus dem Jahr 1028 war die romanische Kathedrale des Fulbertus dreischiffig, wie eine gewöhnliche romanische Basilika,
mit einem erhöhten Langhaus und zwei kleineren Seitenschiffen. Sie wies einen abgerundeten Chorumgang mit drei großen
Kapellen im Osten auf. Ferner hatte sie zwei Türme im Westen,
von denen jeweils Treppen in die Krypta hinunterführten.[190]

Ich zeige zur Westfassade. »Und jetzt stellen wir uns Chartres
im Jahr 1194 vor. Nur die beiden Türme und die Reste der Westfassade lässt man stehen. Dem Neubau der Kathedrale mussten
grundlegende Planungen durch Baumeister Anonymus von
Chartres vorausgehen. Über den tatsächlichen Bauablauf existieren aber keine schriftlichen Quellen.«[191]

Ich bedeute Chmiel, mir zu folgen. Wir gehen zum südlichen
Vierungspfeiler.

»Doch die Planung begann mit der Vermessung«, sage ich.
»Nachdem Baumeister Anonymus von Chartres mit seinen As-
sistenten die Baustelle untersucht hatte, stellte er erste Messungen
außerhalb des Fundamentes an. Er vermaß vielleicht gemäß des
königlichen Fußmaßes von heute 32,50 Zentimetern.[192] Viel plau-
sibler ist es jedoch, dass der römische Fuß im nördlichen Frank-

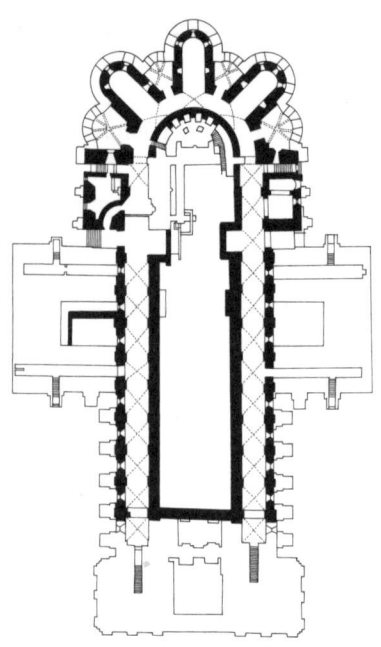

Bild 13: Grundriss der Fulbertus-Kathedrale nach Andreas von Mici

reich zur Zeit des Kathedralenbaus Verwendung fand, der ungefähr 29,23 bis 29,8 Zentimeter maß.[193] Doch letztendlich ist es unmöglich zu bestimmen, welche exakten Maße der Baumeister benutzte, denn durch die Labilität des Seils und die Ungenauigkeit des Messstabes, wird es zwangsweise Abweichungen gegeben haben.«[194] Chmiel sagt: »Ich kann mir vorstellen, wie es abgelaufen ist. Zugrunde legte Anonymus eine geometrische Form, um die ersten Messpunkte zu finden. In Chartres ist es das Pentagramm, das Fünfeck.

Diese Konstruktionsform finden wir auch in der Kathedrale von Soissons und der Basilika von St. Quentin.[195] Um einen rechten Winkel zu finden – bei der Verwendung von Seilen und Pflöcken äußerst schwierig –, benutzte der Baumeister das Dreieck aus dem Satz des Pythagoras. Hierbei bilden die beiden *Katheten* – die kürzeren Seiten des Dreiecks – einen rechten Winkel. So ergibt sich ein Verhältnis von 3:4:5. Dieses pythagoräische Dreieck erhielt Baumeister Anonymus von Chartres durch ein Seil, in das er im Abstand eines Fußes mit Hilfe eines Messstabes jeweils zwölf Knoten einarbeitete.«

Ich bin beeindruckt. »Stimmt genau.«

»Wie wir bereits gesehen haben, liegt die Zahl Zwölf dem platonischen Körper des Dodekaeders zugrunde, der aus zwölf gleichseitigen Fünfecken besteht. Das Fünfeck wiederum enthält ein Dreieck mit rechtem Winkel. Aber dem ist noch nicht genug. Wie wir ebenfalls gesehen haben, teilen sich die Diagonalen dieses gleichseitigen Fünfecks zweimal mit unterschiedlichen Längen auf. Sie bilden ein goldenes Dreieck, eine Gestalt des Goldenen Schnitts.«

Hier spricht der Physiklehrer und ich kann ein Grinsen nicht unterdrücken.

»So blieb es nicht aus, dass sich Baumeister Anonymus von Chartres mit Messstab, Knotenschnur, Richtschnur und Richtscheit bei der Vermessung des Areals der alten Fulbertus-Ruine an der Krypta orientierte und so den Goldenen Schnitt anwandte.«

»Exakt«, sage ich. »Gemäß der sieben freien Künste setzte Anonymus von Chartres die pythagoräische Wissenschaft ein: Er legte die Knotenschnur zu einem rechtwinkligen Dreieck zusammen. Auf diese Weise erhielt er die erste Markierung auf dem alten Fundament der Fulbertus-Kathedrale.«

Wir gehen zum südöstlichen Vierungspfeiler. Chmiel zeigt auf den Boden. »Hier pflanzte er den ersten Markierungspflock. Dann wiederholte er die Prozedur nach der Abmessung mit der Knotenschnur, den Richtschnüren und Richtscheiten. Aufgrund des alten Fundaments der Fulbertus-Kathedrale konnte der Baumeister etwa 16,44 Meter für die Breite der Vierung ausmessen, was ungefähr 50,58 Königsfüßen entspricht.«

Ich sage: »Dadurch erhielt Anonymus von Chartres die Maße von 16,44 Metern Breite und 13,99 Metern Länge der Vierung.[196] Genau genommen ist die Vierung von Chartres also kein Quadrat, sondern ein Viereck, wobei die Breite des Querhauses kleiner ist als die Breite des Langhauses.«

Ich zeichne eine Grafik in mein Notizbuch und zeige sie Chmiel, der nur nickt und sagt: »So muss es gewesen sein.«

»Baumeister Anonymus zog von den 16,44 Metern die 13,99 Meter ab«, fährt Chmiel unbeirrt fort. »Er erhielt das Ergebnis von 2,45 Metern. Wie wir heute sehen können, entspricht die Breite der Bündelpfeiler der Vierung samt ihren Diensten annähernd dieser Breite von 2,45 Metern. Ich habe es mit einem Maßband vermessen. Stimmt genau.«

Ich nicke wieder anerkennend. »Dieses Maß würde für die Steine gelten, die später durch Schablonen passgenau zugehauen und von den Maurern übereinandergeschichtet werden mussten. Diese Pfeiler der Vierung würden kantoniert sein. Das heißt, ein kantonierter Pfeiler besteht aus einer Säule, die von vier Halb- oder Dreiviertelsäulen – auch Diensten genannt – eingerahmt wird. Der Sinn dieser sogenannten Bündelpfeiler besteht darin, dass die zusätzlichen kleineren Säulen, die sich an die große Säule schmiegen, eine viel größere Stabilität bieten.«

Bild 14: Die Planung der Kathedrale begann mit der Vierung

»So weit, so gut«, sagt Chmiel. »Und dann?«
Ich zeichne einen Kreis um die vier Vierungspfeiler, zeige es Chmiel und sage: »Dem französischen Kunsthistoriker Jean Villette zufolge geschah nun Folgendes: Baumeister Anonymus von Chartres zog mithilfe des Knotenseils einen Kreis um die vier Vierungspfeiler mit dem Maß von 16,44 Metern, wobei der Kreis die Mitte der östlichen Vierungspfeiler schnitt, die Kanten der westlichen Vierungspfeiler jedoch nur berührte.«
»Okay.« Chmiel nimmt mir den Kugelschreiber aus der Hand und zeichnet ein Quadrat um den Kreis. »Daraus konstruierte Anonymus von Chartres dann ein Quadrat, das sich genau in die Maße des Kreises einfügte. Dann verdoppelte er die Entfernung vom Mittelpunkt der Vierung, sodass er einen noch größe-

ren Kreis um den Vierungskreis ziehen konnte. Und so weiter. Entlang der Flucht der Vierungspfeiler konnte nun Baumeister Anonymus im Westen wie im Osten die Standorte weiterer Bündelpfeiler markieren, die später die Joche des Langhauses westlich der Vierung und des Chors östlich der Vierung bilden würden.«[197]

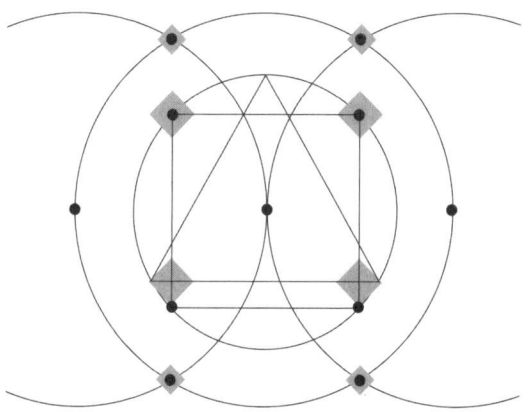

Bild 15: Die Rekonstruktion der Kathedralplanung nach Jean Villette

»Da haben wir es«, flüstere ich. »Den Beleg dafür, dass der Neubau der Kathedrale von Chartres mit der Vierung begann.[198] Baumeister Anonymus von Chartres plante auf diese Weise die gesamte Kathedrale. Eine denkbar geniale Lösung.«
»Wirklich genial.« Chmiels Augen leuchten. »Waren die ersten vier Punkte der Vierung vermessen und die Standorte der anderen Joche und der Türme bestimmt, konnte Anonymus von Chartres mit dem Lot und der Lotwaage den rechten Winkel der ersten Mauern zur Abstützung der Vierungspfeiler festlegen. Mit der Richtschnur prüfte er, ob die Mauern in der richtigen Flucht aufgeschichtet wurden.«
»Das Maß der 50 Königsfüße wiederholt sich in verschlüsselter Form in der Kathedrale. Dementsprechend konsequent war es von Anonymus von Chartres, mit dem Viereck zu beginnen – ganz im Sinne von Peter von Roissy und Peter von Celle. Nun

wusste der Baumeister, wo sich das Langhaus und der Chor befinden sollten. Die nördlichen und südlichen Querhäuser bildeten eine unsichtbare ästhetische Grenze.«

»Aber was geschah dann?«, fragt Chmiel. Er kratzt sich am Kopf und schaut nachdenklich ins Langhaus.

»Dann begann die eigentliche Planung der Kathedrale. War die Vermessung abgeschlossen, konnte Baumeister Anonymus von Chartres über praktische Details nachdenken. Aufgrund der Vermessung berechnete er die Höhe der Kathedrale, die seines Erachtens vom Standpunkt der Statik sinnvoll war, ohne dass er befürchten musste, von herabstürzenden Bauteilen erschlagen zu werden. Dann überprüfte er anhand der Karten, die ihm vorlagen, woher er die nötigen Steine bekommen würde. Weitere Berechnungen stellte er über die Steine an, die für gewisse Partien der Kathedrale, etwa die Querhäuser oder das gesamte Strebewerk, notwendig waren.«

Chmiel sagt: »Anonymus muss lange überlegt haben, wie lange seine Meistersteinmetzen benötigen würden, um die von ihm erdachten geometrischen Muster mit Zirkel und Winkel auf die Steine zu übertragen und die Formen anschließend mit Spitzeisen und Knüpfel aus den Steinen herauszuhauen. Er kalkulierte, wie viel Holz für die Verschalungen, Baugerüste und Lastenkräne benötigt würden. Er grübelte nächtelang über Kosten der Bestandteile der in Blei gefassten Glasfenster, die aus Quarzsand, Soda, Kalk und Metall bestanden.«

»Absolut richtig«, sage ich. »Basierend auf diesen Fakten wird er sich den Kopf über solche Feinheiten zerbrochen haben, wie etwa: Wie viel Geld stellt das Domkapitel für die Anfertigung der Skulpturen zur Verfügung? Sollen in Chartres die besten Steinbildhauer des Abendlandes arbeiten oder nur durchschnittlich begabte Handwerker? Woher bekomme ich die besten Handwerker, wenn sie bereits auf anderen Baustellen arbeiten? Warum sollten sie ihre Baustelle verlassen und nach Chartres kommen? Wie viele Steinbrecher, Steinmetzen und Steinbildhauer, Zimmermänner, Maurer, Mörtelmischer usw. benötige ich, um die mathematischen Größen meines Bauplans in ein steinernes Gebäude umzuwandeln?«

Chmiel grinst spitzbübisch. »Und zuletzt überkamen ihn bestimmt massive Zweifel, dass er der gewaltigen Aufgabe gewachsen sein könnte. Anonymus fragte sich, ob die Erfahrung, die er als Baumeister auf solchen Kathedralbaustellen wie etwa Laon gesammelt hatte, ausreichten, um einen Bau zu errichten, der alle anderen Kathedralen an Schönheit in den Schatten stellte.«

»Als Baumeister Anonymus von Chartres sich über all diese Aspekte eine klarere Sicht verschafft hatte, konnte die eigentliche Arbeit beginnen.«

Wir stellen uns vor die Vierung, mit dem Altar und dem Chor im Rücken, und blicken das Langhaus hinunter Richtung Westfassade.

»Die eigentliche Arbeit begann mit der Beschaffung und dem Transport der Steine«, sage ich. »Und was hier so lächerlich einfach klingt, war ohne motorisierte Fahrzeuge heutiger Tage eine enorme Herausforderung. Der Steintransport war teurer als die eigentliche Gewinnung der Steine. Aus logistischer Sicht war es günstiger für Baumeister Anonymus einen Steinbruch in der Nähe der Stadt Chartres auszuwählen. Der einzige Ort, der hierfür in Frage kam, war Berchères-les-Pierres, etwa zwölf Kilometer südöstlich von Chartres, der auf dem Gebiet der Templerkomturei von Sours lag.«[199]

»Die Templer?«, fragt Chmiel.

»Anonymus muss mit dem Domkapitel tagelang über seine Berechnungen debattiert haben. Er wird ihnen gesagt haben, was möglich war und was nicht, wird revidiert, wieder debattiert und schließlich eine Endfassung des Bauplans und der Kalkulation in den Händen gehalten haben.«

»Okay«, brummt Chmiel. »Berchères-les-Pierres. Die von den Steinbrechern in Berchères-les-Pierres mit Spitzhacken herausgearbeiteten Steine wurden bereits vor Ort von den Steinmetzen auf die benötigten Maße zugehauen. Anders war es nicht möglich.«

»Maurer müssen vorher Schablonen nach Berchères gebracht haben, mit denen die Steinmetzen die Formen mit Winkel und Zirkel auf dem Stein anrissen, dann mit Klöpfel, Sprengeisen,

Steinbeil, Scharriereisen, Spitz- und Zahneisen anschließend auf Maß zuhauten.[200] Auf diese Weise sparten unser Baumeister Anonymus und das Domkapitel erhebliche Transportkosten.«

»Und jeder Stein wurde von den entsprechenden Steinmetzen mit seinem Symbol versehen. Das Steinmetzzeichen war das Erkennungszeichen des Steinmetzen. Die Anzahl der Steine, die er mit diesem Zeichen versehen hatte, gab über seinen Lohn Auskunft, den das Domkapitel ihm am Ende der Woche schuldete.«

»So muss es gewesen sein«, sage ich. »Die Steinquader wurden dann mit Ochsenkarren nach Chartres gebracht und nicht auf dem Wasserweg mit Booten, da die Flüsse der Eure und Loire aufgrund des niedrigen Wasserstandes nicht befahrbar waren.[201] Die Steine wurden in Chartres an der Baustelle abgeladen. Allein der Transport aller Steine, die für das Fundament benötigt wurden, wird viele Wochen gedauert haben.«

Chmiel denkt nach. »So weit, so gut«, sagt er dann. »Es scheint, dass es drei Phasen gab: die Vermessung und Planung, die Organisation und schließlich den Bau. Das war alles kein Kinderspiel wie in Ken Folletts *Die Säulen der Erde*. Und dann?«

»Schließen Sie wieder die Augen«, sage ich – und erkläre den Bauvorgang.

Der Bauvorgang beginnt mit dem Fundament. Zu diesem Zweck werden vorher von Hilfsarbeitern Gruben um die alte Krypta ausgehoben. Dann beginnen die Maurer, mit Erde, Sand, gebranntem und anschließend gelöschtem Kalk und Wasser, der Verwendung der Mörtelmischhacke und teilweise auch dem mit zwei bis vier Mann angeschobenen Mörtelmischwerk, den nötigen Zement herzustellen.[202] Mithilfe des Lots und der Lotwaage können die Maurer kontrollieren, ob das Mauerwerk gerade und in der richtigen Flucht gesetzt wird. Die zugehauenen Steine werden dann nun gemäß der Anweisungen von Baumeister Anonymus von Chartres an den vier Messpunkten für die Vierung aufgemauert. Jeder Stein ist mit eisernen Fugenankern mit dem Stein darüber verbunden, um sicherzugehen, dass sie nicht verrutschen. In die Steine werden vorher von den Steinmetzen Löcher auf der Sicht- und Rückseite eingearbeitet, in die eine eiserne Steinzange greift. Die Steinzange ist mit einem Seil befestigt, das zu einem hölzernen Laufrad führt. Dieses Laufrad wird von Hilfsarbeitern wie ein Hamsterrad getreten, um die schweren Steine durch den Seiltransport anheben zu können.

Leichtere Steine, Mörtel und Werkzeuge werden in Eimern, die an Seilen befestigt sind, über Säulenkräne hochgezogen. Ein solcher Säulenkran hat die Form eines »T«, an dessen Enden zwei Rollen befestigt sind, die die Seile transportieren. Die Maurer stehen auf erhobenen Baugerüsten, die sie über massive Holzplanken besteigen können. Sie lenken die Steine, die in der Steinzange verankert sind, in die richtige Position. Sie legen den Mörtel mit der Kelle auf den Steinen aus und verankern und verfugen den Stein anschließend.

Sobald die Vierungspfeiler stehen, befestigen die Maurer westlich der Vierung auf Anweisung des Baumeisters eine Stützmauer, sodass die Vierungspfeiler dort frei stehen können, wo Anonymus sie vorgesehen hat. Durch die Stützmauer muss Anonymus also nicht befürchten, dass das Mauerwerk einstürzt. Dies geschieht ebenso an den östlichen Vierungspfeilern, wo zwei provisorische Strebepfeiler mit in der Erde eingelassenen und mit Holz verschalten Mörtelsockeln angebracht werden. All das dauert Monate.

Dann folgt das Mauerwerk des Untergeschosses auf der Westseite, auf dem dann die Seitenschiffe beruhen. Nachdem Baumeister Anonymus durch seine Berechnungen und Vermessungen die Maße für die Bündelpfeiler des Langhauses ermittelt hat, werden diese Steine anhand von Schablonen ebenso im Steinbruch zugehauen. Meterhohe, durch Planken begehbare Holzgerüste mit mehreren Etagen werden von den Zimmerleuten konstruiert, als die Mauer immer höher wächst. Allein um die schweren Steinblöcke über die Kräne und Winden nach oben zu ziehen, werden Dutzende Männer benötigt, die jeden Tag nichts anderes tun als Steine zu heben.

Die Arkaden der Seitenschiffe werden dann von außen mit Mauerwerken geschlossen und anschließend mit einem Gewölbe überdacht. Die Seitenschiffe werden mit Zugankern aus Holz versehen, um zu verhindern, dass das Gewicht über die Spitzbögen der Arkaden nach unten und außen drückt und somit das Mauerwerk zum Einsturz bringt.[203] Die Zuganker halten die Arkadenmauern zusammen. Das Langhaus wird zunächst nur bis zur Höhe des Triforiums gemauert. In der Winkelung des Langhauses zu den Querschiffen werden behelfsmäßige Mauern in Sockelhöhe zur statischen Unterstützung angebracht.[204]

Östlich der Vierung werden unterdessen die Wände des Untergeschosses Richtung Chorabschnitt hochgezogen. Das Langhaus wird anschließend von einem vorläufigen Dach eingewölbt, das später wieder abgenommen wird. Diese Vorstufe der Kathedrale ist nicht gerade lichtdurchflutet, denn die Obergaden fehlen. Das Mauerwerk für die Obergaden würde erst in den nächsten Jahren entstehen.[205] Doch zumindest können nun erste Gottesdienste abgehalten werden. Das neue, halbhohe Langhaus wird an die noch stehenden Partien der Westfassade angeschlossen.

Als das Langhaus mit seinen Obergadenlichtern, der Chor und der Hochchor stehen, wird die Kathedrale mit einem Dachstuhl versehen. Erst danach kann die Konstruktion des Gewölbes durchgeführt werden. Das Gewölbe muss zur gleichen Zeit wie das Strebewerk gebaut werden, um ein statisches Ausgleichsmoment zwischen den vertikalen Schubkräften von oben und den horizontalen, seitlichen Drücken zu schaffen.

»Sie können die Augen wieder öffnen«, sage ich.

»Wenn es nur so einfach gewesen wäre, wie Sie es gerade geschildert haben!«

Ich sage: »Nun ja, es existieren keine Quellen, die eine detaillierte Auskunft über den Fortschritt der einzelnen Bauphasen geben könnten. Fest steht jedoch, dass die Kathedrale größtenteils im Januar des Jahres 1221 vollendet war, was aus einer Urkunde des Domkapitels über die Sitzordnung des Chorgestühls hervorgeht.[206] Daher können wir heute daraus schließen, dass zumindest der Chor, wahrscheinlich aber die gesamte Kathedrale, im Jahr 1221 fertiggestellt war und für den Gottesdienst benutzt wurde.«

»Ich habe gelesen, dass das Langhaus zeitlich weit vor dem Chor vollendet wurde. Herausgefunden hat man das durch Untersuchungen von Holzresten der Gerüste, die über den Kapitellen der Säulen von den Handwerkern einfach abgesägt und im Stein belassen wurden.«

»Ja«, antworte ich. »Dabei wurden die Abstände der Jahresringe der Hölzer untersucht und mit älteren dendrochronologischen Untersuchungen abgeglichen, die man von anderen Hölzern im Mittelalter durchgeführt hatte. Demnach stellte sich heraus, dass die Seitenschiffe des Langhauses bereits um das Jahr 1200 vollendet, während die Seitenschiffe des Chors erst um 1210 fertiggestellt waren.«[207]

»Aber ich habe mich gefragt, ob all das so stattgefunden hat, wie wir es gerade rekonstruiert haben und wie auch die meisten Kunsthistoriker über den Bauvorgang denken. Oder war es anders?«

»Der australische Architekt John James hat jeden Stein in Chartres umgedreht. Er glaubt, dass der Bauvorgang völlig anders abgelaufen sein muss.«

»Da bin ich aber gespannt. Muss ich die Augen schließen?«

»Nein«, lache ich. »Im Gegenteil. Halten Sie Ihre Augen bloß geöffnet. Sie werden sehen, warum.«

»Erzählen Sie!«

Die Schwierigkeit, die einzelnen Bauphasen der Kathedrale einer bestimmten Jahreszahl zuzuordnen, versuchte John James zu umgehen, indem er sich die Bauschichten am Gebäude und auch die Fehler in den Steinen und am Gemäuer etwas genauer ansah. James untersuchte die Kathedrale sprichwörtlich Stein für Stein, um herauszufinden, ob mehr als nur ein Architekt an der Planung und Ausführung des Baus beteiligt war. Aufschlussreich war für ihn, dass viele Steine verschiedenartige Steinbearbeitungstechniken und auch voneinander abweichende geometrische Gestaltungsschablonen aufzuweisen scheinen.

So glaubte James, dass die horizontalen und vertikalen Schichten verschiedenartig zugehauener Steine über die gesamte Länge der Kathedrale hinweg darauf schließen lassen, dass verschiedene Bauhütten am Werk waren und es keineswegs nur einen Architekten und Baumeister gab. Vielmehr schloss James aus seiner Beobachtung, dass mehrere Teams von Handwerkern im Auftrag von mehreren Bauunternehmern an der Kathedrale arbeiteten. Einen Baumeister hatte es seines Erachtens nach nie gegeben. Diese Mannschaften der verschiedenen Bauunternehmer wurden gemäß der Theorie von John James von besonders fachkundigen Handwerkern geleitet. James ordnete verschiedene Schichten der Kathedrale verschiedenen Bautrupps und daher auch Bauperioden zu, die er aus Ermangelung an überlieferten Namen der Einfachheit halber mit Farben versah: Scharlachrot, Bronze, Rosa, Oliv, Rubinrot, Kobaltblau, Rot, Jadegrün und Grün.[208] James glaubte, neun Bauunternehmer identifizieren zu können, die mit neunundzwanzig verschiedenen Werkkampagnen am Bau der Kathedrale beteiligt waren.

James zieht diese Schlussfolgerung beispielsweise aus interessanten Details wie etwa zwei verschiedenartig zugehauenen Rankenblättern an einem Gesims unterhalb eines Fensters des südlichen Querhauses. James zufolge müssen hier zwei unterschiedliche Bauteams tätig gewesen sein.[209] Die Teams Bronze und Oliv mussten verschiedene Schablonen entworfen haben, aufgrund derer sie später die Steine bearbeiteten – und das Ergebnis waren jene abweichenden Blattwerke. So sieht James die gesamte Kathedrale durchzogen von einer Fülle von abweichenden Formen, die nur dem geübten Steinbildhauer oder Architekten auffallen.

Jeder Leiter seines Bauteams war demnach ein kleiner Baumeister, der für seinen eigenen Bereich der Kathedrale zuständig war. Die neun Bauteams der verschiedenen, mit dem Domkapitel vertraglich gebundenen Bauunternehmer arbeiteten zwar nicht direkt zusammen, übernahmen jedoch die Entwürfe der Vorgänger und führten ihre eigenen stilistischen Verfeinerungen durch. James zufolge war das Team mit der Bezeichnung Scharlachrot ab 1194 für die Anfänge des Baus zuständig. Ein Jahr später wurde das Team Scharlachrot durch das Handwerkerteam Bronze abgelöst. Im Jahre 1196 begann das Team Rosa, gefolgt von Team Oliv im Jahre 1197. Dann schien ein Turnus einzusetzen, demzufolge das Team Bronze im Jahre 1198 wieder die Leitung der Bauarbeiten übernahm, gefolgt von Rubinrot im Jahre 1199. Ab dem Jahr 1201 war das Team Bronze bis zum Jahr

1230 tätig.[210] Genau genommen waren die Arbeiter des Teams Bronze die handwerklich maßgebliche Bautruppe, während das Team Scharlachrot die Grundrisse der Kathedrale festlegte.

Für den für uns infrage kommenden Zeitraum gälte also nach der Theorie von John James, dass die Teams Scharlachrot, Bronze, Rosa und Oliv zwischen 1194 und 1200 für die Errichtung der Partien des Langhauses westlich der Vierung verantwortlich waren. Das Team Bronze errichtete dann ab dem Jahr 1200 den gesamten Chorabschnitt mit seinem Umgang und den angeschlossenen Kapellen.

Die Theorie von John James weist jedoch einige große Logiklöcher auf. Wie wir anhand des Wiederaufbaus der Kathedrale von Canterbury ab dem Jahr 1174 durch Wilhelm von Sens gesehen haben, war es üblich, einen alleinigen Baumeister zu bestimmen, der die Arbeiter unter sich anwies. Wie Gervasius von Canterbury in seinem Bericht *Chronica Maior* erwähnt, war das Wilhelm von Sens. Nachdem Wilhelm von Sens durch den Sturz von einem Baugerüst im Jahr 1178 so schwer verletzt wurde, dass er seine Aufgabe als Baumeister nicht mehr erfüllen konnte, wurde vom Domkapitel ein Nachfolger bestimmt, Wilhelm der Engländer, der als ein ebenso *kunstfertiger* Mann galt wie Wilhelm von Sens.

Ferner würde die Arbeit durch verschiedene Bautrupps voraussetzen, dass die Bauunternehmer in finanzielle Vorleistungen traten. Angesichts der gewaltigen Aufgabe, eine Kathedrale zu bauen, wäre es für die Bauunternehmer sehr teuer geworden, für mehrere hundert Arbeiter gleichzeitig bis zum Ende der Saison im Spätherbst in Vorkasse zu treten. Die gängige Entlohnungspraxis durch die Domkapitel der Kathedralen war es jedoch, die Arbeiter wöchentlich zu entlohnen und nicht für jedes abgelieferte Werkstück. Eine Entlohnung nach fertig gestellten Werkstücken traf nur auf die freien Handwerker zu, die keiner Bauhütte angehörten und wie bezahlte Söldner von Kathedrale zu Kathedrale zogen. Der Großteil der Arbeiter gehörte jedoch der entsprechenden Bauhütte der Kathedrale an.

Ein weiterer Einwand zu James' Theorie bezieht sich auf die Kommunikation zwischen den verschiedenen Bauunternehmern. Wenn es keinen Baumeister und daher auch keinen übergeordneten Plan gab, der den Bauleuten vorlag und dem die Arbeiter nicht entnehmen konnten, welche Steine wo gemauert oder etwa zu einem Profil geschlagen werden sollten, dann hätte die Kathedrale eine wesentlich andere Gestalt als wir sie heute vor uns sehen. Tatsächlich wäre die Kathedrale heute eine wilde Mischung aus verschiedenen Steinbearbeitungstechniken, die weit über die architektonischen Ungereimtheiten hinausgehen, die John James durch seine Kathedralenuntersuchung glaubte entdeckt zu haben. Es wäre demnach für das Team Rosa unmöglich gewesen, nachzuvollziehen, nach welchen Vorgaben das Team Bronze arbeitete und für das Team Bronze wäre es unmöglich gewesen, die Techniken und Stile des Vorgängerteams Scharlachrot zu verstehen und fachgerecht umzusetzen. Und so weiter. Chaos wäre die Folge gewesen. Am Ende wären die ersten bescheidenen Versuche, eine Kathedrale zu bauen, mit dem Einsturz des Rohbaus quittiert worden.

Dieses Problem der Koordination hätte sich noch verschlimmert, wenn ein Mangel an finanziellen Mitteln das Domkapitel gezwungen hätte, die Arbeiten aussetzen zu lassen. Die Folge: Die jeweiligen Teams wären nicht zusammengeblieben. Vielmehr wären einzelne Arbeiter abgezogen, um als freie Maurer oder Steinmetzen auf anderen Baustellen ihren Lebensunterhalt zu verdienen, beispielsweise in Bourges, wo ab 1195 eine weitere großartige Kathedrale entstand. Tatsächlich wären dann also die Teams wie Scharlachrot, Bronze, Rosa oder Oliv sehr schnell verschwunden. Dies hätte unweigerlich bedeutet, dass ein Bauplan verschiedener Gebäudepartien, der vielleicht ansatzweise unter den Leitern der Teams kursierte, völlig zunichte gemacht oder zumindest andauernd neu verworfen und abgeändert worden wäre. Diesen Eindruck erweckt die Kathedrale eindeutig nicht.

Ein weiteres Argument gegen die Theorie von John James ist die Tatsache, dass die beim Brand von 1194 verschonten Partien der Kathedrale in den Neubau integriert und nicht komplett abgerissen wurden, wie etwa in Canterbury. Verschiedene vertraglich an das Domkapitel gebundene Bauteams hätten aus Gründen der Einfachheit die Reste der alten Fulbertus-Kathedrale abgerissen, um einen kompletten Neubau hochzuziehen.

Doch auch das geschah aus einem einfachen Grund nicht: Das Domkapitel von Chartres legte großen Wert darauf, dass der Gottesdienst so schnell wie möglich wieder Gläubige aus Chartres und der engeren Umgebung anziehen sollte. Darüber hinaus lag es im Interesse des Bischofs von Chartres, dass sehr schnell so viele Pilger wie möglich aufgrund des Schleiers der Jungfrau Maria bereitwillig mit klingender Münze in den Opferstock spendeten.

Auch ist es sehr zweifelhaft, dass die Bauteams zwischen den Jahren 1194 und 1224 neunundzwanzig Mal gewechselt hätten, wenn doch genug Geld vorhanden war, um die Kathedrale innerhalb vergleichsweise kurzer Zeit durch ein oder zwei Teams aufzubauen. Da die Kathedrale von Chartres in dieser unglaublich kurzen Zeit von sechsundzwanzig Jahren vollendet wurde, können wir feststellen, dass abgesehen von kurzen Perioden genug Geld vorhanden war, um den Bau in sehr kurzer Zeit zu vollenden. Ein ständiger Wechsel der Bauteams hätte hier nur zur erheblichen Verzögerung des Projekts beigetragen. Denn neue Handwerker hätten sich zunächst mit den bereits angewandten Techniken und Stilen vertraut machen müssen.

Die künstlerischen Diskrepanzen an gleichen Werkstücken, die jedoch auf unterschiedliche Weise von Steinmetzen und Maurern gefertigt wurden, können nicht damit erklärt werden, dass hier verschiedene Bauteams beteiligt waren. Teilweise befinden sich diese verschiedenartig gefertigten Werkstücke direkt nebeneinander. Warum sollte ein Bauteam ausgerechnet einen Stein bearbeiten und dort setzen, wo er heute zu finden ist und den Stein daneben auslassen, sodass er dort Jahre später erst von einem anderen Team eingesetzt wird? Es wäre für das Team einfacher gewesen, die Zeichnungen über eine Schablone auf alle infrage kommenden Steine aufzuzeichnen und dann in einer Massenproduktion herzustellen. Das geschah auch größtenteils. Dies ist ein starkes Indiz dafür, dass ein übergeordneter Plan existierte, der von einem einzigen Baumeister stammte. Unterschiedliche Figuren und Formen gleicher Werkstücke lassen sich damit erklären, dass oftmals Kapitelle und ähnliche Formen bei der Bearbeitung durch einen Fehler zersprangen. Also musste schnell ein neues Werkstück angefertigt werden. Manchmal kam es auch vor, dass der Steinmetz sich einfach irrte, weil er die Proportionen falsch zugehauen hatte. Dementsprechend hatte das von ihm gefertigte Werkstück eine andere Breite oder Höhe oder einfach ein stilistisch geringfügig andersartiges Aussehen. Doch wegen dieser Fehler war das besagte Werkstück noch lange nicht das Ergebnis eines anderen Bauteams.

Doch James geht noch weiter. Ungeachtet all dieser Argumente, die eindeutig gegen seine umstrittene Theorie sprechen, postulierte er durch seine Beobachtungen an der Kathedrale, dass das Domkapitel von Chartres noch nicht einmal in bescheidenem Ausmaß an der ikonografischen Gestaltung der Skulpturen beteiligt war.[211] Nach dieser Sichtweise von John James war es für das Domkapitel nur wichtig, dass eine einheitliche Linie im Fundament und in der Planung der Kathedralenproportion eingehalten würde. Der Rest sei das Werk der Bauunternehmer gewesen. Das wiederum hätte bedeutet, dass das gesamte Bildprogramm des nördlichen und südlichen Querhauses – angefangen bei Adam und Eva aus der Genesis bis zum Jüngsten Gericht in der Offenbarung des Johannes – durch die Steinmetzen und Steinbildhauer selbst erdacht worden sei. Und das ohne irgendein theologisches Konzept. Da jedoch das Nord- wie auch das Südportal thematisch bis in kleinste Details durchdacht sind, ist auch diese Annahme John James nichtig.

»Die Theorie von John James hat jedoch einen Vorteil«, sage ich. »Sie zeigt uns, wie die Kathedrale von Chartres gewiss *nicht* entstanden ist: nämlich durch verschiedene Bauunternehmer, die ihre Handwerker an der Kathedrale nach Gutdünken ohne einen übergeordneten Bauplan arbeiten ließen und die erst nach erbrachter Leistung bezahlt wurden. Daher kommen wir zu dem erstaunlichen Ergebnis, dass es nur einen Baumeister gab, der ein großes Team von Handwerkern anwies. John James' Theorie ist somit schlichtweg falsch.[212] Sie offenbart uns ungewollt völlig neue Einsichten in die Absichten der Bauherren der Kathedrale von Chartres und deren Geldgeber. Wir können so eine erstaunliche Tatsache festhalten.«

Chmiel nickt. »Der Bauherr der neuen Kathedrale von Chartres entschied sich gegen den Abriss des Westportals, weil es eine monumentale Botschaft enthält. Eine Botschaft, die Licht ins Dunkel über den Aufenthalt und die Natur eines gewaltigen ideellen Schatzes bringt. Angesichts der neuen Fakten sehe ich die Kathedrale von Chartres und ihre Erbauer mit völlig anderen Augen.«

»Allerdings. Ich auch.«

Chmiel blickt sich in der Kathedrale um. »Fällt Ihnen etwas auf?«

»Nein«, gestehe ich.

»Wir sind die letzten Besucher hier.«

»Ist es schon so spät?«

Chmiel schaut auf seine Armbanduhr. »Es ist 20.30 Uhr. Es ist Zeit aufzubrechen.«

Wir verlassen die Kathedrale. Ich fasse die wichtigsten Erkenntnisse des Tages zusammen:

- Der Brand der alten Fulbertus-Kathedrale von 1194 war die perfekte Rechtfertigung für den Neubau einer Kathedrale im gotischen Stil.
- Die Finanzierung des Neubaus der Kathedrale von Chartres war laut Chronik zunächst nur für drei Jahre gesichert. Danach geschah »ein Wunder« durch die Jungfrau Maria.
- Demnach war die Finanzierung überhaupt nicht gesichert. Der Bericht über die Wunder der Jungfrau Maria ist unglaubwürdig.
- Es gab nur einen Baumeister und ein festes Bauteam, nicht mehrere Bauunternehmer, die abwechselnde Handwerkerteams beauftragten.
- Der Baumeister der Kathedrale von Chartres war vorher am Bau der Kathedrale von Laon und später auch in Soissons beteiligt.
- Der Baumeister war ein Meister seiner Kunst und beherrschte das zisterziensische wie auch das platonische Wissen der Schule von Chartres.

- Er war geschult in den Wissenschaften des Quadriviums der sieben freien Künste, insbesondere in Geometrie, Arithmetik, Musik, pythagoräischer Zahlenmystik und auch den biblischen Texten.
- Anonymus von Chartres verstand es daher, den Goldenen Schnitt perfekt einzusetzen und mit den biblischen Dimensionen des Stiftszelts in Einklang zu bringen.
- Am Westportal der Kathedrale von Laon findet sich der gleiche falsche lateinische Begriff für das Wort »Bundeslade« wie am Nordportal von Chartres. Der Steinmetz hat hier auf Anweisung des gleichen Baumeisters und insbesondere des Domkapitels gehandelt, denn die Skulpturen liegen einem gemeinsamen Konzept zugrunde.
- Die Westfassade von Laon entstand zur gleichen Zeit wie das Nordportal von Chartres: zwischen 1205 und 1220.
- Die Joche des Langhauses und des Chors werden zur Vierung hin größer. Es ist ein Hinweis, dass der Vierung besondere Beachtung zu schenken ist.
- Der Neubau der Kathedrale von Chartres begann mit der Vierung, die eine Anspielung auf das Allerheiligste des Salomonischen Tempels war.
- Baumeister Anonymus von Chartres integrierte die alte Westfassade von 1134, die beim Brand von 1194 stehen geblieben war.

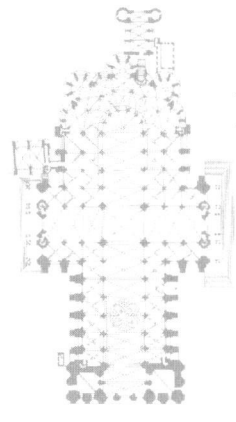

III. DIE GEHEIMNISSE

»Was sitzt du hier so faul herum,
während wir so kurz vor dem Ziel sind?«

Dr. Henry Jones, Sr.

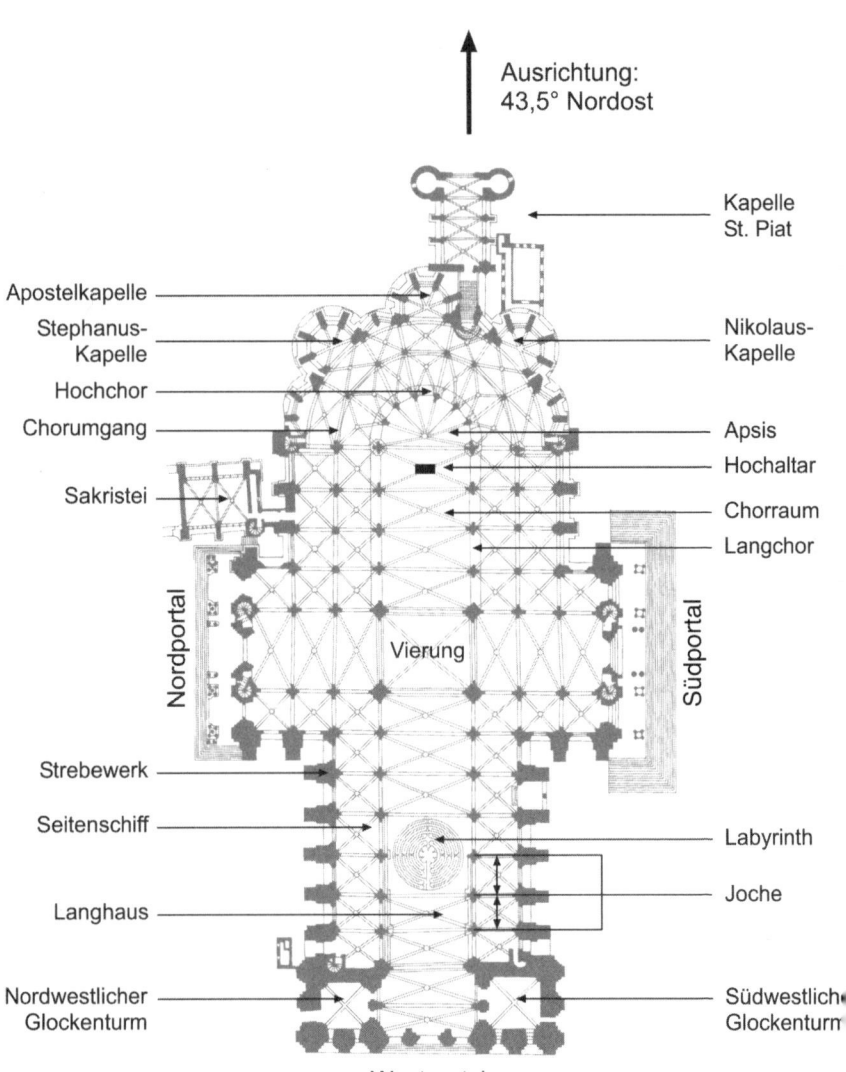

Ausrichtung:
43,5° Nordost

Kapelle
St. Piat

Apostelkapelle

Stephanus-
Kapelle

Hochchor

Chorumgang

Sakristei

Nikolaus-
Kapelle

Apsis

Hochaltar

Chorraum

Langchor

Nordportal

Vierung

Südportal

Strebewerk

Seitenschiff

Langhaus

Labyrinth

Joche

Nordwestlicher
Glockenturm

Südwestlicher
Glockenturm

Westportal

1. Die Bundeslade im himmlischen Tempel

Es ist Samstagmorgen. Inzwischen habe ich einige Tausend Fotografien von jedem Winkel der äußeren Kathedrale und der drei Portale angefertigt. Nachdem Chmiel und ich uns am Vortag für neun Uhr am Westportal verabredet hatten, betreten wir die Kathedrale. Nach zwei Stunden des Studiums der Fenster setze ich mich auf einen der Stühle im Langhaus, während Chmiel sich den Fenstern des Südportals widmet.

Als ich mich wieder erhebe, um mir den Hochchor anzusehen, stoße ich mit einem ergrauten Herrn zusammen, der eine kakifarbene Hose, ein dunkelblaues T-Shirt, Wanderschuhe und einen Wanderrucksack in Militärfarben trägt. Er wird von einer jüngeren, rothaarigen Dame in ebenso militärisch anmutenden Kleidern um die dreißig begleitet. Das Stativ entgleitet meinen Händen und fällt scheppernd zu Boden. Der Mann entschuldigt sich in englischem Yorkshire-Akzent, woraufhin ich entgegne: »Sorry, Sir, it's me who has to apologize.«

Ich hebe mein Stativ auf und will mich bereits umdrehen, um zu gehen, als ich genauer hinschaue. Der Gentleman aus den Dales hält zwei in einem rechten Winkel zurechtgebogene Aluminiumdrähte in seinen Händen, wie ein Cowboy zwei Colts. Er bewegt sich langsam durch das Zentrum des Labyrinths – als plötzlich die Drähte nach rechts und links ausschlagen, wie ein Wetterhahn auf einer Kirchturmspitze, der sich im Wind dreht. Ich traue meinen Augen nicht und murmele: »Komm schon, das kann nur ein Trick sein.«

Der Gentleman scheint mein Deutsch verstanden zu haben oder zumindest das Wort »Trick«, denn er schüttelt vehement den Kopf und sagt: »Das ist kein Trick, mein Herr.« Er geht weiter, die Drähte verharren nun wieder auf der Stelle. Dann bleibt er stehen, um anschließend rückwärts zu gehen und sich wieder dem Zentrum zu nähern. Als er die Bolzen erreicht, die in den Stein eingelassen sind, schlagen die Drähte wieder aus.

»What the fu...«, murmele ich und ertappe mich noch rechtzeitig, bevor ich mit meinem Fluch die heilige Erde der Kathedrale entweihe. Ich sage: »Ich glaube, es ist nur der Magnetismus der

Bolzen.« Der Herr aus York schüttelt wieder den Kopf und sagt: »Haben Sie einen Kompass?«

Klar habe ich einen Kompass. Ich krame im vordersten Fach meines Rucksacks herum und hole meinen olivgrünen Armeekompass hervor. Ich erwarte, dass sich die Kompassnadel wie wild über den Bolzen dreht. Doch – nichts geschieht. Selbst als ich den Kompass auf den Stein lege, weicht die Nadel nur ein wenig durch das Metall der Bolzen ab. Sie tanzt jedoch keinen Rock 'n' Roll. Hier ist eindeutig kein Magnetismus im Spiel. »Sie haben recht. Kein Magnetismus hier«, gestehe ich. »Nur die ganz normale Ablenkung, die vom Metall verursacht wird.«

Bevor ich den Kompass wieder in den Rucksack zurückstecke, bemerke ich, dass die Apsis der Kathedrale überhaupt nicht nach Osten zeigt, also gen Jerusalem, so wie es sich bei den meisten Kirchen verhält. Vielmehr entdecke ich, dass die Kathedrale eine Abweichung von 43,5 Grad Richtung Nordosten aufweist.

Der Gentleman lächelt mich triumphierend an und drückt mir die Drähte in die Hände. »Versuchen Sie es doch selbst einmal.«

»Warum nicht«, sage ich, zucke die Achseln, lege den Rucksack und meine Fotoausrüstung auf einen der Stühle und nehme die Drähte entgegen. Dann gehe ich zurück vor das Labyrinth und nähere mich, mit ausgestreckten Armen und den Drähten in meinen Händen, langsam dem Zentrum. Als ich einen Meter vor dem Zentrum stehe, glaube ich, etwas zu spüren. Etwas Elektrisierendes. Aber dann verschwindet das Gefühl so schnell, wie es gekommen ist und ich schreibe es meiner Einbildung zu. Ich gehe noch einen Schritt weiter auf das Labyrinth zu.

Die Drähte bewegen sich leicht. Ich gehe weiter. Die Drähte verharren nun auf der Stelle. Nichts geschieht. Ich passiere das Labyrinth, ohne dass sich die Drähte rühren.

»Es scheint, als mögen mich die Drähte nicht«, schmunzele ich. Der Mann lächelt. » Sie glauben einfach nicht.«

Aha, ich glaube also nicht?

»Woran soll ich glauben?«, frage ich.

»An Gott.«

»Und Sie glauben, Sie können Gott mit ihren beiden Aluminiumdrähten messen?«, entgegne ich.

»Nein«, sagt er. »Eigentlich sind es die Energiefelder, die durch die Kathedrale strömen. Diese Energiefelder sind ein Ausdruck der göttlichen Kraft des Universums.«

Ich gebe ihm die Drähte zurück und sage: »Ich glaube sehr wohl an Gott. Aber ich glaube, Gott ist mehr als nur ein Energiestrom. Gut, Philip K. Dick würde sagen, Gott ist eine Spraydose, aber ich glaube, er ist größer als das Universum selbst und passt nicht in eine Spraydose und auch nicht in einen Energiestrom.« Der Gentleman nimmt die Drähte mit einer leicht säuerlichen Miene entgegen. »Wenn hier physikalisch messbare Energieströme langfließen würden, dann hätte ich sie ebenso gespürt«, sage ich.

»Dann könnte man sie messen.«

Er schaut mich herausfordernd mit leicht zusammengekniffenen Augen unter seinen buschigen Augenbrauen an. »Und Sie? Was glauben Sie zu finden, Sir?«

Ich zucke wieder die Achseln und sage: »Den Schlüssel zur Wirklichkeit dieser Kathedrale.«

Er deutet auf die Drähte. »*Das* hier ist die Wirklichkeit.«

»Es ist *Ihre* Wirklichkeit«, grinse ich. »Nicht meine.«

Der Mann grinst zurück. »Viel Glück auf Ihrer Suche.«

Ich wünsche ihm ebenfalls viel Glück und schaue ihm und seiner Gefährtin hinterher, wie sie sich unter die anderen Touristen und Besucher mischen.

Ich schnappe meine Sachen und begebe mich zum Hochchor. Unterwegs treffe ich auf Chmiel. Die Tür zum Chorbereich ist nun geöffnet. Zu meiner Überraschung machen die Steinmetzen und Restauratoren keine Anstalten, uns aus diesem Bereich zu verjagen. Auf dem Boden liegen einige mit Steinstaub bedeckte Plastikplanen, Baugerüste und Werkzeuge herum.

Ich baue mein Stativ in der Mitte des Altarraums vor dem Chorgestühl auf und montiere das Teleobjektiv auf die Kamera. Dann begutachte ich die Fenster des Hochchors. Chmiel packt sein Fernglas aus der Stofftasche. Ich sehe fünf Fenster in der Halbrunde des Hochchors, zwei weitere gliedern sich am Langchor an. Im Scheitelfenster des Hochchors auf zwölf Uhr von mir erscheinen im Autofokus die biblischen Gestalten von Maria und ihrem Sohn Jesus, gebettet auf leuchtend blauen, violetten und roten Farben. Direkt unter ihr finde ich eine Darstellung von Marias Heimsuchung ihrer Verwandten Elisabeth, der sie die frohe Botschaft von der kommenden Empfängnis mitteilte und die ihrerseits mit Johannes dem Täufer schwanger ging. Darunter sehe ich die Verkündigung des Engels, der Maria entsprechend des Lukas-Evangeliums mitteilt, dass der Heilige Geist über sie kommen und sie dadurch schwanger würde.

Die Medaillons sind also von unten nach oben zu »lesen«. Die Verkündigung der Schwangerschaft Marias mit Jesus durch einen Engel geht der Heimsuchung voran. Beide Motive werden durch Maria mit dem Jesuskind gekrönt.

»Was ist das?«, frage ich und zeige auf die Darstellung der Maria.

»Ja«, raunt Chmiel. »Dieser merkwürdige Jesus ist mir auch schon aufgefallen.«

»Jesus ist in Gestalt eines Mannes mit Glatze oder Tonsur dargestellt?«

»Sieht ganz so aus.«

Bild 16: Die Hochchorfenster weisen auf die verborgene Bundeslade hin

Bild 17: Die Jungfrau Maria mit ihrem Kind Jesus Christus als Mönch

138

»Wahrscheinlich ist es ein Mönch«, sage ich. »Das ist doch kein Kind und die Darstellung weicht von allen Portraits ab, die ich bislang von Jesus Christus gesehen habe. Wer ist also dieser Mann auf dem Schoß der Jungfrau Maria?«

Im Fenster rechts daneben sind der Prophet Jesaja und Mose, der Anführer der Israeliten, zu sehen. Zu Moses' Füßen finde ich eine Szene aus dem Exodus, dem 2. Buch Mose. Die zwölf Stämme Israels irrten vierzig Jahre durch

Bild 18: Zwei Israeliten unterhalb Mose lesen das Manna auf

die Wüste Sinai, auf der Suche nach dem gelobten Land. Gott ließ das Manna vom Himmel regnen.[213] Mose befahl daraufhin den Israeliten, das Manna vom Wüstenboden aufzulesen und zu essen. Die Bibel berichtet auch, dass Mose einen Krug mit Manna füllen ließ, um ihn *vor* die Bundeslade zu stellen.[214] Im Neuen Testament wird hingegen beschrieben, dass der Krug mit dem Manna *in* die Bundeslade gestellt wird, zusammen mit dem grünenden Stab von Moses' Bruder Aaron, der den Israeliten gezeigt hatte, dass der Stamm der Levi für die Hohepriesterschaft auserwählt war.[215]

»Alle sieben Fenster scheinen auf den ersten Blick typologische Anspielungen auf die Empfängnis der Jungfrau Maria zu sein«, sagt Chmiel. »Denn Mose erscheint mit dem brennenden Dornenbusch aus dem Buch Exodus.«[216]

»Der Busch, der nicht verbrennt, ist typologisch betrachtet gleichbedeutend mit der unbefleckten Empfängnis der Maria mit Jesus Christus«, sage ich. »Im Fenster daneben erkenne ich Aaron, den Bruder Mose und ersten Hohepriester, der als einziger Israelit das Allerheiligste des Stiftszeltes betreten durfte, um die Bundeslade mit dem Blut der Opfertiere zu besprengen«, sagt Chmiel.

»Hier scheint wieder viel Typologie am Werk zu sein«, antworte ich. »Der blühende Stab des Aaron steht als weitere Eigenschaft für die Jungfräulichkeit Marias: Die Blüte des Stabes ist Maria, die Knospe hingegen das Jesuskind. Über Aaron ist ein engelhaftes Wesen mit sechs Flügeln zu sehen.«

»Ein *Seraph*«, bemerkt Chmiel. »Sowohl dieses als auch das rechte Fenster vom Zentralfenster aus gesehen, weisen einen solchen Seraph auf. Beide Seraphim schwenken Weihrauchgefäße. Es bedeutet, dass diese Kathedrale der Jungfrau Maria geweiht ist.« Chmiel zögert. Dann sagt er: »Aber das ist nicht korrekt. Chartres ist der Mutter von Maria geweiht, der heiligen Anna.«

Ich schüttele ratlos den Kopf. »Also warum wird dann in diesem Fenster dargestellt, dass die Kathedrale der Jungfrau Maria geweiht sei? Denn es ist eindeutig Maria mit dem Jesuskind, das zugegebenermaßen wie ein Mönch aussieht.«

»Wenn wir die Jungfrau wieder typologisch betrachten, dann steht sie für die Bundeslade. Es hieße, dass die Kathedrale der Bundeslade geweiht ist.«

Chmiel senkt sein Fernglas und ich richte mich auf. Wir sehen uns entgeistert an. »Warum ist noch niemand auf diese Idee gekommen?«, flüstere ich.

»Lassen Sie uns weitersuchen«, drängt Chmiel.

Unterhalb von Aaron entdecke ich die Darstellung eines Mannes mit seiner Familie. Über ihm steht der Name »Gaufridus«. Bislang konnte niemand die Identität dieses Mannes und Stifters des Fensters zuverlässig erklären. Gaufridus wird mit einem dunkelblauen Gewand über einem hellgrünen Hemd dargestellt. Er trägt eine goldene Schatulle an seinem Gürtel. Offensichtlich ist er ein Edelmann. Dafür spricht auch die Edelfrau links an seiner Seite, die ebenso wie Gottfried, zu einem Banner mit einem roten Stiefel oder Beinling aufschaut. Gottfried betet die Jungfrau an, während sein Sohn die Stange rechts neben ihm mit dem Banner des Beinlings festhält. »Was hat dieses Banner zu bedeuten?«, murmelt Chmiel.

Ich sage: »Der Kunsthistoriker Ivo Rauch sieht darin das Symbol von Arthur, eines Sohnes von Gottfried, dem zweiten Herzog der Bretagne.[217] Gottfried war einer der fünf Söhne des englischen Königs Heinrich II. Plantaganêt. Demzufolge wäre Gottfried von Bretagne ein Bruder von Richard Löwenherz und Johann Ohneland gewesen. Die Schwierigkeit ist

Bild 19: Der rätselhafte Gaufridus mit seiner Familie

jedoch, dass das Wappen der Familie der Herzöge von Bretagne mit drei Beinlingen über einem goldenen Sparren auf rotem Untergrund eine völlig andere Darstellung ist.«

Chmiel winkt ab. »Aber wir haben es hier jedoch nur mit einem *einzigen* roten Beinling auf weißem Grund zu tun und überdies sehr wahrscheinlich nicht mit einem Wappen.«

Ich sage: »Wenn es ein Wappen ist, dann könnte es auf eine alteingesessene Familie aus Sion im schweizerischen Kanton Wallis/Valais hinweisen, das im 11. Jahrhundert durch das Adelsgeschlecht von Savoyen beherrscht wurde.[218] Ein Wappen aus Sion weist etwa einen roten Beinling mit zwei Tulpen und einem goldenen Davidstern darüber auf.«

»Könnte passen«, sagt Chmiel. »Das Haus Savoyen war durch die Heirat von Alix von Savoyen mit König Ludwig VI., dem Dicken, mit dem Königshaus der Kapetinger verwandt.[219] Amadeus III., der Bruder von Alix, begleitete den Sohn Ludwigs VI., Ludwig VII., im zweiten Kreuzzug ins Heilige Land. Doch auch das ist eher unwahrscheinlich.«

»Manche Kunsthistoriker glauben, dass es sich um die Familie eines Strumpfmachers Gaufridus handelt.«[220] Ich schüttele den Kopf. »Doch angesichts der Tatsache, dass das Pendant von Gaufridus niemand Geringeres als der Hohepriester Aaron ist, erscheint diese Deutung geradezu absurd.«

»Nein«, pflichtet Chmiel bei. »Kein Strumpfmacher wäre so reich und mächtig, um sich an einer derartig prominenten Stelle im Hochchor verewigen zu können – höchstens ein sehr reicher Adliger oder König. Ohnehin spielten nur die Tuchmacher eine besondere Rolle in Chartres. Von Strumpfmachern ist hier keine Rede. Ein weiteres Argument dagegen ist die Tatsache, dass sich die Fensterstifter der Handwerker nur einen kleinen Ausschnitt des jeweiligen Fensters erkaufen konnten. So ist auch diese Theorie nichtig.«

Gewiss ist jedoch, dass Gaufridus mit seiner Familie über das Banner des roten Beinlings hinweg zur Jungfrau Maria aufschaut. Das ist ein interessanter Hinweis. Er schaut somit direkt auf die Bundeslade.

Zwei Fenster vom Zentralfenster – von links aus betrachtet – erkenne ich König David, der als Vorfahr von Jesus gilt. König David brachte die Bundeslade nach Zion – Jerusalem – zurück, nachdem die Philister sie in der Schlacht von Aphek geraubt und anschließend wieder an die Israeliten zurückgegeben hatten, weil sie Pest und Beulen verursachte und das Götzenbild des heidnischen Gottes Dagon mit ihren göttlichen Kräften vom Sockel gestürzt hatte.[221]

»Das ist interessant!«, unterbricht Chmiel plötzlich unser konzentriertes Schweigen. »Unter König David ist der Prophet Hesekiel zu sehen, der in seiner Weissagung von der künftigen Gottesstadt ein Bild vom neuen Tempelbezirk entwirft und dabei exakte Maße angibt, die ihm Gott übermittelt und anschließend beschreibt, wie Gott in den neuen Tempel einzieht.«[222]

»Hesekiels Prophezeiung von der verschlossenen Tür des Tempels gilt ebenfalls als eine typologische Entsprechung für die Jungfrauengeburt der Maria«, bemerke ich nüchtern.

»Typologie, Typologie!«, nörgelt Chmiel. »Es könnte auch ein Hinweis auf die Maße dieser Kathedrale als Abbild des Salomonischen Tempels sein.«

Ich muss unweigerlich grinsen. »Natürlich sind die Fenster nicht nur rein typologisch zu betrachten, wie Abt Suger von St. Denis bereits bemerkte. Man muss sie auch wortwörtlich nehmen. Nur die *litterati* verstehen die Botschaft.«

Über König David und dem Propheten Hesekiel entdecke ich erstmals eine Anspielung auf die Bundeslade der Israeliten. Ich sehe einen Cherub in Menschengestalt, dessen Flügel sich vor ihm überkreuzen. Dieses Wesen entspricht den geflügelten Bullen, die gemäß des 2. Buch Mose auf dem Gnadenthron der Bundeslade erscheinen. Es ist eine Anspielung auf die beiden Cherubim, die auf dem Deckel der Bundeslade befestigt waren. Zwischen ihren Schwingen manifestierte sich JHWH, um mit dem Hohepriester Aaron zu kommunizieren.

Zwei Fenster weiter rechts, auf zwei Uhr von mir aus betrachtet, sehe ich den Propheten Daniel, der im Exil die bösen Träume des Königs Nebukadnezzar II. zugunsten Babylons deutete, woraufhin der Herrscher des Zweistromlandes den Gott der Hebräer pries und Daniel mit Speisen und Trank ehrte, die dieser jedoch ablehnte, weil sie nicht »koscher« waren. In einer anderen Erzählung besiegte Daniel den Drachen der Babylonier, indem er ihm einen Ballen aus gebranntem Pech, Talg und Haaren zum Fraß vorwarf, woraufhin der Drache zersprang und die Priester Daniel zur Strafe in die Löwengrube warfen.[223] Interessant, denke ich. Hier haben wir wieder den Drachen als Motiv – in Verbindung mit der Bundeslade.

Unterhalb von Daniel finde ich die Darstellung von Tuchhändlern. Offensichtlich ist dies ein Hinweis auf die Stifter des Fensters. Allerdings ist das nicht so einfach, denn ich sehe einen Tuchhändler, der ein Tuch über einen Kasten wickelt. Dann zucke ich zusammen, denn ich entdecke links und rechts unterhalb der Tuchhändlerdarstellung zwei stilisierte Templerkreuze. Ich zeige sie Chmiel und fotografiere.

Oberhalb von Daniel erscheint der Prophet Jeremias. Typologisch betrachtet weist er in seiner Prophezeiung von der Ankunft des gerechten Sprosses auf die Geburt von Jesus Christus hin. »Aber Jeremias war auch der Prophet, der die Invasion durch die

Truppen des babylonischen Königs Nebukadnezzar II. prophezeite«, sagt Chmiel.

Ich sage: »Noch interessanter ist, dass Jeremias gemäß der apokryphen Schrift des 2. Buches der Makkabäer die Bundeslade und das Stiftszelt in einer Höhle am Berg Nebo versteckte.[224] Ein anderer Bericht des jüdischen Geschichtsschreibers Eupolemos berichtet, dass Jeremias die Bundeslade und den Tempelschatz vor dem Einfall der Babylonier im Jahr 587 v. Chr. in einer Höhle unter dem Tempelberg von Jerusalem verbarg.«[225]

»Sie meinen, Jeremias ist mit dem Versteck der Bundeslade verbunden?«

Ich nicke. »Nicht nur das. In Verbindung mit dem Propheten Hesekiel, der für die Dimensionen des Salomonischen Tempels steht, ist Jeremias, der die Bundeslade versteckte, besonders interessant.«

Chmiel schaut mich merkwürdig berührt an. »Ihre Schlussfolgerung ist also, dass die Urheber dieser Fenster durch die Wahl der Propheten Hesekiel und Jeremias darauf hinweisen, dass die Bundeslade hier in Chartres durch die Dimensionen verschlüsselt wurde?«

»Exakt. Es passt genau in das Konzept von der Vierung, durch die der Bau der Kathedrale begann und die laut Peter von Roissy das Allerheiligste des Salomonischen Tempels darstellt.«

»Verstehe«, sagt Chmiel. »Die Jungfrau Maria ist hier typologisch gesehen die alttestamentarische Entsprechung zur Bundeslade. In anderen Worten: Die Darstellungen in den sieben Fenstern des Hochchors, die auf die Geburt Jesu Christi hinweisen, sind eigentlich ein verborgener Hinweis auf die Bundeslade.[226] Darauf deuten das Manna, der verhüllte Kasten der Tuchhändler, die Propheten Hesekiel, Jesaja und Jeremias sowie Mose, Aaron und König David hin.«

Diese biblische Entsprechung von Jungfrau und Bundeslade deckt sich mit der Schrift *Mosaici Tabernaculi*, in der Peter von Celle, der spätere Bischof von Chartres, seine Gedanken über die Bundeslade und das Stiftszelt niederschreibt.

»Was sagt die Kunstgeschichte dazu?«, fragt Chmiel.

Ich sage: »Ein Kunsthistoriker fragt, warum die Bundeslade nicht direkt im Zentralfenster des Hochchors dargestellt wurde, wenn die Künstler den Auftrag hatten, eine typologische Entsprechung für die Jungfrau Maria darzustellen.«[227]

»Mir ist völlig klar, warum«, sagt Chmiel. »Eine Darstellung der Bundeslade an diesem Ort würde tatsächlich auf die Jungfrau Maria hinweisen – und wäre ein zu offensichtliches jüdisches Symbol, was sehr ketzerisch gewesen wäre. Umgekehrt aber weist alles auf die Bundeslade hin. Es ist eine versteckte Botschaft, die nur die Eingeweihten auf eine heiße Spur führt.«

Ich zeige auf die Jungfrau Maria mit dem Jesuskind. »Aber wer ist dieser Mann auf dem Schoß der Jungfrau Maria?«

»Wenn wir zugrunde legen, dass Maria kein Kind hält, sondern einen Mann und die fehlenden Haare eher auf eine Tonsur hinweisen, dann ist es sehr wahrscheinlich, dass wir es hier mit dem Abt der Zisterzienser, geistigen Vater des Templerordens und großen Marienverehrer Bernhard von Clairvaux zu tun haben, der 1147 nachweislich in Chartres war, als er den zweiten Kreuzzug predigte. Bernhard von Clairvaux stand in regem Austausch mit allen Adligen und Geistlichen Europas. Er hatte besondere Kontakte zu den Grafen der Champagne und ...«

»Zum französischen Königshaus«, ergänze ich. »Sehen Sie sich die Maßwerkfenster des Langchores an.«

»Sehen Sie da oben!«, fordere ich Chmiel auf. »Die Geschichte hinter diesen Fenstern ist sehr faszinierend.«

»Warum?«

Wir wenden uns um und blicken hinauf zu den Obergaden – und ich erkläre.

In den Obergadenfenstern des Hochchors sind auffallend viele Angehörige des französischen Königshauses um König Ludwig VIII. abgebildet. In diesen Figuren finden wir ein Gesamtkonzept wieder, das an das 4. Buch Mose erinnert. In diesem Buch *Numeri* schildert der unbekannte Verfasser, wie sich die Stämme der Israeliten gemäß der Anweisungen von JHWH in einem Kreis um das Stiftszelt des Mose anordnen sollen: »Und der Herr redete zu Mose und Aaron: Die Israeliten sollen um das Stiftszelt her sich lagern, ein jeder bei seinem Banner und Zeichen, nach ihren Sippen.«[228]

So sollen die Stämme Juda, Issachar und Sebulon östlich und die Stämme Ruben, Simeon und Gad südlich des Stiftszelts kampieren. Ephraim, Manasse und Benjamin schlagen westlich des Stiftszelts ihre Lager auf. Schließlich befiehlt JHWH, dass sich die Sippen von Dan, Asser und Naftali nördlich des Tabernakels niederlassen. Interessanterweise soll der Stamm der Levi nicht mitgezählt werden.[229] Also haben wir es hier eigentlich mit dreizehn Stämmen zu tun, nicht nur mit zwölf.

In den Maßwerken der Fenster des Langchores sehen wir nun Abbildungen von Rittern auf Pferden, die Banner tragen. Auf einem der Banner erkenne ich die Bourbonenlilie.

»Diese Wappen dort oben.«

Chmiel schaut durch sein Fernglas. »Ich sehe Bourbonenlilien. Das Wappen der Kapetinger.«

»Die Stifter dieser Fenster sind bekannt«, sage ich. »Unter ihnen ist nicht nur Prinz Ludwig VIII. und sein Sohn, Ludwig IX. Zu den Stiftern gehört auch das einstige Konkurrenzgeschlecht der Grafen von Champagne, die sich später durch die Heirat von Alix von Champagne mit König Ludwig VII. und den Kapetingern vereinten.«[230]

»Die Grafen der Champagne? Hugo I. von Champagne war der Gründer des Templerordens.«

Ich nicke nur und erkläre weiter.

Das Haus der Grafen von Champagne spielt hier in Chartres eine enorme Rolle: Der Stifter eines der Hochchorfenster und von drei Fenstern im nördlichen Langchor war Theobald VI., ein Großneffe von Hugo I. von Champagne, dem Gründer des Templerordens. Graf Theobald VI. von Champagne war auch gleichzeitig der Graf von Blois und Chartres.

Die herausragenden »Stämme«, mit denen wir es hier in der Kathedrale von Chartres zu tun haben, sind also die Kapetinger und die Grafen der Champagne. Wenn wir uns vor Augen halten, dass der Regent und Benediktinerabt Suger seinen König Ludwig VII. als den biblischen König David ansah und sich selbst als König Salomo, der mit seiner Abteikirche von St. Denis eine gotische Manifestation des Salomonischen Tempels errichten ließ, wird deutlich, in welcher Tradition sich die Stifter sahen.[231]

»Und was ist das?«, fragt Chmiel und deutet auf eine Szene auf neun Uhr im äußersten linken Fenster des Hochchors. »Das ist doch der Apostel Petrus, wenn ich mich nicht irre.«
Ich schaue durch meine Kamera. »Ich sehe Petrus, der von Jesus Christus einen Schlüssel erhält.«[232]
Ich schweige. Doch dann sage ich: »Gemäß der Auslegung des Peter von Celle öffnet der Apostel Petrus mit dem Schlüssel schließlich die himmlische Bundeslade.[233] Und zwischen ihm und Jesus Christus befindet sich ein Altar, der die Bundeslade darstellen soll.[234] Der gesamte Hochchor ist daher ein Hinweis auf die Bundeslade, oder sogar noch eher auf die mosaischen Gesetzestafeln. Es geht um das göttliche Gesetz.«[235]
»Wenn ich es recht zusammenfügen kann, dann ist der Schlüssel, den Petrus von Christus erhält, hier in der Kathedrale verborgen, um die Bundeslade aufzuschließen und das mosaische Gesetz zu sehen?«
»Petrus' Schlüssel ist ein Hinweis.«
»Okay, Petrus deckt sich also mit den Propheten Hesekiel und Jeremias. Alles deutet auf die Bundeslade oder die mosaischen Gesetzestafeln hin, deren Standort hier in Chartres verschlüsselt ist.«
Ich erkläre weiter. Die Stifter der Fenster des Langchors sind Adlige der Kapetinger und des Hauses Champagne, die auch die Grafen von Blois und Chartres waren. Sie sind dargestellt wie die Stämme Israels, die gemäß des 4. Buch Mose um das Stiftszelt lagern. In anderen Worten: Die Kathedrale von Chartres ist ein steinernes Stiftszelt in gotischem Gewand und die »Stämme« der Kapetinger und der Grafen von Champagne lagern um sie herum.
Jetzt zuckt Chmiel zusammen und ich schaue ihn erstaunt an. Er schlägt sich mit der rechten flachen Hand an die Stirn und sagt: »Die Dialektik in Gestalt einer jungen Frau mit einem Drachen im Arm am rechten Portal der Westfassade weist auf die Bundeslade hin und genauer genommen auf die Offenbarung des Johannes, in der es heißt, dass die Bundeslade im himmlischen Tempel erscheint. Hier ist der Zusammenhang mit Petrus, der

den Schlüssel zur himmlischen Bundeslade erhält. Denn es heißt in der Offenbarung: *Und der Tempel Gottes im Himmel wurde aufgetan, und die Lade seines Bundes wurde in seinem Tempel sichtbar; und es geschahen Blitze und Stimmen und Donner und Erdbeben und ein großer Hagel.*«[236]
Wir schweigen wieder. Dann sagt Chmiel: »Hier in den Fenstern des Hochchores der Kathedrale von Chartres wird die Bundeslade geöffnet. Darauf weist die Schlüsselübergabe an Petrus hin. Nachdem die Lade in Gottes Tempel sichtbar wurde, erscheint gemäß der Offenbarung des Johannes der Drache der Jungfrau.«[237]

Die gewaltige Frage, die sich uns nun stellt, ist: Waren die Adelsfamilien der Grafen von Champagne und der Königsfamilie der Kapetinger, die sich als wahre Israeliten ansahen, im Besitz der Bundeslade oder der steinernen Gesetzestafeln von Mose?[238] Die Erbauer des Westportals von Chartres hinterließen mit der Skulptur der Dialektik eine versteckte Botschaft über die Anwesenheit der Bundeslade und der steinernen Gesetzestafeln – Platons verborgene Wirklichkeit. Denn die Kathedrale von Chartres ist das unsichtbare Stiftszelt Mose – ein neuer Salomonischer Tempel. Der Hügel von Chartres, auf dem die Kathedrale thront, entspricht Zion, auf dem der Salomonische Tempel steht. Wenn die Skulptur der Dialektik am Westportal für die platonische Suche nach der göttlichen Wahrheit mithilfe der menschlichen Vernunft und Logik steht, dann symbolisiert der Drache auf ihrem Arm den Schatz, der in Chartres versteckt ist.
»Bei dem Schatz handelt es sich entweder um die Lade der Israeliten oder um die steinernen Gesetzestafeln«, sagt Chmiel nun. »Demnach ist das Versteck in der Kathedrale von Chartres durch den Baumeister kodiert worden. Wenn es uns gelingt, den Bauplan der Kathedrale zu entschlüsseln, wird sich das Versteck von selbst offenbaren. Aber wie genau sind die Hintergründe der Adelsfamilien hier in Chartres? Und gäbe es nicht historische Überlieferungen darüber, dass etwa die Grafen der Champagne im Besitz der Bundeslade waren?«
»Die gibt es ...«

Das Haus Courtenay, das sich unter anderem als Stifter auf den Fenstern des Langchors verewigen ließ, war ein Seitenzweig der Kapetinger. König Ludwig VI., genannt der Dicke, heiratete Alix von Moyenne aus dem Haus Savoyen. Ihrer Ehe entsprang der Sohn Peter I. von Frankreich, der sich durch die Ehe mit einer Elisabeth in die Familie Courtenay einheiratete.

All diese Vermählungen des Hauses der Kapetinger in die konkurrierenden Adelsgeschlechter waren strategischer Natur. Das Königsgeschlecht der Kapetinger, das auf Hugo Capet im 9. Jahrhundert zurückreicht, heiratete in die Grafenhäuser ein, um somit die Macht in Frankreich auszubauen. So ist auch das Haus Courtenay, das seinen Stammsitz in Montargis südlich von Paris hatte, mit der Familie des niederen Adels von Montlhéry verwandt, die wiederum in der Gegend von Troyes residierten. Die Montlhéry waren Barone und daher Vasallen des Hauses von Champagne.

Ich sage: »Dem Haus Montlhéry entstammt auch der Dichter Christian von Troyes. Er soll ein unehelicher Sohn des Barons Milon II., Herr von Bray und Montlhéry, sein.[239] Manche Historiker vermuten, dass Christian von Troyes im Kloster St. Loup-de-Troyes seine geistliche Ausbildung genoss und somit auch die sieben freien Künste beherrschte.[240] Christian von Troyes wurde um 1140 geboren und arbeitete zunächst am Hof der Grafen von Champagne für Marie, der Tochter Ludwigs VII. und Alix von Champagne. Für Marie verfasste Christian von Troyes das Epos *Lancelot*. Er kam während seiner Arbeit am Hofe der Grafen von Champagne in engem Kontakt mit den jüdischen Weisheiten des Talmud-Gelehrten Rabbi Raschi in Troyes. Hiervon zeugt sein Versroman *Perceval – Li Contes del Graal* aus dem Jahr 1190, den er dem Grafen Philipp I. von Flandern widmete, der König Ludwig VII. in dessen Kampf gegen den englischen König Heinrich II. von Plantagenêt unterstützte. Christian von Troyes widmete sein Werk *Li Contes del Graal* zwar Philipp I. von Flandern, doch die Häuser Champagne und Flandern waren eng befreundet. Philipp von Flandern hatte Marie von Champagne sogar einen Heiratsantrag gemacht. Wahrscheinlich ist, dass Christian von Troyes sein Werk über den heiligen Gral am Hofe von Champagne verfasste und ihn nur dem Grafen Philipp *widmete,* nicht aber für ihn arbeitete.

In dieser etwa 9.000 Verse umfassenden, unvollendeten Erzählung in Altfranzösisch berichtet Christian von Troyes von einem jungen Einfaltspinsel namens Perceval, der in die Welt hinauszieht, um Ritter zu werden und in einer Burg auf eine seltsame Gesellschaft stößt, die sich von einem »heiligen Ding« – *une sainte chôse* – ernährt. Dieses heilige Ding spendet der auserwählten Schar unerschöpflich Speise und Trank. Genau dieses Bild erinnert sehr stark an die Mannalese, die wir gerade im Hochchorfenster gesehen haben. Die Israeliten aus dem 2. Buch Mose, die durch den Sinai irren, auf der Suche nach dem Gelobten Land, lesen das himmlische Manna vom Wüstenboden auf. Die Israeliten entsprechen der auserwählten Schar aus Christian von Troyes *Perceval,* die sich vom Heiligen Gral ernähren.

Den Heiligen Gral, der unbegrenzt eine göttliche Speise bereithält, beschreibt der deutsche Dichter Wolfram von Eschenbach in seinem Gralsepos *Parzival* etwas genauer. Wolfram bekundet, dass er Christians von Troyes Erzählung kenne, und genaueres Wissen darüber habe. Wolfram nennt den Heiligen Gral *Lapsit Exîllis,* was genau übersetzt »dünner Stein« bedeutet. Das altfranzösische Wort »grêl« für »dünn« deckt sich mit dem Begriff »Gral«. Der Gral ist also nicht der Kelch, mit dem einst das Blut Jesu Christi aufgegangen wurde, sondern ein dünner Stein. Wolfram beschreibt den Gral als gemacht aus »Wurzel und Reisig«, aber auch so glänzend hell, dass er alles überstrahlt, also aus Gold. In Wolframs Erzählung wird Parzival Zeuge, wie der Gral von einer auserwählten Schar von Gralshütern bewacht wird, die der Dichter als »templeîse« bezeichnet. Die Gralsburg nennt Wolfram *Munsalvaesche.*

In anderen Worten: Der Templerorden war im Besitz eines biblischen Reliktes, das aus Holz gefertigt und mit Gold überzogen war und unerschöpflich eine göttliche Speise spendete. In diesem goldenen Behältnis lag ein dünner Stein. Wir haben hier die Beschreibung der Bundeslade mit den steinernen Gesetzestafeln und dem Krug mit dem himmlischen Manna vor uns.

150

»Es stellt sich nun die Frage: Woher wussten Christian von Troyes und später auch Wolfram von Eschenbach vom Besitz der Bundeslade durch die Grafen der Champagne?«, fragt Chmiel.

»Nun, die einzige Möglichkeit besteht darin, dass er das Wissen um den Gral von seiner Arbeitgeberin, Marie von Champagne, vertraulich übermittelt bekam. Marie war mit Heinrich I. von Champagne verheiratet.«

»Und Maries Ehemann Heinrich I. von Champagne war der Sohn des Theobald II. von Champagne«, ergänzt Chmiel. »Theobald II. von Champagne erbte das gesamte Vermögen und den Besitz des rätselhaften Grafen Hugo I. von Champagne.«

»Des Gründers der Tempelritter.«

»Womit wir an der Quelle der Geheimnisse angelangt sind«, sage ich.

»Und nun?«

»Sehen wir uns die Fenster des Chorumgangs an. Ich glaube, ich habe da etwas entdeckt.«

2. Das Martyrium des heiligen Stephanus

Im Süden des Chorumgangs treten wir vor die mit einem Eisengatter abgeriegelte Nikolauskapelle. Davor brennen Kerzen in einem gusseisernen Ständer neben einem Opferstock. Zwei ältere Damen sitzen auf einer Bank und sind in stille Gebete versunken.

Chmiel holt wieder sein Fernglas hervor und ich stelle mein Stativ mit der Kamera auf. Wir untersuchen die Bleiglasfenster der Kapelle. Ich entdecke das Leben des Thomas Beckett, des Kanzlers des englischen Königs Heinrich II., der Chartres öfter besucht hatte und dessen Freund Johannes von Salisbury Kanzler der Schule von Chartres wurde. Ich identifiziere die Darstellungen der Märtyrergestalten der heiligen Margarete von Antiochien und der heiligen Katharina von Alexandrien, einer der gelehrtesten Frauen des Christentums. Und auf das Leben des heiligen Nikolaus folgt die Geschichte des Remigius, des ersten Bischofs von Reims, der Namenspatron für die

Abteikirche St. Rémi war, deren Abt Peter von Celle anschließend Bischof von Chartres wurde. In der Hauptchorkapelle finde ich das Leben der Apostel vor: Paulus, Andreas, Simon und Judas Thaddäus.

Einer dieser Apostel ist Jakobus der Ältere, dessen Leichnam einer Legende zufolge nach seiner Enthauptung mit einem Schiff nach Galicien im Nordwesten Spaniens gelangte, wo er beigesetzt wurde. Später errichtete man angeblich auf seinem Grab eine Kapelle, dann eine Kirche, die schließlich zur Kathedrale Santiago de Compostela erweitert wurde. Noch heute ist Chartres eine Station auf dem Pilgerweg nach Santiago de Compostela.

»Das ist nichts«, murmelt Chmiel.

Wir gehen weiter. Ich identifiziere durch mein Teleobjektiv einige Stationen aus dem Leben von Karl dem Großen. Ich lese CAROLUS MAGNUS. Seine Abbildung in diesem Fenster verdankt Karl der Große seiner Heiligsprechung durch den deutschen Kaiser Friedrich Barbarossa, der sich selbst gerne in der Tradition von dem großen fränkischen Regenten abbilden ließ. Dementsprechend ist Karl der Große auf seinem Ross in Rittermontur auch mit einem Heiligenschein versehen.

»Wieder nichts«, sagt Chmiel.

Wir gehen weiter und bleiben nun vor der sogenannten Märtyrerkapelle stehen. Vor uns befindet sich ein Pulk von englischen Touristen, offenbar eine Studienreisegruppe, die zur Mehrzahl aus Lehrern besteht, denn der Führer der Gruppe wird bei jedem zweiten Satz unterbrochen und mit gefährlichem Halbwissen verbessert.

»Ich gehöre nicht zu dieser Spezies«, entschuldigt sich Chmiel und hebt abwehrend die Hände.

Wir schauen uns die Fenster der Märtyrerkapelle, die auch Stephanus-Kapelle genannt wird, etwas genauer an. Ich sehe die Darstellungen der Märtyrer Vincenz, des Patrons des Weberhandwerks und Pantaleons, des Patrons der Ärzte. Ich sehe den Lokalheiligen von Chartres, Caraunus. Seine Gebeine sind in Chartres verehrt worden. Interessanterweise wurden in Chartres immer nur Reliquien angebetet, aber im Gegensatz zu manch anderen großen Kathedralen Frankreichs, wie etwa Reims oder St. Denis, ist hier kein einziger Bischof oder sonstiger Geistlicher jemals bestattet worden.

Unter Caraunus findet sich am Fuße des Fensters die Darstellung von Steinmetzen und Steinbildhauern, die mit Bildhauereisen und Knüpfel Skulpturen aus dem Stein heraushauen. In einer Arkade ist ein Zirkel zu sehen, Symbol für den Baumeister. Ich schließe daraus, dass diesem Fenster und dieser Kapelle eine besondere Rolle zukommt, denn der Stifter des Fensters, möglicherweise der Baumeister selbst, hat diese Fenster für die Stephanus-Kapelle gestiftet. Warum?

»Kennen Sie die Geschichte von Stephanus?«, fragt Chmiel. Bevor ich antworten kann, erfahre ich die dramatische Geschichte des Märtyrers Stephanus.

Stephanus war der erste von insgesamt sieben Erzdiakonen zu einer Zeit, als sich die christliche Urgemeinde von Jerusalem nach dem Tod Jesu Christi bildete. Die Apostel Jesu hatten diese sieben Diakone gesegnet und somit zu Aposteln der zweiten Generation ernannt. Der Hintergrund dieser Handlung war die zunehmende Armut und der Streit zwischen den zu Christen konvertierten, aramäisch- und griechisch-stämmigen Witwen und Waisen, die immer mehr Betreuung benötigten. Die Apostel hatten angesichts dieser wachsenden Zahl von Bedürftigen immer weniger Zeit, sich in angemessener Weise um die Gemeinde zu kümmern.[241] Die Segnung der Erzdiakone war also eine reine Arbeitsteilung.

Doch dem ersten Erzdiakon war keine gute Zukunft beschert. »Stephanus war voll Gnade und Kraft, tat Wunder und große Zeichen unter dem Volk«, weiß die Apostelgeschichte. Die Juden, die Jesus Christus abgeneigt waren, zettelten einen Streit mit Stephanus an, doch dieser wusste mit seiner Weisheit und Güte zu trumpfen. Als die Verleumder keine Argumente hatten, ließen sie falsche Zeugen gegen ihn aussagen und schoben ihm Gotteslästerungen in den Mund: »Wir haben ihn Lästerworte reden hören gegen Mose und gegen Gott«. Die jüdischen Aufrührer stachelten den Ältestenrat und die Schriftgelehrten gegen

Stephanus auf, der daraufhin abgeführt und des Verrats am jüdischen Volk beschuldigt wurde.[242]

In einer flammenden Rede, die von den ersten abrahamitischen Wurzeln des Judentums über Mose und seiner Begegnung mit JHWH auf dem Berg Sinai, bis über die Götzenanbetung des Goldenen Kalbs der Israeliten und der Errichtung des Stiftszelts mit der Bundeslade reicht, versucht Stephanus zu zeigen, wie sehr er die jüdische Religion liebt. Und jetzt wird es interessant, denn Stephanus sagt:

> »Es hatten unsre Väter die Stiftshütte in der Wüste, wie der es angeordnet hatte, der zu Mose redete, dass er sie machen sollte nach dem Vorbild, das er gesehen hatte. Diese übernahmen unsre Väter und brachten sie mit Josua in das Land, das die Heiden innehatten, die Gott vertrieb vor dem Angesicht unsrer Väter, bis zur Zeit Davids. Der fand Gnade bei Gott und bat darum, dass er eine Stätte finden möge für das Haus Jakob. Salomo aber baute ihm ein Haus.«[243]

In anderen Worten: Stephanus preist hier das Stiftszelt mitsamt ihren Inhalten, also auch der Bundeslade und den Gesetzestafeln, denn es ist das Gesetz JHWHs, das die jüdische Religion zu dem machte, was sie auch heute noch ist. Ein Königreich von Priestern, ein heiliges Volk.[244] Demzufolge ist Stephanus die einzige Gestalt des Neuen Testaments, die mit der Bundeslade und vor allem den Gesetzestafeln von Mose verbunden ist. Er preist die Schätze des Salomonischen Tempels, weiß jedoch, dass das Heil in Jesus Christus liegt. Seine Rede wird nicht sehr wohlwollend aufgenommen und so wird er aus der Stadt getrieben und außerhalb von Jerusalem zu Tode gesteinigt. Bevor er starb, soll Stephanus auf die Knie gefallen und geschrien haben: »Herr, rechne ihnen diese Sünde nicht an! Und als er das gesagt hatte, verschied er.«[245]

»Ein spannender Bezug zur Bundeslade«, sage ich.

Wir suchen das Stephanus-Fenster ab. Ich sehe die Szenen der Handauflegung der Apostel und seine Ernennung zum Erzdiakon. Ich sehe die Debatte des Stephanus mit dem Hohepriester und den Schriftgelehrten der Juden. Ich sehe Stephanus und die zwei Zeugen, die seine vermeintliche Gotteslästerung bezeugen und identifiziere Stephanus' Verleugnung seiner Beschuldigung gegen Gott zu lästern und sein Todesurteil durch den Rat der Ältesten. Es folgt die Steinigung und das Begräbnis des Stephanus. Juliana, eine Witwe, die aus Versehen Stephanus' Leichnam mit nach Konstantinopel nimmt, erkenne ich in der Mitte des Fensters. Dann folgt eine Szene, in der der Leichnam des Stephanus auf ein Schiff verladen wird, um ihn wieder ins Heilige Land zu bringen. Dämonen versuchen dann, das Schiff zum Sinken zu bringen. Doch es erreicht sicher die Küste. Darüber erwarten eine Menschenmenge und zwei Krüppel die Ankunft des Märtyrers Stephanus. Ganz links oben wird dann der Leichnam in einem goldenen Schrein in die Stadt zurückgebracht. Der Bischof schließt sich der Prozession an. Im Scheitel des Fensters erkenne ich, wie die Seele des Stephanus von zwei Engeln aufgenommen wird.

»Etwas stimmt hier nicht«, sage ich. Ich schwenke die Kamera wieder zu dem goldenen Schrein zurück und sage: »Der Schrein des Stephanus wird von zwei Männern mit goldenen Stangen getragen, so wie einst die Bundeslade durch die Israeliten. Unter dem Schrein ist ein weißes Tuch zu sehen. Und unter dem Schrein befindet sich ein grüner Zweig oder Stab.«
»Stimmt. Und der Zweig oder Stab blüht«, sagt Chmiel.
Mir stockt der Atem. »Dieser Schrein mag zwar im Konsens der Geschichte ein Reliquienschrein für die Gebeine des Stephanus sein«, sage ich. »Doch angesichts der Tatsache, dass er eine verblüffende Ähnlichkeit mit der Bundeslade aufweist und sich im Umfeld von Fenstern befindet, die vom Baumeister der Kathedrale von Chartres persönlich gestiftet wurden, ist es offensichtlich, dass die Glasmaler hier die Bundeslade dargestellt haben.«
»Dafür spricht der grüne blühende Stab unter dem goldenen Kasten«, pflichtet Chmiel bei. »Es kann sich hierbei nur um den Aaronstab handeln. Das weiße Tuch ist ein Hinweis auf das Hemd der Maria, das hier in Chartres ruht.«

Bild 20: Der Schrein des Stephanus mit dem grünen Aaronzweig weist auf die Bundeslade hin

Jetzt stockt nicht nur mein Atem, sondern auch mein Herz für einen kurzen Moment. »Die Botschaft ist klar«, rufe ich. »In diesem Medaillon des Stephanus-Fensters wurde für die Eingeweihten dokumentiert, dass die Bundeslade in Chartres war. Goldener Kasten, grüner Aaronstab und das Hemd Mariens sind eindeutige Symbole.«

Die Studiosus-Leute blicken sich zu uns um.

»Die haben überhaupt keine Ahnung, was hier vorgeht«, spottet Chmiel.

»Nein«, sage ich. »Es wird immer unheimlicher.«

Ich setze mich vor die Kapelle und notiere die neuen faszinierenden Fakten in meinem Notizbuch.

Ich frage mich: Wenn die Kathedrale von Chartres der Wohnstatt des hebräischen Gottes JHWH entspricht, so frage ich mich, wie konnten dann die Häuser der Kapetinger und der Grafen von Champagne in den Besitz der Bundeslade und die darin enthaltenen Gesetzestafeln gelangt sein? Und gibt es weitere Hinweise an oder in der Kathedrale von Chartres, die meinen

Verdacht erhärten, dass die Lade samt den Gesetzestafeln hier verborgen war oder noch verborgen ist? Oder ist alles nur eine einzige Propaganda der Kapetinger, um sich über andere Adelshäuser zu erhöhen?

Gerade die zeitgenössischen Berichte der Dichter Christian von Troyes und Wolfram von Eschenbach zeigen, dass die Entdeckung eines biblischen Artefakts durch die Grafenfamilie der Champagne tatsächlich stattgefunden hat. Doch wie genau könnte sich der Fund der Bundeslade ereignet haben? Und wer war an dieser geheimen Suche nach dem größten archäologischen Artefakt der Menschheitsgeschichte beteiligt?

3. Das Vermächtnis des Hugo von Champagne

Wir sitzen auf Stühlen vor dem Nordportal und fragen uns, welche Rolle das Grafenhaus von Champagne gespielt haben könnte. Vor uns huschen Touristen hin und her. Der Geräuschpegel der Kathedrale ist angestiegen, denn nun kommen weitere Busladungen von Touristenströmen herein.

»Die Schlüsselrolle in dieser geheimnisvollen Geschichte spielt zweifelsohne Graf Hugo I. von Champagne, der um 1074 als dritter Sohn von Theobald I. geboren wurde«, sagt Chmiel. »Hugo von Champagne trieb regen Handel mit jüdischen Kaufleuten der Region, denn in Troyes, dem Hauptsitz der Familie, gab es zu dieser Zeit ein jüdisches Viertel mit einer Synagoge unweit der Talmudschule von Rabbi Raschi und dessen Söhnen. Sein Vasall war ein gewisser Hugo, der aus einer kleinen Stadt namens Payns etwa acht Kilometer nordwestlich von Troyes stammte.«[246] Ich nicke und denke nach. Dann sage ich: »Der Graf wird sich deshalb auch für die jüdische Religion interessiert haben. Denn sonst wäre er nicht im Jahre 1104 zusammen mit Hugo von Payns und dessen Bruder Stephan zu einer Pilgerreise nach Jerusalem aufgebrochen. Es ist bemerkenswert, dass sie die strapaziöse und gefährliche Reise ins Heilige Land auf sich nahmen, das nach der Eroberung Jerusalems durch die Kreuzfahrer von marodierenden Horden und Wegelagerern heimgesucht wurde.«

»Aber was unternahmen die beiden Hugos in dieser Zeit in Jerusalem? Die historischen Quellen schweigen sich darüber aus.«
»Doch es ist anzunehmen, dass die beiden Hugos während ihres Aufenthaltes im Heiligen Land durch ihre Adelsbeziehungen sofortigen Zutritt zu heiligen Stätten und Palästen bekamen«, werfe ich ein. »Schließlich war der König von Jerusalem, Balduin II., ein Vetter Hugos von Payns. Und Hugo I. von Champagne war mächtiger als der französische König Ludwig VI. Die Ländereien des Grafen waren um ein Vielfaches größer als das Kronland der Kapetinger.«
»Es ist sehr wahrscheinlich, dass sie in Jerusalem Nachforschungen zu verschollenen biblischen Relikten anstellten.«
Ich sage: »Es gibt eigentlich nur eine zwingende Vermutung, wonach sie auf dem Tempelberg gesucht haben könnten.«
»Nun?«

Ich erzähle: Die Gerüchte um verborgene biblische Schätze liegen nach dem ersten Kreuzzug in der Luft. Es herrscht eine Goldgräberstimmung unter den Adligen. Fulcher von Chartres, ein Kreuzzugschronist, berichtet, dass sich unter dem Tempelberg noch immer der Schatz des Salomonischen Tempels, einschließlich der Bundeslade, befunden haben soll, den die Hohepriester vor der Invasion der Babylonier im Jahre 587 v. Chr. in einer Höhle in Sicherheit brachten.[247] Dieser Bericht Fulchers von Chartres deckt sich mit der Aussage des Kreuzzugschronisten Albert von Aachen, der aus sicherer Quelle erfahren haben wollte, dass die Bundeslade in einer der unzähligen Höhlen unter dem Tempelberg von Jerusalem verborgen wurde und im Jahre 1108 noch immer ihrer Entdeckung harrte.[248] Auch die Schrift *Qualiter Sita est Civitas Hierosolymita* eines anonymen Autors aus dem Jahr 1103 weiß von diesem Geheimversteck der Bundeslade unter dem Tempelberg.[249]
Wahrscheinlich haben Fulcher von Chartres und Albert von Aachen diese Informationen dem jüdischen Talmud, dem Kommentar zur hebräischen Bibel, entnommen, der ebenfalls davon ausgeht, dass die Bundeslade samt den mosaischen Gesetzestafeln in Sicherheit gebracht wurden.[250]

Die Tatsache, dass es keine zeitgenössischen Berichte über den Aufenthalt von Hugo I. von Champagne und seines Vasallen Hugo von Payns zwischen den Jahren 1104 und 1108 gibt, lässt darauf schließen, dass sie darauf bedacht sind, kein Aufsehen zu erregen. Als die beiden Hugos aus Jerusalem im Jahre 1108 zurückkehren, suchen sie Stephan Harding in der Zisterzienserabtei von Cîteaux auf. Stephan Harding korrigiert zu diesem Zeitpunkt die Fehler der lateinischen Bibel – der *Vulgata* – anhand von hebräischen Originaltexten.[251] Stephan Harding persönlich gibt an, dass er aus Unkenntnis des Hebräischen die Hilfe von burgundischen Rabbinen in Anspruch nehmen muss.[252] Der Abt wird so in jüdische Geheimnisse eingeweiht, die durch die Berichte im babylonischen Talmud und der Kreuzzugschronisten angedeutet werden – Geheimnisse über den Verbleib der Bundeslade und der mosaischen Gesetzestafeln. Diese Informationen, die Abt Stephan Harding mit Graf Hugo I. von Champagne und Hugo von Payns teilt, müssen sensationell sein.

Denn nachdem sie Stephan Harding konsultieren, reisen der Graf und sein Vasall im Jahr 1114 erneut überstürzt nach Jerusalem ab. Doch Hugo von Payns beschließt, in Jerusalem zu verweilen. Ein möglicher Grund ist, nach einem Basislager für eine längere Expedition in Jerusalem Ausschau zu halten. Graf Hugo kehrt in die Champagne zurück. Wir sprechen hier davon, dass ein Mann nicht einfach so in ein Flugzeug steigen kann, um innerhalb von fünf Stunden von Israel nach Frankreich zu fliegen. Nein, wir sprechen hier davon, dass sich ein Mann mit seiner bescheidenen Schutztruppe zu Pferd und zu Fuß durch Wüsten und Gebirge und zu Schiff über das von Piraten heimgesuchte Mittelmeer auf den beschwerlichen Weg in seine Heimat macht. Diese Reise kann viele Monate oder sogar über ein Jahr dauern und wegen der vielen Wegelagerer, Mörder und Plünderer sehr schnell tödlich enden. Hugo I. von Champagne scheint nicht im geringsten von den Gefahren abgeschreckt zu sein. Das Versprechen, in Jerusalem etwas wahrlich Ungeheuerlichem auf der Spur zu sein, scheint ihn anzutreiben. Anders ist diese Eile nicht zu erklären.

1120 erscheinen dann Hugo von Payns und sein Stellvertreter, der Ritter Gottfried von St. Omer, am Hofe von König Balduin II.[253] Sie fragen den König, ob sie seinen Palast in der ehemaligen Al-Aqsa-Moschee als Lager nutzen können. Der König setzt die Ritter nicht etwa vor die Tür, sondern gestattet ihnen, sich in seinem Palast häuslich einzurichten.[254] Wahrscheinlich ist dieses schnelle Einverständnis des Königs die Frucht der Bemühungen Hugos von Payns. Tatsächlich zieht König Balduin II. am Ende des Jahres 1120 sogar völlig aus, um sich in der Davidsburg niederzulassen.[255] Nun haben Hugo von Payns und Gottfried von St. Omer freie Hand für ihre Reliquiensuche. Offensichtlich gelingt es den beiden, weitere Adelige zu finden, die sich ihrer Mission anschließen. Es folgen Andreas von Montbard, Payen von Montdidier, Archambaud von St. Amand und Gottfried Bisol – sowie drei weitere Männer: Roral, Gundemar und Gottfried.

Gerade die Wahl von Andreas von Montbard ist kein Zufall. Andreas ist verwandt mit dem Grafen von Burgund und durch seine Schwester ein Onkel von Bernhard von Clairvaux, des Zöglings von Abt Stephan Harding von Cîteaux. Gottfried von St. Omer, Payen von Montdidier und Archambaud von St. Amand sind Angehörige des mittleren Adels aus der Picardie. Nichts ist bekannt über die Herkunft von Gottfried Bisol, Roral, Gottfried und Gundemar. In der Chronik von Wilhelm von Tyrus wird dieser Bund um Hugo von Payns als *Arme Bruderschaft Christi vom Salomonischen Tempel zu Jerusalem* bezeichnet.[256] Die Templer, wie sie heute genannt werden, geloben Keuschheit, Armut und Gehorsam.

Arm sind sie jedoch nicht. Denn zwischenzeitlich unterstützt Graf Fulko V. von Anjou die Templer mit dreißig angevinischen Silberstücken im Jahr.[257] Wir können auch davon ausgehen, dass König Balduin II., Hugo von Payns' Vetter, den Templerorden finanziell unterstützt.[258]

Graf Hugo I. von Champagne wohnt der mysteriösen Vereinigung im Jahre 1125 bei.[259] Zuvor hat er seinen Besitz an seinen Neffen Theobald II. übertragen – und seine Frau Elizabeth von Varais verstoßen. Er hat ihr mitgeteilt, dass er unfruchtbar und deswegen niemals der Vater ihres Kindes sei.[260]

»Was für ein mysteriöser Graf und was für eine mysteriöse Truppe von Männern, die an keinerlei Kämpfen teilnehmen«, sage ich. »Und das entgegen der allgemeinen geschichtlichen Darstellung, dass sie die Pilgerwege zwischen Jaffa und Jerusalem sicherten.«

Chmiel sagt: »Merkwürdige Burschen, in der Tat. 1119 attackieren die Seldschuken und Fatimiden das Königreich Jerusalem und König Balduin II. schlägt die feindlichen Armeen mit seinen eigenen Soldaten zurück. Die Templer um Hugo von Payns machen keine Anstalten, ihrem König zu Hilfe zu eilen. Balduin II. wird von 1123 bis 1124 durch seldschukische Truppen in Gefangenschaft genommen. Doch das scheint Hugo I. von Champagne, Hugo von Payns und ihre Leute nicht im geringsten zu interessieren. Auch als Balduin II. die Stadt Aleppo im heutigen Syrien belagert, verstärken die Templer nicht die königliche Armee. 1125 schlägt Balduin II. die Seldschuken in Azaz. Auch hier keine Spur von den Templern.«

»Merkwürdig«, sage ich. »Wir können festhalten, dass sich die Templer um den Grafen Hugo I. von Champagne einen feuchten Dreck um die Verteidigung des Landes oder die Sicherung der Pilgerwege scherten.«

»Der Gedanke, dass neun Ritter Tausende von Mördern und Wegelagerern zurückschlagen können, ist auch völlig absurd«, lacht Chmiel. »Geradezu grotesk, und ich verstehe nicht, dass die Historiker solch einen Blödsinn als Allgemeinplatz verbreiten konnten. Die Templer lebten nicht in einem Kloster, um dort zu beten und zu arbeiten, sondern äußerst zurückgezogen in den *königlichen* Gemächern der Al-Aqsa-Moschee.«

»Dieses Verhalten spricht für eine hoch geheime Mission in Jerusalem«, sage ich. »Von der Al-Aqsa-Moschee war es nicht mehr weit bis in die Katakomben unter dem ehemaligen Salomonischen Tempel. Jenes Tempels, der die Bundeslade im Allerheiligsten beherbergte.«

»War es nicht so, dass die Möglichkeit der Pilgerwegesicherung erst im Jahre 1137 von den Baronen und dem Patriarchen von Jerusalem, Garimond, den Templern vorgeschlagen wurde?«, fragt Chmiel.

»So war es«, sage ich. »Dies wird durch eine Urkunde des Burgkastellans von St. Omer bestätigt.[261] Die Aufmerksamkeit der Templer galt also von Beginn an etwas völlig anderem. Welcher König räumt schon freiwillig sein Quartier für ein paar dahergelaufene Ritter? Welcher Graf verstößt plötzlich seine Frau und sein Kind, gibt all seinen Besitz an seinen Neffen weiter und reist Hals über Kopf nach Jerusalem, um plötzlich seinen Treueeid auf seinen untergebenen Vasallen als neuen Großmeister zu schwören? Das wäre so, als ob der englische König von seinem Amt abdankt, um für seinen Butler zu arbeiten.«

Chmiel lacht und sagt: »Was unternehmen also Hugo I. von Champagne, Hugo von Payns, der neue Großmeister des Templerordens, und ihre Gefolgsleute in Jerusalem? Die Chronik des Fulcher von Chartres berichtet, dass die Templer große Bereiche des westlichen Tempelbezirks umbauen. Sie graben die *Ställe des Salomo* unterhalb der Al-Aqsa-Moschee frei. Diese Räumlichkeit kann gemäß des Berichts des Pilgers Johannes von Würzburg 2.000 Pferde und 1.500 Kamele fassen.[262] Die Gewölbe seien so riesig, dass sie selbst der Pfeil eines Langbogens nicht durchmessen kann, so Theoderich, ein anderer Pilger. Darüber hinaus bauen die Templer auch die Al-Aqsa-Moschee um.«[263]

»Das ist auch belegt. Denn in den 1980er Jahren entdeckte der israelische Archäologe Meir Ben-Dov unterhalb des Tempelberges einen Tunnel, den er auf das 12. Jahrhundert zurückdatierte. Dieser Tunnel verläuft unterhalb des ehemaligen Hauptquartiers der Templer in der Al-Aqsa-Moschee. Er diente der Erkundung der Höhlensysteme des Tempelbergs von Jerusalem.[264] Meir Ben-Dov identifizierte den Tunnel als das Werk der Templer.«[265]

Chmiel fährt fort: »Graf Hugo I. von Champagne stirbt im Jahr 1126. Am 13. Januar 1129 wohnen Hugo von Payns und sechs weitere Templer in Troyes dem Bischofskonzil bei. Dort wird die Templerregel verabschiedet, die Bernhard von Clairvaux mit verfasst hat. Die Regeln des neuen Ordens orientieren sich an den strengen Statuten des Zisterzienserordens, die Keuschheit, Armut und Gehorsam vorschreiben und strikte Verhaltensregeln vorsehen. Die Regeln tragen die Handschrift von Bernhard von Clairvaux. Er weiht den Orden der Jungfrau Maria.«

Ich spinne den Faden weiter: »Und das Fundament für den Reichtum des Ordens wird mit diesen Templerregeln gelegt. So wird dem Templerorden gestattet, Grundstücke zu besitzen, finanzielle Zuwendungen anzunehmen und einen eigenen Zins auf Darlehen zu erheben. Diese Privilegien führen zu unermesslichem Reichtum und einem machtpolitischen Höhenflug, der am 13. Oktober 1307 durch die Milizen des französischen Königs Philipp IV. gewaltsam beendet wird. Aber die Sicherung der Pilgerwege wird in der später 686 Paragraphen umfassenden Templerregel mit keinem Wort erwähnt.«

»Auch findet die oft kolportierte Sicherung der Pilgerwege durch die Templer in der Lobrede des Bernhard von Clairvaux keine Erwähnung. In seiner Schrift *Liber ad milites templi – De laude novae militiae*, das Lob auf die neue Ritterschaft, preist Bernhard von Clairvaux seine neue geistige Schöpfung an: den Mönch, der mit dem Schwert für Gott kämpft. Bernhard betrachtete seine Schöpfung der Mönchsritter vom Salomonischen Tempel als die *wahren Israeliten*. So lobt Bernhard denn auch den Salomonischen Tempel, wo die Bundeslade mit den anderen Schätzen im Allerheiligsten aufbewahrt wurde, als oberstes Ziel, das es zu erobern gilt.«[266]

»Da haben wir es«, sage ich. »Der Abt von Clairvaux ruft in seiner Lobrede offen dazu auf, die Schätze des Heiligen Landes zu sichern, bevor diese den Armeen des Islam in die Hände fallen. In anderen Worten: Bernhard eröffnet die Reliquienjagd. Dieser Jagd sind Hugo I. von Champagne, Hugo von Payns, Gottfried von St. Omer und deren Leute nachgegangen.«

»Doch was geschah mit der Bundeslade und den mosaischen Gesetzestafeln, nachdem die Templer sie in jenem Versteck unter dem Tempelberg fanden, das im babylonischen Talmud und anderen Quellen angedeutet wird? Brachten sie sie nach Chartres?«

4. Auf der Spur der Gesetzestafeln

Wir verlassen die Kathedrale durch das Nordportal und sitzen auf den Stufen. »Können wir die Spur der Lade und der Gesetzestafeln von Jerusalem nach Frankreich verfolgen?«, fragt Chmiel. »Das können wir«, sage ich. »Im Jahre 1145 bestätigt der Zisterzienserabt und enge Vertraute von Papst Eugen III., Nicolaus Maniacutius, in seiner Schrift *Historia Imaginis Salvatoris,* dass sich die Bundeslade mitsamt den steinernen Gesetzestafeln in der Kapelle St. Laurentius im Vatikan befände.[267] Diese Kapelle hieß seit der päpstlichen Regentschaft von Eugen III *Sancta Sanctorum,* also »das Allerheiligste«. Papst Eugen III. verhielt sich gemäß der Handschrift von Nicolaus Maniacutius wie der Hohepriester Aaron, der im Salomonischen Tempel der Lade huldigte. Der jüdische Pilger Benjamin von Tudela bestätigte, dass er während eines Besuchs in Rom von jüdischen Rabbinern vernommen habe, dass sie Gewissheit darüber hätten, dass sich die Bundeslade im Vatikan befände.«[268]

»Aber die Frage ist doch, was geschah mit der Bundeslade, nachdem die Templer die Lade nach Rom überführten, um sie dem Zisterzienserpapst Eugen III., dem Zögling von Bernhard von Clairvaux, anzuvertrauen?«

»Sie wurde ins Kloster Clairvaux und anschließend in die Abtei St. Denis gebracht, wo heute noch Spuren darauf hinweisen, dass die Lade dort aufbewahrt wurde: Am Ausgang der Krypta finden sich eingemeißelt in einem Kapitell die neun Köpfe der Templergründer um Hugo I. von Champagne und Hugo von Payns, die auf die Bundeslade schauen, während diese abtransportiert wird. Von St. Denis gelangte sie nach Laon, wo sie noch heute unter oder in der Nähe der Kathedrale verborgen sein muss. Was mit der Bundeslade geschah ist ziemlich offenkundig.«

Chmiel blickt in den wolkenlosen Himmel und schaut dann zu dem Geschäft für Glaskunstwerke, das sich schräg von uns gegenüber befindet und von Touristen wimmelt. Durch die Passage vor dem Nordportal kommt eine Gruppe von Nonnen. Sie gehen an uns vorbei und biegen Richtung Westportal ab.

Ich höre Zweifel heraus, als Chmiel sagt: »Doch blieben die steinernen Gesetzestafeln in der Bundeslade? Ich glaube nicht. Wir bekommen eindeutige Hinweise, wenn wir uns mit der Sainte Chapelle in Paris befassen. Ich war neulich dort. Die heilige Kapelle wurde 1239 begonnen und am 26. April 1248 von König Ludwig IX., den Heiligen, eingeweiht.[269] Sie befindet sich nur einen Steinwurf entfernt von der Kathedrale Notre Dame auf der Île de la Cité in Paris.

»Bitte erzählen Sie!«, fordere ich Chmiel auf.

Ludwig der Heilige, ein ausgesprochen religiöser Mann, lässt die Sainte Chapelle errichten, um dort die Reliquien Jesu Christi aufzubewahren. Zu diesem Zweck greift er tief in die königliche Schatulle. So kostet der Bau mehr als 40.000 Tourneser Pfund. Der Schrein für die Leidenswerkzeuge – *Grande Châsse* genannt – kostet sogar 100.000 Tourneser Pfund.[270] Wenn wir diese Summen mit den Kosten des von Ludwig den Heiligen in die Wege geleiteten sechsten Kreuzzug von 250.000 Tourneser Pfund jährlich vergleichen, ist dies eine immense Summe, die heute vielen Dutzend Millionen Euro entsprechen, wenn nicht sogar mehr.[271] Mit Sicherheit werden hier die Templer dem König unter die Arme gegriffen haben. Die Freundschaft zwischen dem König und dem Ritterorden ist belegt: König Ludwig IX. tritt im Jahr 1265 dem Templerorden offiziell bei.[272]

Dieser Beitritt zu den Templern wird nicht möglich gewesen sein, ohne dass Ludwig IX. vorher intensive Beziehungen zu ihnen unterhielt. Ohnehin ließ das französische Königshaus seine Gelder seit der Regentschaft von Ludwig VII. im *Temple*, dem Hauptquartier des Templerordens in Paris, aufbewahren.[273] Wenn also jemand über die finanziellen Belange des Königshauses der Kapetinger genaue Kenntnisse verfügt, dann sind es zu diesem Zeitpunkt die Templer.

Es muss Ludwig den Heiligen also sehr ernst sein, als er die Relikte Jesu Christi kauft und den Bau der Kapelle finanziert. Zu den Schätzen, die König Ludwig IX. nach peinlich genauer Prüfung ihrer Herkunft erwirbt, zählen die Dornenkrone, die er 1239 von seinem Vetter, Kaiser Balduin II. von Konstantinopel

– aus dem Hause Courtenay –, für 135.000 Tourneser Pfund als Pfand auslöst.[274] Wir müssen uns vor Augen halten, dass Ludwig IX. für die Dornenkrone Christi beinahe so viel bezahlt, wie für den Bau der Kapelle und den Bau des Reliquienschreins zusammen. Ludwig IX. muss von Reliquien besessen sein.

Diese von Ludwig erworbene Dornenkrone wird bereits im Jahr 409 n. Chr. durch den heiligen Paulinus von Nola erwähnt, der berichtet, dass sie auf dem Berg Zion aufbewahrt worden war. Pilgerberichten zufolge ist diese Dornenkrone dann von Jerusalem nach Konstantinopel gelangt.[275] Aber auch ein Stück vom Kreuz Christi und der mit Essig getränkte Schwamm, der dem sterbenden Christus gereicht wurde, um seinen Durst zu stillen, wie auch die Lanze des Longinus, die der Legionär dem apokryphen Nikodemus-Evangelium zufolge dem gekreuzigten Jesus Christus in die Rippen gestoßen hatte, um dessen Tod zu überprüfen, gehören dazu.[276] Die Pfänder für die Lanze des Longinus und des Bruchstücks vom Kreuze Christi löst Ludwig IX. bei den Templern aus. In anderen Worten: Der König kauft den Templern die Relikte ab.[277]

Ich sage: »Hier haben wir den Beleg dafür, dass die Templer an Reliquien sehr interessiert waren.«

Chmiel nickt und fährt fort ...

Die Templer hüteten bedeutende biblische Artefakte nicht nur als Pfandleiher, sondern als Eigentümer der Reliquien. Nachdem diese Schätze in Paris in der Sainte Chapelle eintreffen, dürfen sie ab dem Jahr 1244 nach einem besonderen Segen von Papst Innozenz IV. nur König Ludwig IX. und ein auserwähltes Priesterkollegium in der Kapelle sehen und anbeten.[278] Dies erinnert stark an die israelitischen Hohepriester, die alleinig im Allerheiligsten die Bundeslade ansehen durften. So vergleicht auch der Kunsthistoriker Daniel H. Weiss die Sainte Chapelle mit dem Tempel Salomos und die Grande Châsse mit dem Thron Salomos.[279]

Ich hebe die Hand und unterbreche ungern Chmiels Ausführung. »Doch die Sainte Chapelle ist alles andere als nur ein Ort der alleinigen Verehrung von Christusreliquien«, wende ich ein.

»Eine Ausgabe der *Bible Moralisée,* die Ludwigs Mutter Blanca von Kastilien in Auftrag gegeben hatte und am Hof von Toledo in Spanien aufbewahrt wurde, setzt die *Ecclesia*, also die Kirche, mit dem Salomonischen Tempel gleich. Die Sainte Chapelle war somit dem Tempel in Jerusalem ebenbürtig. Die Bildsprache in den Bleiglasfenstern und der steinernen Reliefs in den Nischen unterhalb der Fenster der Sainte Chapelle wurde vom königlichen Künstler so konzipiert, dass der Herrschaftsanspruch der Kapetinger durch Szenen des Alten Testaments und insbesondere der Bücher Mose bekräftigt werden sollte.«

»Stimmt genau«, lächelt Chmiel. »Die Kapetinger und Ludwig IX. sind in der Sainte Chapelle als Israeliten dargestellt, die eine besondere Gnade von Gott erhalten. Ludwig der Heilige ließ sich als direkter Nachfahre von Mose darstellen. Wilhelm von Chartres, der Biograf und Kapellan Ludwig IX., schrieb:

> »Und wie der Herr zu Mose sprach: ›Handle nach dem Vorbild, das Dir auf dem Berg enthüllt wurde‹, desgleichen ward auf diesem hohen Berg einem jeden von uns angezeigt und kundgetan, wie zu handeln sei, durch die vorzügliche Würde und Ehrbarkeit des glorreichen Königs von Frankreich, durch die Klarheit seiner Güte und die Erhabenheit seines Lebens.«[280]

Ich sage: »Ludwig IX. *war* also Mose, David und Salomo in Personalunion – zumindest glaubte der fromme König das. Er hatte den direkten Draht zu Gott – und wer den direkten Draht zu Gott hatte, musste das auch nachweisen können.«

»Es verwundert nicht, dass sich in der Sainte Chapelle Fenster mit vier Medaillons befinden, in denen König Ludwig IX. und die Kapetinger als Mose und Aaron mit der Bundeslade dargestellt sind.[281] Eine andere Szene zeigt, wie zwei Ritter auf einem Pferd sitzen – das Symbol für den Templerorden. Ein Templer weist auf die Bundeslade.«

»Unter den Reliquien der Sainte Chapelle befand sich nachweislich der Stab des israelitischen Hohepriesters Aaron. Aber auch die steinernen Gesetzestafeln mit den Zehn Geboten.«

Chmiel wird bleich. »Das wusste ich nicht.«

»Ich auch nicht«, sage ich. »Bis ich über König Ludwig den Heiligen recherchierte und herausfand, dass die Sainte Chapelle nur *ein* Kirchenbau war, in dem er seiner Reliquiensucht frönte. Chartres war ein noch größeres Reliquienhaus für ihn. Die Gesetzestafeln waren schon länger im Besitz des Königshauses. Sie stammten aus St. Omer in der Picardie.[282] Jene Kirche – die Chapelle du Marché – war wiederum in den Besitz der Gesetzestafeln durch das Adelsgeschlecht von St. Omer gelangt. Wir erinnern uns: Gottfried von St. Omer war der Stellvertreter des Templergründers und ersten Großmeisters Hugo von Payns.«

»Okay«, flüstert Chmiel. Ich bemerke auf seinen Armen eine Gänsehaut, trotz der Hitze. »Wenn Hugo von Payns, sein Stellvertreter Gottfried von St. Omer und ihre Männer die Bundeslade mitsamt den Gesetzestafeln unter dem Tempelberg fanden, so gelangten die Zehn Gebote von Rom, über Clairvaux nach St. Omer, anschließend in die Sainte Chapelle – und dann nach Chartres, denn Chartres wurde offiziell erst am 24. Oktober 1260 eingeweiht. Die Templer spielten demnach die Hauptrolle bei der Vervollständigung der Reliquiensammlung von König Ludwig IX. Er war eingeweiht in die Geheimnisse der Templer um Hugo von Payns und ihre sensationelle Entdeckung der Bundeslade unter dem Tempelberg.«

»Wenn jedoch der Besitz der Gesetzestafeln Propaganda war«, sage ich, »dann war es für Ludwig IX. sogar noch wichtiger, in ihren Besitz zu gelangen, denn das konkurrierende Adelsgeschlecht der Plantagenêts trachtete danach, diese biblische Erbfolge des französischen Königs ad absurdum zu führen. Ludwig IX. brauchte demnach handfeste Beweise dafür, die Gesetzestafeln zu besitzen. Er brauchte noch nicht einmal auf plumpe Fälschungen zurückzugreifen, denn die Templer hatten über hundert Jahre vor seiner Regentschaft die Bundeslade unter dem Tempelberg geborgen und nach Frankreich überführt. Wir sprechen hier also von einer notwendigen Konsequenz – und nicht über Staatspropaganda.«

Chmiel nickt energisch. »Zwischen der Aufbewahrung der Bundeslade im Vatikan durch Papst Eugen III. und der Ausstellung der mosaischen Gesetzestafeln durch Ludwig IX. in der Sainte Chapelle lagen demnach etwa hundert Jahre. Wir können sehen, dass die Bundeslade, abgesehen von ihrem kurzen Verbleib im Vatikan, in keinem Reliquieninventar auftaucht. Sehr wohl wurden jedoch die steinernen Gesetzestafeln in der Sainte Chapelle untergebracht.«

»Exakt. Demzufolge liegt die Schlussfolgerung nahe, dass beide Artefakte zwischen den Jahren 1145 und 1249 voneinander getrennt wurden. Ein Vierpassfenster in der Obergaden des Langchors zeigt Ludwig VIII. mit einer Tafel – und nicht etwa einem Fenster – in seinen Händen, was darauf schließen lässt, dass die Gesetzestafeln in Chartres sind. Dieses Fenster wurde zu Restaurationszwecken entnommen und durch ein anderes ersetzt.«

Chmiel sagt: »So besteht die Familie des *Gaufridus* im Fenster des Hochchores aus Nachkommen des Templergründers Gottfried von St. Omer?«

»Gaufridus ist niemand anderes als Gottfried von St. Omer. Der Templer.«

Angespornt durch die neuen erdrückenden Fakten gehen wir zurück in die Kathedrale. Ich stelle das Stativ und meine Kamera an der Bestuhlung des Südportals auf und wende mich zum nördlichen Rosenfenster.

»Was sehen Sie?«, frage ich.

Chmiel blickt angestrengt durch sein Fernglas. »Ich sehe unterhalb der Rose fünf in zwei Zonen eingeteilte Lanzettfenster. Im ersten Fenster auf der linken Seite sehe ich den abrahamitischen Priester Melchisedek mit Kelch und Weihrauch und König Nebukadnezzar II. mit dem umstürzenden Götzenstandbild.«

Ich sage: »Wieder ein Verweis auf die Bundeslade, die im Tempel des Dagon der Philister untergebracht war und das Götzenbild mit ihrer göttlichen Macht zu Fall brachte. Es folgen im nächsten Fenster König David mit seiner Harfe und darunter König Saul, der sich aus Verzweiflung über den Verlust seiner Macht ins Schwert stürzt und somit Platz räumt für David als König eines geeinten Reiches Juda. Im Mittelfenster entdecke ich Anna mit ihrem Kind, der Jungfrau Maria, und darunter erneut das Wappen der Kapetinger.«

Bild 21: Das Rosenfenster des nördlichen Querhauses mit den Insignien von König Ludwig IX. und seiner Mutter Blanca von Kastilien

Ein Fenster weiter sehe ich König Salomo mit einem Zepter in einer Hand und darunter Jerobeam, der das Goldene Kalb anbetet. Goldene Kälber tauchen im Alten Testament der Bibel häufiger auf. Als Mose vom Berg Horeb mit den Gesetzestafeln herunterstieg, in die JHWH die Zehn Gebote geschrieben hatte, musste er entdecken, dass die Israeliten in seiner Abwesenheit unter der Anführerschaft von Aaron ein goldenes Götzenbild in Gestalt eines Kalbes anbeteten. Mose ließ das Goldene Kalb einschmelzen, zermalmen, in Wasser auflösen und den Götzenanbetern als Trank eintrichtern, bevor er sie zu Tausenden erschlagen ließ.[283] Im Fenster rechts außen finde ich Aaron mit dem grünenden Stab und dem ägyptischen Pharao, der vom Pferd stürzt. Goldene Götzenbilder tauchen erneut in der Bibel auf, als König Jerobeam, der von 926 bis 907 v. Christus herrschte, in seinem Tempel in Shechem goldene Kälber aufstellen ließ. Er rief die Stämme des Südreichs Juda dazu auf, von JHWH abzulassen und die goldenen Kälber als Ersatzheiligtum zum Salomonischen Tempel in Jerusalem anzubeten.[284] Das Goldene Kalb steht daher

170

in beiden Fällen für den Abfall vom Glauben an JHWH zugunsten eines Götzenbilds.

»König Salomon steht für die Erbauung seines Tempels mit dem Allerheiligsten, in dem die Bundeslade mit den Gesetzestafeln untergebracht wurden«, sage ich. »David und Salomo haben erstaunlich ähnliche Gesichtszüge, so als ob hier ein und dieselbe Person abgebildet wurde.«

»Tatsächlich!«, ruft Chmiel. »David und Salomo haben die Gesichtszüge von König Ludwig IX.«[285]

Über den fünf Fenstern erkenne ich wieder die Wappen der Königin Blanca von Kastilien und ihres Sohnes Ludwig IX., den Bauherren der Reliquienkirche der Sainte Chapelle in Paris, jeweils in arkadenartig nach links und rechts größer werdenden Fenstern. Darüber eingebettet ist das gewaltige Rosenfenster.

Chmiel setzt das Fernglas ab und reibt sich die Augen. »Es wimmelt von Anzeichen der Kapetinger und insbesondere Ludwigs des Heiligen und seiner Mutter Blanca.«

»Die Königsfamilie hat hier einige Fenster gestiftet. Sie wollte ihren politischen Einfluss auf diese Weise geltend machen.«

Wir untersuchen weiter die Fenster.

In der Nordrose darüber regiert die Zahl Zwölf, denn zwölf äußere Halbkreise zieren das etwa zehn Meter große Fenster. Darin erscheinen die zwölf kleinen Propheten: Hosea, Amos, Jonas, Nahum, Sephania, Zacharias, Malachias, Haggai, Habakuk, Micha, Abdias und Joel. Diese sogenannten kleinen Propheten entstammen dem Tanach – der hebräischen Bibel –, und hier dem *Zwölfprophetenbuch*.

Chmiel sagt: »Die zwölf Propheten deuten auf die zwölf Stämme Israels hin. Hier haben wir wieder die Anspielung der Stifter Blanca von Kastilien und ihres Sohnes Ludwig IX. auf die Israeliten. Ein Ring aus zwölf Vierpässen mit dem Wappen des Königshauses der Kapetinger bestehend aus gelben Lilien auf blauem Grund umgibt einen weiteren Ring von rautenförmigen Fenstern weiter innen, in dem die Könige der zwölf Stämme des Reiches Juda dargestellt sind, angefangen bei König David, über seinen Sohn Salomon, gefolgt von Abia, Iosaphat, Ozias, Acaz,

Mahases, Ezechias, Iothan, Ioram, Asa und Roboam, im Uhrzeigersinn.«

»Tatsächlich haben wir es hier wieder mit den zwölf Stämmen Israels zu tun«, ergänze ich. »Sie erinnern sich? Die zwölf Stämme der Israeliten sollten gemäß der Anweisung JHWHs um das Stiftszelt und die Bundeslade kampieren.«[286]

Im Zentrum der Stämme Israels ist Maria mit dem Jesuskind zu sehen. Maria entspricht hier wieder in typologischer Sicht der Bundeslade. Maria wird durch einen Kreis von zwölf strahlenförmigen Fenstern umrahmt. Ich finde Darstellungen der Gaben des Heiligen Geistes, dargestellt als Taube, sowie Engel, die Weihrauchfässer schwenken und Kerzen tragen, aber auch Cherubim.

»Die verborgene Botschaft des Nordportals ist folgende«, sage ich. »König Ludwig IX. von Frankreich war im Besitz der steinernen Gesetzestafeln. Er stellte sie zuerst in der Sainte Chapelle aus. Dann wurden sie nach Chartres gebracht. König Ludwig IX., der Heilige, stiftete die Fenster in der Kathedrale von Chartres an dieser Stelle, um zu zeigen, wie mächtig er war. Er ließ König David und König Salomo unterhalb der Nordrose mit seinen eigenen Gesichtszügen darstellen.«

Wir sehen uns verblüfft an und Chmiel sagt: »Die Kathedrale von Chartres muss ein Allerheiligstes beherbergen, so wie einst der Salomonische Tempel. Die Fenster des Hochchors und der Stephanus-Kapelle teilen uns eine verborgene, nur für den Eingeweihten verständliche Botschaft mit – die Botschaft, dass die Gesetzestafeln noch immer hier in Chartres sind.«

»Doch wo ist das Allerheiligste in Chartres? Und wo sind die Gesetzestafeln?«

»Lassen Sie uns wieder hinausgehen zum Nordportal. Da ist mir etwas aufgefallen.«

5. Die Offenbarung des Nordportals

Chmiel strebt geradewegs zu einem Reliefzylinder am linken Mittelportal. Ich erkenne die Säulen sofort wieder. Es handelt sich um die Darstellung der Bundeslade, die in der Schlacht von Aphek durch die Philister geraubt wurde. Darunter stehen die lateinischen Worte HIC AMITITUR ARCHA CEDERIS in einer Mischung aus Unzial- und Antiqua-Schrift in den Sandstein gehauen.

»Sehen Sie das hier?«, fragt Chmiel und zeigt auf drei Männer, die in einem Kampf verstrickt zu sein scheinen. »Dieser Mann hier hält eine Lanze und ist mittelalterlich gekleidet. Der andere trägt ein Kettenhemd. Nur ein Zufall, dass die Steinmetzen des Mittelalters die Soldaten der Philister wie Ritter darstellten? Oder steckt mehr dahinter? Es scheint die Darstellung der Enkel des Richters Samuels zu sein, die von einem Philister getötet werden und dadurch die Lade verlieren.«

Chmiel zeigt nun auf das Gesicht eines Mannes, der mit seiner Nase die Bundeslade berührt.

Ich schaue mir die Steinmetzarbeit genauer an. »Sie haben Recht, das ist mir vorher noch nie aufgefallen. Der Mann berührt mit seiner Nase regelrecht die Bundeslade, die über ihm schwebt.«

»Das heißt, man stößt hier mit der Nase auf die Bundeslade.«

»Richtig. Sie ist in Chartres direkt vor unseren Augen und doch sehen wir sie nicht.«

Ich stelle mich auf die Zehenspitzen und schaue noch genauer hin. In der Bundeslade ist eine der beiden Gesetzestafeln mit den Zehn Geboten, der Stab Aarons und der Mannakrug zu sehen.

»Es ist die exakteste Darstellung über den Inhalt der Bundeslade, die ich jemals gesehen habe«, sage ich. »Tatsächlich existiert an keiner Kathedrale eine solche Betonung der Geschichte der Bundeslade.«

Chmiel zeigt auf die Inschrift. »Und jetzt schauen Sie sich die Übersetzung an. Wenn man das T von *Amititur* durch ein C ersetzt, weil das T wie ein C aussieht, heißt es DIE BUNDESLADE, DIE HIER VERBORGEN WERDEN WIRD.«

*Bild 22: Der entscheidende
Hinweis über den Verbleib
der Lade am Nordportal*

Ich berühre die Bundeslade mit den Fingern. »Der Spruch wurde von einem Steinmetz in den Stein gehauen, der des Lateinischen kundig war, um damit den Eingeweihten eine verborgene
Botschaft mitzuteilen. Oder er handelte auf Anweisung des Baumeisters, was wahrscheinlicher ist. Wenn wir annehmen, dass der
Baumeister von Chartres vorher in Laon war, wird deutlich, dass
es einen geheimen Plan gab, mit dem verschlüsselt werden sollte,
wo die Bundeslade und wo die Gesetzestafeln verborgen sind.«
Chmiel räuspert sich und bemerkt dann: »Das Wort CEDERIS
ist kein Fehler. CEDERIS müsste zwar eigentlich FOEDERIS heißen, für das Wort *Bund*. In der lateinischen Urbibel *Vulgata* wird
die Bundeslade ARCA FOEDERIS genannt. Doch CEDERIS bedeutet auch verschwinden oder abtreten.«

Chmiel zeigt wieder auf das »T« in dem Wort AMITITUR und sagt: »Wenn Sie genau hinschauen, ist es gar nicht nötig, das T in dem Wort Amititur durch ein C zu ersetzen. Auch ohne die Ersetzung ist der Spruch sensationell. HIC AMITITUR ARCHA CEDERIS heißt eigentlich ...«

Ich flüstere: »DIE VERLORENE LADE, DIE HIER VER-SCHWINDEN WIRD. Die Lade, die in Aphek verloren geht, an die Hebräer wieder abgetreten wird und hier anschließend in Chartres verschwindet. Deswegen wählte der Urheber des Spruchs das Wort CEDERIS, anstelle von FOEDERIS. CEDERE heißt *abtreten* oder *verschwinden*. Und mit HIC meinte er tatsächlich den Ort Chartres und keinen Ort in der Bibel.«

Ein Motiv weiter ist die Bundeslade auf einem Karren zu sehen. Die Lade mutet wie eine Truhe an. Die Beschläge haben die Form von Bourbonenlilien. Mäuse und eine Kugel hängen heraus – ein Abbild der fünf goldenen Mäuse und fünf goldenen Beulen, die die Philister als Sühnegabe herstellen mussten, um den Israeliten diese zusammen mit der Bundeslade zu überbringen. Die fünf Mäuse und fünf Beulen stehen für die fünf Könige und Städte der Philister, der Städte Aschdod, Gaza, Aschkelon, Gat und Ekron, in denen die Lade jeweils ruhte und Unheil anrichtete.[287] Nachdem die Philister die Bundeslade wieder den Hebräern zurückgaben, wurde sie auf einem Ochsenkarren nach Beth-Schemesch gebracht. Diese Rückführung zeigt das letzte Bild des Reliefzylinders.[288] Die Lade wird auf einem Ochsenkarren transportiert. Darunter stehen wieder die lateinischen Worte ARCHA CEDERIS. Auch hier müsste es wieder ARCA FOEDERIS heißen. Ein Engel schreitet dem Ochsenkarren voran. Sein Kopf ist abgeplatzt. Die Lade verschwindet.

»Was hat all das nun zu bedeuten?«, frage ich.

»Es bedeutet, dass die Bundeslade tatsächlich hier in Chartres war.« Chmiel zeigt auf den Reliefzylinder. »Sie verschwand hier, so wie es dort in dem Spruch steht.«

Ich sage: »Das deckt sich mit folgenden Ereignissen: König Philipp II., der Sohn von König Ludwig VII. und Großvater von König Ludwig dem Heiligen, tauchte 1210 in Chartres auf. Der Kunsthistoriker Marcel Bulteau berichtet, dass König Philipp II.

regelmäßige Spenden für die Entstehung des Nordportals gab.[289] Interessant in diesem Zusammenhang ist, dass Wilhelm von Chartres zur Zeit von König Philipps II. Besuch der 14. Großmeister des Templerordens war.«

»Die Templer waren also involviert und arbeiteten mit dem Königshaus zusammen. Sie meinen, die Spur der Lade verliert sich hier, weil die Templer sie hier verbargen?«

Chmiel zeigt auf den Boden. »In der Krypta, direkt unter uns.«

»Und glauben Sie, dass die Bundeslade immer noch hier ist?«

Chmiel schüttelt den Kopf. »Nein. Sie haben überzeugend dargelegt, dass die Lade in oder unterhalb der Kathedrale von Laon verborgen ist. Sie *war* hier, ist aber jetzt in Laon.«

»Verstehe, dann sind die mosaischen Gesetzestafeln hier in Chartres.« Ich zeige auf die Darstellung des Mannes, dessen Nase die Bundeslade berührt. »Deswegen dieses Relief hier. Man stößt mit der Nase auf die Lade. Die Lade ist direkt vor unseren Augen, aber wir können sie nicht sehen.«

»Ja, sie ist unsichtbar.«

Eine Gruppe Touristen ist am Mittelportal angelangt und der Reiseleiter doziert über Jeremias und Isaia. Wir lauschen den Worten, als mir etwas an der Skulptur von Jeremias auffällt. Im Hochchorfenster ist er ohne das Weihekreuz dargestellt, das er hier nun in den Händen hält. In der Kunstgeschichte steht Jeremias für das kommende Heilsgeschehen von Jesus Christus. Allerdings finde ich es sehr verwunderlich, dass sein Weihekreuz die Form eines Templerkreuzes aufweist. Die Figur, die unter seinen Füßen hockt, deutet mit dem Zeigefinger der linken Hand an den Kopf und fordert auf, nachzudenken. Interessant ist, dass diese Darstellung des Weihekreuzes exakt in dieser Gestalt nur in der Sainte Chapelle von Ludwig IX. auftaucht.[290] Jeremias steht aber auch für das Versteck der Bundeslade, wie wir bereits gesehen haben. Jeremias versteckt die Bundeslade samt Stiftszelt vor der Invasion der Babylonier in einem Versteck unter dem Tempelberg.

Dann fällt mir noch etwas auf. Am rechten Handgelenk des Apostels Petrus hängt ein Schlüssel herunter. Es ist der himmlische Schlüssel, den er von Jesus Christus erhält, um die himmlische

Bundeslade in der Offen-
barung des Johannes zu
öffnen. Bemerkenswert ist
jedoch, dass Petrus hier
eigentlich einen Kelch in
der rechten Hand hält, der
aber abgebrochen ist. Mit
der linken Hand umklam-
mert er einen Stab, dessen
Spitze ebenso abgebrochen
ist.

»Warum trägt Petrus das
Gewand eines israeliti-
schen Hohepriesters mit
zwölf Halbedelsteinen?«,
frage ich.

Chmiel wendet sich zur
Skulptur von Petrus um
und sagt: »Bei diesem Stab
kann es sich nur um den
Aaronstab handeln. Petrus

*Bild 23: Der Apostel Petrus (re.) mit dem
Schlüssel zur himmlischen Bundeslade
und dem Gewand eines israelitischen
Hohepriesters*

spielt hier eine besondere Rolle am Nordportal. Er ist der Schlüssel zum Geheimnis. Das hat nichts mit Typologie zu tun, sondern mit der Tatsache, dass Petrus hier durch sein Hohepries-
tergewand am Nordportal explizit auf die Bundeslade hinweist.«
Ich blicke auf meine Armbanduhr und erschrecke. »Zeit für meinen Kryptabesuch«, sage ich.

Chmiel überreicht mir mit einem Augenzwinkern den Gamma-
Scout. Ich will gerade gehen, als ich aus den Augenwinkeln heraus
etwas wahrnehme. Ich bleibe stehen und schaue genauer hin.

»Können Sie beiseite gehen?«, bitte ich Chmiel.

»Kein Problem. Haben Sie etwas entdeckt?«

Ich zeige auf ein Ornament gegenüber der Reliefsäule mit der
Darstellung der Bundeslade. »Ich glaube schon. Sehen Sie sich
das an.«

»Oh ja.« Über Chmiels Gesicht huscht ein anerkennendes Lächeln.

Bild 24: Ein Ornament in Sichtweite zur Bundeslade zeigt die Gesetzestafeln

Ich nicke. Vor mir ist ein Abbild der zwei Gesetzestafeln. Ist es ein Zufall, dass dieses Ornament sehr stark an die Gesetzestafeln erinnert und sich in der unmittelbaren Nachbarschaft zur Darstellung der Bundeslade befindet? Nach all den überwältigenden Fakten bezweifele ich es.

Ich packe meine Ausrüstung zusammen und mache mich auf den Weg zum Rektorat der Kathedrale, um den Schlüssel für die Krypta abzuholen. Ich verabschiede mich eilig und betrete wieder die Kathedrale, um durch das Südportal ins Freie zu treten und anschließend die Stufen hinunterzugehen.

6. Die Kathedrale unter der Kathedrale

Wenige Minuten später betätige ich die Klingel des Rektorats und warte. Ich bin aufgeregt, denn mein Französisch ist alles andere als verhandlungssicher. Nachdem ich mich vorgestellt habe, winkt mich die Empfangsdame ins Büro von Monsieur Fresson. Ich erwarte einen älteren ergrauten Herren zu treffen.
Doch wenige Minuten später platzt ein junger Mann ins Büro, reicht mir mit einem »Bonjour, Monsieur« und einem jungenhaften Lächeln die Hand und setzt sich hinter seinen Schreibtisch, der vor langer Zeit einmal ein weniger bescheidenes Aussehen gehabt haben musste, als jetzt. Ich schätze Gilles Fresson auf knapp über vierzig. Er ist um die einen Meter fünfundachtzig groß, trägt pechschwarze, lockige Haare, eine dunkelgraue Hose

und ein ausgefranstes, hellgraues Jackett über einem weißen Hemd. Seine Augen lächeln ständig und irgendwie erinnert er mich mit seiner lebhaften Art an einen jungen Tom Hanks. Als wir ins Gespräch kommen, stellen wir fest, dass die Verständigung viel leichter ist, wenn wir beide auf Englisch ausweichen. Es scheint, dass Monsieur Fresson sich nicht an meinen Brief und meine Anfrage erinnert, die der Öffentlichkeit unzugänglichen Bereiche der Krypta sehen zu dürfen. Also erläutere ich ihm mein Anliegen erneut.

»Il y a un problème! There is a problem«, sagt Monsieur Fresson schließlich. Er müsse zuerst bei der staatlichen Behörde für die Altertümer anfragen, ob man mir einen Besuch der Krypta erlauben könne. »Hinzu kommt die Tatsache, dass die Abbildung von Fotografien von der Krypta in einer professionellen Veröffentlichung wie Ihrem Buch als kommerziell betrachtet wird. Und das wird für Sie nicht billig werden.« Er faltet bedauernd die Hände vor seiner Brust, die Ellenbogen auf dem Schreibtisch aufgestützt.

Ich kann meine Enttäuschung nur mit Mühe verbergen. Unzählige Male bin ich nach Chartres gereist und habe die öffentlichen Führungen der Krypta besucht. Doch niemals war es mir gelungen, die verborgenen Bereiche zu untersuchen – und ich vermute, Hunderte anderer Forscher sind mit ihrem Versuch ebenso gescheitert. Zugegebenermaßen hatte ich mich bis dahin niemals so weit vorgewagt und eigentlich ist es nur wahrscheinlich, dass meine Anfrage abgeschmettert wird.

Zu allem Ungemach fragt mich Herr Fresson nun auch noch, worüber mein Buch sei. Also erzähle ich ihm von meinem Vorhaben, ein Buch über die architektonischen und baugeschichtlichen Geheimnisse der Kathedrale zu schreiben und all das im Licht der Tatsache, dass ich seit über zwölf Jahren kreuz und quer durch Frankreich fahre, um mir die Ikonografien der gotischen Kathedralen anzusehen.

Ich bin erleichtert, dass er anscheinend immer größeres Interesse an meinem Projekt zeigt, als wir beide uns das architektonische Fachvokabular gotischer Kathedralbaukunst um die Ohren hauen. Aber dann beschließe ich, in die Gegenoffensive zu gehen und frage, ob die Kathedrale seines Erachtens eine besondere Rolle unter allen gotischen Kathedralen einnimmt.

Fresson lehnt sich zurück, lächelt geschmeichelt, so als ob die Kathedrale sein privates Eigentum wäre und sagt: »Man muss vergleichen. Man muss nicht das Besondere, sondern das Allgemeingültige sehen. Man darf nicht nur einen Melchisedek sehen, sondern alle Skulpturen von Melchisedek an allen Kathedralen Frankeichs. Erst dann kann man entscheiden, ob dieser Melchisedek von Chartres etwas Besonderes ist. Und so ist es mit allen Details der Kathedrale. Man muss fragen, ob diese künstlerischen Darstellungen irgendwo anders wiederholt werden oder nicht und ob sie daher hier in Chartres einzigartig sind.«

»Das habe ich getan«, sage ich. »Die Skulpturen sind hier schon ziemlich einzigartig in ihrem Stil. Besonders die Königsskulpturen am Westportal stechen hier hervor. Ich habe an keiner Kathedrale jemals eine solch bemerkenswerte Detailverliebtheit gesehen. Dergleichen findet man nur ansatzweise in Le Mans, wo anscheinend die gleichen Steinmetzen am Werk waren. Ich komme daher zu dem Schluss, dass Chartres ein Juwel unter allen gotischen Kathedralen ist. Denn hier ist beinahe alles noch so erhalten, wie es etwa im 13. Jahrhundert war.«

Fresson schüttelt den Kopf. »Die Kathedrale ist etwas Besonderes in der Hinsicht, dass hier neunzig Prozent aller Bleiglasfenster und aller Plastiken original erhalten sind. Ansonsten gibt es keinen Grund, anzunehmen, dass Chartres eine besondere Stellung unter allen Kathedralen einnimmt.«

Ich möchte widersprechen, verkneife mir jedoch den Einwand und frage stattdessen, ob Monsieur Fresson es für möglich hält, dass am Nordportal von Chartres die gleichen Steinmetzen am Werk waren, wie am Westportal von Laon.

Fresson ist erstaunt über meine detaillierte Frage. »Wie kommen Sie auf diese Schlussfolgerung?«

Ich ergreife kurzerhand einen Bleistift auf seinem Schreibtisch und zeichne auf einem Blatt Papier die Worte ARCHA CEDERIS und ARCHA DEI auf und sage: »Am Nordportal von Chartres ist das Wort ARCHA für Bundeslade falsch geschrieben. Es müsste ARCA heißen. Ohne ein H. In Laon am linken Portal der Westfassade heißt die Bundeslade ebenfalls ARCHA. Das werte ich als Indiz oder sogar Beleg dafür, dass die Steinmetzen von Laon und Chartres die Anweisungen von ein und demselben Baumeister bekamen.«

Fresson nickt. »Klingt einleuchtend. Aber die Steinmetzen selbst konnten nicht lesen. Sie kopierten nur von einer Vorlage, die sie vom Klerus bekamen. Also muss die Vorlage falsch gewesen sein.«

Ich möchte erneut widersprechen. Wie groß ist die Wahrscheinlichkeit, dass die Vorlage falsch war? Sehr gering. Wahrscheinlicher ist es daher, dass die Vorlage absichtlich diese merkwürdigen Eigenschaften aufwies. Und auch Steinmetzen und Baumeister mussten lesen können. Wer nicht lesen und schreiben konnte, der konnte auch keinen geraden Buchstaben konstruieren und somit angemessen auf einen Stein zeichnen, um ihn anschließend mit Knüpfel und Schrifteisen ansprechend herauszuarbeiten. Ich verschlucke meinen Einwand. Die Gefahr, dass ich die Krypta nicht sehen darf und stattdessen vor die Tür gesetzt werde, ist zu groß.

»Man kann sehen, dass Steinmetzen von verschiedenen Bauhütten am Werk waren«, fährt Fresson fort, »denn es gibt in und an der Kathedrale Unregelmäßigkeiten. Es gibt ein paar Säulen, die nicht dorthin gehören, wo sie stehen oder Säulen, die anders aussehen, als sie sollten.«

»Und was hat es mit dem Templerkreuz auf sich, das bei Restaurierungsarbeiten im Gewölbe der Kathedrale entdeckt wurde? Ist es eine gewisse Baumarkierung?«

Fresson verschränkt die Hände hinter dem Kopf. »Man weiß es nicht. Es steht auf jeden Fall im direkten Zusammenhang mit dem Labyrinth. Es ist nicht zufällig dort, sondern absichtlich im Gewölbe angebracht worden.«

Vorsichtshalber belasse ich es dabei. Ich ziehe es nicht vor, ihn danach zu fragen, ob das Templerkreuz womöglich auf den Templerorden hinweisen könnte. Stattdessen gilt meine letzte Frage der Finanzierung der Kathedrale. Fresson gesteht, dass er sich bereits die gleiche Frage gestellt und fachliche Erkundigungen bei der Dombauhütte eingeholt habe. Er beugt sich vor und sagt in sorgfältig gewähltem Englisch mit französischem Akzent:

»Ich habe den Architekten der Bauhütte der Kathedrale gefragt. Er sagte mir, dass der Bau der Kathedrale über *eine Milliarde Euro* kosten würde. 600 Millionen für die Planung und für die Stein- und Maurerarbeiten, 200 Millionen für die Bleiglasfenster, 100 Millionen für Gerüstbau und Zimmermannsarbeiten, 100 Millionen für die Steinbildhauerarbeiten und die Herstellung der Skulpturen.«

Wie sollte das Domkapitel an die Summe von einer Milliarde Euro innerhalb eines solch kurzen Zeitraums von 26 Jahren gelangt sein? In mittelalterlicher Währung wären das viele Dutzend, wenn nicht Dutzend Millionen Tourneser Pfund gewesen. Eine irrwitzige Summe, die niemand sonst aufbringen konnte, als der Templerorden – und das Templerkreuz im Gewölbe über dem Labyrinth könnte darauf hinweisen.

»Eine wahrhaftig gewaltige Summe«, sage ich und beschließe, dass ich der Frage nicht widerstehen kann: »Was sagen Sie zu der Vermutung, dass die Templer die Kathedrale finanziert haben? Oder dass sogar die biblische Bundeslade hier sein soll?«

Fresson grinst amüsiert. »Die Templer haben nicht im geringsten etwas mit der Kathedrale zu tun. Und die Bundeslade ist etwas für Indiana Jones.« Damit ist das Thema für Monsieur Fresson abgeschlossen. Er erhebt sich und schnappt sich einen Schlüsselbund in einer Schublade seines Schreibtisches. »Möchten Sie bitte mitkommen, Monsieur?«

Ich scheine Monsieur Fresson überzeugt zu haben. Er eilt mir voraus aus dem Rektorat, die Treppe hinunter, über die Straße und geht mit langen Schritten zum Eingang der Krypta auf der Ostseite des Südportals. Ich stopfe hektisch meine Aufzeichnungen in den Rucksack, nehme die Fotoausrüstung und spurte hinterher. Vor der Tür möchte mir Monsieur Fresson den Schlüssel überreichen und mir einige Ratschläge geben, als er kurzerhand beschließt, mit mir die dreizehn Stufen hinunterzugehen, um mir die Lichtanlage und die wichtigsten Sehenswürdigkeiten zu zeigen.

Wir steigen die Stufen hinunter – hinunter ins Dunkel.

Als wir das unterirdische Gewölbe betreten und Gilles Fresson das Licht einschaltet, bin ich wieder überwältigt von der Weitläufigkeit der Krypta. Jetzt verstehe ich das Wort *Unterkirche*. Die

Krypta ist über 230 Meter lang und etwa 6 Meter breit. Sie hat
– von den Westtürmen der Kathedrale aus gesehen – die Form
eines »U« und beinahe die gewaltigen Dimensionen ihrer gotischen Schwester über ihr. Kein Wunder also, dass der Baumeister
der gotischen Kathedrale beschloss, die Dimensionen des alten
Fulbertus-Baus beizubehalten, denn diese waren gewaltig genug.
Die Krypta wurde zwischen den Jahren 1020 und 1024 aufgrund
des Plans von Bischof Fulbertus im Rahmen der Bauarbeiten
der romanischen Kathedrale errichtet. In Chartres befindet sich
daher die größte Krypta einer gotischen Kathedrale. Zu meiner
Linken sehe ich in einigen Metern Entfernung eine doppelseitige
Holztür, die den Gang zur Krypta dahinter versperrt.
Monsieur Fresson schließt die Tür auf. Dahinter befindet sich auf
der linken Seite ein Kasten mit Sicherungen und Lichtschaltern.
Er weiht mich in die Geheimnisse des Lichts der Krypta ein und
kann nicht widerstehen, vor der Martinskapelle haltzumachen,
in der drei Glaskästen mit weiß bemalten Holzmodellen der ers-
ten karolingischen Kirche, des Fulbertus-Baus und der gotischen
Kathedrale von 1194 stehen.
»Manchmal gehe ich nachts mit einer Kerze hier hinunter in die
Krypta«, gesteht Fresson mit einem leicht verschämten Lächeln.
»Ich schalte das Licht absichtlich nicht an. Dann ist es hier unten
angenehm finster.«
»That's scary«, murmele ich. Zwei schlanke, hochgewachsene
Skulpturen, die vom Königsportal stammen und irgendwann
durch Kopien ersetzt worden sind, hängen an der Wand. Fresson deutet auf die Skulpturen. Der Glanz in seinen Augen verrät
eine gewisse Besessenheit. »Ich leuchte dann mit der Kerze in die
Gesichter der Heiligen. Ihre Augen scheinen jede meiner Bewe-
gungen zu verfolgen. So als ob sie lebendig wären.«
Ein leichter Luftzug weht von der Eingangstür herunter und
streift meine Wange wie ein Gespenst, das es eilig hat, rechtzeitig
zum nächsten Spukort zu gelangen. Ich erschaure.
Fresson geht wieder voran. Uns gegenüber befindet sich eine
weitere Kapelle mit einem Altar auf der rechten Seite. »Das ist
die Kapelle des heiligen Clemens.« Clemens war einer der Erz-
väter von Rom, der Petrus als Papst in der dritten Generation

beerbte. Auf diesem Fresko aus dem 12. Jahrhundert vor uns ist Clemens I. zusammen mit Karl dem Großen zu sehen. Daneben sind Jakobus der Ältere, der heilige Martin und der heilige Nikolaus aufgereiht. Doch neben dem heiligen Martinus identifiziere ich auch Petrus.

Toll, schon wieder Petrus, denke ich. Welche Rolle spielen er und die Offenbarung des Johannes, in der geschildert wird, dass sich im himmlischen Tempel die Bundeslade auftut, hier in Chartres?

Wir gehen weiter. Die Krypta beschreibt eine Biegung. Ich vermute, dass wir uns nun unterhalb des Hochchors im Osten der Kathedrale befinden. Der Chorumgang der Krypta wird von drei großen romanischen Kapellen mit Tonnengewölben gesäumt, die aus der Zeit von Bischof Fulbertus stammen und sich fächerförmig um das Halbrund der Apsis schmiegen. Sie sind länger als die vier kleineren Kapellen dazwischen, die Kreuzrippengewölbe aufweisen und beim Bau der gotischen Kathedrale hinzugefügt worden waren.[291] Als wir den Chorumgang hinter uns gelassen haben, bleiben wir vor einem Brunnen stehen.

Fresson sagt: »Das hier ist der *Puits de saints-fort*, der als Brunnen der wirkungskräftigen Heiligen bezeichnet wird. Die Sage berichtet, dass die Gebeine von Bischof Frotbold und einigen Chartreser Bürgern, die von den Wikingern am 12. Juni 858 niedergemetzelt worden waren, hier hineingeworfen wurden. Aber der Brunnen wurde auch als wundertätige Quelle angesehen, zu dem Abertausende Pilger strömten, um sich von ihren Gebrechen heilen zu lassen. So wie in Lourdes.«[292]

»Es sollen an mehreren Stellen Brunnen existiert haben«, bemerke ich und deute auf den tiefen Schacht, der sich vor uns auftut. »Der wahrscheinlich im Jahr 1082 erwähnte Brunnen ist dieser hier. Er war von den Chorherren im 15. Jahrhundert zugeschüttet und anschließend zugemauert und in den Aufzeichnungen gar nicht mehr erwähnt worden, weil Scharen von Pilgern sich von dem Wasser Heilung von Krankheiten versprachen. Der Klerus befürchtete, dass dieser Ort der heidnischen Verehrung einen schlechten Einfluss auf die Christen von Chartres ausüben würde.«

»Oui, Monsieur. Der Brunnen wurde im Jahr 1901 wieder freige-
legt und von René Merlet restauriert. Er ist etwa dreiunddreißig
Meter tief, aber es ist kein Wasser mehr enthalten.«
Ich lehne mich an die Mauer des Brunnens und schaue, geschützt
durch ein Gitter, in die Tiefe. Das Lampenlicht verliert seine
Kraft in zwielichtigen Tiefen. Zu meiner Verblüffung entdecke
ich mehrere Löcher in der kreisrunden Wand des Brunnens. Offensichtlich muss hier bereits in der Vergangenheit jemand untersucht haben, ob parallel zum Brunnen noch andere Schächte
existieren. Ich fotografiere.
Fresson geht weiter. Wir umgehen eine hölzerne Trennwand
durch einen schlauchartigen Gang, der mit roten Templerkreu-
zen bemalt ist und kommen auf der anderen Seite in der Kapelle
der Notre Dame de Sous-Terre heraus. Diese Kapelle diente seit der
karolingischen Zeit der Verehrung der sogenannten schwarzen
Madonna. Als wir vor dem Altar stehenbleiben, blicken wir zurück und sehen die hölzerne Figur der Jungfrau Maria mit dem
Jesuskind auf ihrem Schoß. Diese Holzfigur ist eine Replik der
schwarzen Madonna, die seit 1976 an dieser Stelle zu sehen ist,
zwischenzeitlich in der oberen Kathedrale ausgestellt war, aber
während der Französischen Revolution dann zerschmettert und
am 20. Dezember 1793 vor dem Westportal der Kathedrale verbrannt wurde. Kunsthistoriker schätzen, dass die Originalfigur
aus dem 12. Jahrhundert stammte.[293]
Fresson bleibt vor einer Gittertür stehen, öffnet sie und schaltet
das Licht an. Dann steigt er die Stufen hinunter. Ich folge ihm
und zähle zehn Stufen bei meinem Abstieg.
»Das hier ist die sogenannte Gruft des Bischofs Lubinus«, sagt
Fresson.
Wir befinden uns in der karolingischen Krypta. Das Licht der
Lampe erhellt einen halbrunden, weitläufigen Raum, der von drei
markanten Säulen geprägt wird. Zwei Säulen stehen im Halbrund der Apsis der Lubinus-Gruft. Die andere, dritte Säule
schmiegt sich zur Hälfe an die Wand der Krypta. Ich sehe, dass
die unteren Teile der Säule sehr alt sind und vermutlich bis ins
achte Jahrhundert zurückreichen. Der obere Teil ist neu. Die Säule
reicht etwa neunzig Zentimeter tiefer als das Fundament der Krypta.

Bild 25: Der Kryptagang unterhalb des Nordportals

Fresson zeigt auf die Säulen. »Diese Säulen sind im 19. Jahrhundert angebracht worden, um zu verhindern, dass Teile der oberen Kathedrale durch die Decke der Krypta stürzen.«
Zwischen den beiden Säulen steht ein Altar mit einem vergoldeten Reliquienschrein. Hinter den beiden Stützsäulen sind fünf Fenstereinfassungen zu sehen. »Zur Zeit Lubinus war das hier die Apsis der Kirche«, erklärt Fresson. »Durch diese Fenster blickte man im 9. Jahrhundert auf den Hügel von Chartres hinunter.«
Fresson zeigt mir die Lichtschalter in der Lubinus-Gruft und deutet mit dem Kopf eine Bewegung zum Ausgang an. Ich folge ihm. Wir steigen die Stufen hinauf, gehen wieder um die Apsis herum und zurück zum Ausgang.
Dann drückt mir der Rektor der Kathedrale mit einem Lächeln die Schlüssel in die Hand. Als ich ihn frage, wann ich den Schlüssel wieder abgeben soll, sagt er: »Die nächste Messe hier unten in der Krypta ist erst um 18.15 Uhr.«
Genug Zeit also, um die Krypta zu erforschen. »Geben Sie die Schlüssel anschließend einfach im Büro ab.«
Fresson schaut auf seine Armbanduhr. »Es ist 16.15 Uhr« Ich blicke ebenso auf meine Armbanduhr und bestätige die Zeit. Dann geht der Rektor der Kathedrale und lässt mich hier allein

in der gewaltigen Krypta. Als ich die Tür oben zuschlagen höre, befällt mich eine eigenartige Mischung aus Beunruhigung und Neugier.

Denn es ist still hier unten. So still, dass ich mein Blut in den Ohren rauschen höre. Die Temperatur beträgt etwa achtzehn Grad. Kalt ist es also nicht. Trotzdem bemerke ich, dass ich leicht zittere. Entweder ist es die Spannung oder die Angst, hier unten allein zu sein.

Ich bin endlich am Ziel. Ein Hochgefühl packt mich. Ich kann die Krypta nach Herzenslust erforschen. Nach einer gefühlten Ewigkeit bin noch immer sprachlos und stehe wie angewurzelt. Ich erinnere mich daran, dass meine Zeit hier unten sehr kostbar ist. Ich gehe langsam los, untersuche die Kapellen in der Apsis, die Wandmalereien und gehe dann weiter zum Eingang der Lubinus-Gruft auf der nördlichen Seite der Kathedrale, die sich 5,74 Meter unterhalb des Kathedralbodenniveaus befindet.[294]

Ich öffne die Gittertür und steige die Treppe zur Lubinus-Gruft hinunter. Das Licht ist noch immer eingeschaltet. Als ich mich im Halbrund der Apsis umsehe, wird mir klar, wo ich mich befinde: in einem Raum, der bereits zur Zeit von Lubinus auf vorchristlichen Überresten der carnutischen Druiden gebaut worden war. Denn bereits Julius Cäsar berichtet in seiner Chronik *De Bello Gallico*, dass sich hier, wo heute die Kathedrale von Chartres steht, der keltische Stamm der Carnuten niedergelassen habe. Genau genommen berichtet Cäsar davon, dass die Druiden hier sehr gelehrte Leute waren und sogar Griechisch lesen und schreiben konnten. Diese carnutischen Bauten, die an dieser Stelle zwei Jahrtausende vor der Kathedrale standen, haben wahrscheinlich aus Dolmen bestanden. Das keltische Wort »Dolmen« steht für *Taol Men*, also Tafelstein und beschreibt eine Grabanlage, die mit einer großen Steinplatte abgedeckt war und von kleineren Findlingen getragen wurde. Jedoch waren diese druidischen Anlagen nicht so groß wie eine christliche Kirche. Eine christliche Kirche richtete sich niemals nach einem heidnischen Baudenkmal aus, sondern immer gen Osten, also nach Jerusalem. Daher bleibt es ein Rätsel, dass die romanische wie auch die gotische Kathedrale von Chartres eine Abweichung von 43,5 Grad aufweist.

Im 4. Jahrhundert wird bereits eine erste Kirche auf dem Kamm des Hügels erwähnt. Die Chroniken berichten, dass um das Jahr 511 der erste namentlich genannte Bischof von Chartres ein gewisser Aventin war. Um 557 wird Leobinus – unser Lubinus – zum Bischof geweiht und errichtet hier die ersten Fundamente seiner Kirche. Doch um 594 werden Chartres und die Bischofskirche, die aus Holz gebaut war, durch ein Feuer vernichtet.

Das Element des Feuers scheint die Geschichte der Stadt Chartres zu bestimmen. Denn es geht hitzig weiter. 743 brennt Hunald, der Herzog von Aquitanien, das Dorf Chartres und die Kirche ab. 858 übernehmen die Wikinger diese Kampfpraxis und fallen in Chartres ein, brandschatzen, vergewaltigen und lassen keine Holzbohle auf der anderen. Zu diesem Zeitpunkt muss bereits eine steinerne Kirche mit hölzernem Dachstuhl stehen, die eine geografische Abweichung aufweist, denn die Mauerreste in der Lubinus-Gruft deuten darauf hin. Der Hauptzweck des Neubaus der karolingischen Kirche von 858 ist es, das Hemd der Jungfrau Maria aufzubewahren, die Karl der Kahle, ein Enkel Karls des Großen, im Jahre 876 der Stadt gestiftet hatte. Die Sage von der *Virgo paritura*, der Jungfrau, die gebären wird, spukt hier schon sehr lange in den Köpfen der Menschen von Chartres und macht ihre Stadt heilig. So verkraften die Einwohner von Chartres die Katastrophe der Wikinger-Invasion und bauen die Kirche wieder auf. Die Reste dieser karolingischen Kirche sehe ich nun vor mir.

Der Ruhm der Stadt Chartres verbreitet sich schnell im Mittelalter. Im Jahr 962 fällt die Bischofskirche von Chartres erneut einer Feuersbrunst zum Opfer. Die tapferen Bewohner von Chartres bauen die Kirche wieder auf. Um 1020 brennt sie abermals ab. Mit jedem Neuaufbau wird sie größer. Bis sie schließlich von Bischof Fulbertus mit der Krypta ihre heutige Form erhält. Am 5. September 1134 verbrennt wieder ein Großteil der Häuser von Chartres und macht auch vor der romanischen Kathedrale des Bischofs Fulbertus nicht halt. Kurz danach werden die heute noch sichtbaren Gemäuer der Westtürme errichtet, die schließlich das Inferno vom 10. Juni 1194 überstehen. Die bewegte Geschichte Chartres wird hier in der Krypta des Lubinus besonders sichtbar.

Ich sehe mich um. Vor meinen Füßen erblicke ich eine in den Boden eingelassene Steinplatte. Den Karten in der Fachliteratur zufolge muss es sich um die sogenannte »Schatzkammer« handeln.[295] Dieser Raum unterhalb der Lubinus-Gruft wird mit einem Niveau von etwa 8,14 – 8,43 Meter unterhalb des oberen Kathedralbodenniveaus angegeben. Warum die Gruft verschlossen wurde, ist nicht bekannt. Fakt ist dennoch, dass unterhalb der Krypta ein weiterer Raum existiert, sozusagen als zweites Untergeschoss.

Ich hole den Gamma Scout aus dem Rucksack und halte ihn an die Platte. Nichts Ungewöhnliches stelle ich soweit fest. Dann bewege ich den Geigerzähler an den Kanten der Platte entlang. Hier zeigt sich nach einigen Minuten auch keine besondere Strahlung.

Das Gerät zeigt 0,10...0,12...0,17...an, springt dann aber auf 0,12 Millisievert und erreicht dann plötzlich am Rand der Platte den Wert von 0 Millisievert.

»Allmächtiger!«, flüstere ich. 0 Millisievert ist ein erstaunlich niedriger, beinahe unmöglicher Wert. Ich lege den Scout auf den Boden, hole die Brechstange aus dem Rucksack und setze die Spitze an der Kante der Betonplatte an. Den Aufzeichnungen zufolge hat dieser unterirdische Raum eine halbrunde Deckenwölbung. Wahrscheinlich wurde er genutzt, um das Hemd der Jungfrau Maria in Sicherheit zu bringen, als die Kathedrale im Jahr 1194 brannte.[296] Vielleicht wurde er aber auch benutzt, um ältere, größere Dinge zu verstecken. Tatsächlich stellt der Raum neben dem Brunnen auf der Nordseite der Krypta die tiefste bekannte Stelle der Kathedrale von Chartres dar.

Platz genug wäre hier für die Bundeslade.

0 Millisievert.

Entweder verschluckt das Gestein die natürliche Erdradioaktivität oder aber dort unten ist tatsächlich irgendetwas Ungewöhnliches verborgen, eingebettet in eine strahlenabwehrende Umgebung. Warum nur hat man die Platte versiegelt, frage ich mich immer wieder. Was soll das? Mein Herz beschleunigt sich bei dem Gedanken, dass dort unten die Bundeslade verborgen sein könnte. Fast scheint es, als ob ich die Platte aus der Verfugung lösen kann. Aber nein, meine Kraft reicht nicht aus. Ich ärgere mich. Egal, wo ich die Stange ansetze, es funktioniert nicht. »Mist!«

Nach ein paar Minuten des vergeblichen Stemmens gebe ich mich geschlagen. Die Platte ist fest verfugt. Ich wünschte, ich hätte ein Bodenradar. Ich packe das Eisen wieder weg, nehme den Gamma Scout auf und beschließe, die Lubinus-Gruft weiter zu untersuchen.

Ich will auf die andere Seite der Gruft gehen, als ich stehenbleibe und lausche. War da nicht etwas? Ich glaube, ein Flüstern gehört zu haben. Ich erschauere – irgendwie wird mir plötzlich unheimlich zumute bei dem Gedanken hier unten völlig allein zu sein. Doch bin ich das wirklich? Völlig allein? Irgendwie fühle ich mich beobachtet. Und die Tatsache, dass keine einzige Überwachungskamera existiert, auf die ich diesen Gedanken schieben könnte, beunruhigt mich noch mehr.

Ich zucke die Achseln und schreibe diese Emotion meiner Einbildung zu. Ich ertappe mich dabei, dass ich *Can I play with madness* von Iron Maiden vor mich hin pfeife. Für einen Moment erinnere ich mich daran, dass das Musikvideo dazu in der Krypta der Kathedrale von Elgin in Schottland spielt – und gar nicht gut ausgeht für den Protagonisten. Ich komme mir albern vor und lache laut. Das Geräusch klingt hohl von den Felswänden zurück und hallt in einem gedämpften Echo durch den Raum – und wird abrupt verschluckt. Mir bleibt das Lachen im Hals stecken. »Konzentration!«, knurre ich mir selbst zu. »Mach dich nicht lächerlich. Hier ist sonst niemand außer dir. Alles ist okay.«

Als ich das Ende der Gruft erreicht habe, sehe ich eine Treppe. Sie führt zu irgendeinem Punkt auf der südöstlichen Seite des Chors. Ich will die Taschenlampe aus dem Rucksack herausholen. Doch ich muss zu meinem großen Unmut feststellen, dass ich sie im Hotel vergessen habe. Ich hole mein Benzinfeuerzeug aus der Jackentasche und steige die Treppe hoch. Als ich am Ende angelangt bin, stelle ich enttäuscht fest, dass die Tür verschlossen ist – und

Bild 26: Der Eingang zur karolingischen Krypta

zu meinem Verdruss gibt das Feuerzeug den Geist auf. Ich steige
wieder vorsichtig hinunter und beschließe, die andere Seite der
Lubinus-Gruft zu erkunden.

Wer die Gruft durch den Seiteneingang betritt, findet zu seiner
Rechten am Fuße der Eingangstreppe einen Holzzaun, der den
Bereich der Krypta absperrt und für die Öffentlichkeit nicht zugänglich ist. Ich gehe voran und trete auf eine große Steinplatte,
deren rechtes Ende in der Luft schwebt und nun durch mein Gewicht auf den Boden knallt. Der Lärm hallt durch die gesamte
Krypta.

»Verdammt!«

Ich schalte das Licht für den Stollen ein. Ich mache vor mir ein
schwarzes Loch aus. Ein Laufsteg führt dort hinauf. All die Jahre,
in denen ich in Chartres an den öffentlichen Krypten-Führun-
gen teilnahm, hatte ich mich immer gefragt, was dort oben sein
könnte. Jetzt würde ich es herausfinden – wenn mir niemand
einen Strich durch die Rechnung machen würde.

Ich hole meine Digitalkamera heraus und befestige sie auf dem
Stativ. Mit dem Fernauslöser schieße ich etliche Bilder mit und

ohne Blitz. Ich nähere mich dem schwarzen Loch der karolingischen Krypta Meter um Meter und steige immer höher. Die Wände um mich herum bestehen aus grauem Kalkstein. Tatsächlich befinde ich mich in einer Art Gang, der in das Massiv des Kathedraleninneren hereingetrieben wurde, der zu einer künstlich angelegten Höhle führt. Ich erschauere wieder, als ich zurückblicke, denn das Licht im Gang wird schwächer und von den Gesteinsformationen verschluckt.

Als ich oben ankomme, starre ich in absolute Schwärze. Ich kann nicht ermessen, wie weit der Raum in die Tiefe reicht. Jetzt ärgere ich mich noch mehr über meine Vergesslichkeit und die fehlende Taschenlampe.

Nur sehr langsam gewöhnen sich meine Augen an die Finsternis. Doch das, was ich erkennen kann, entspricht in etwa einem zweigeteilten Raum. Zu meiner Linken führen Stufen hoch zu einem Abschnitt des Raumes, dessen Boden von seiner Form her schwer definierbar ist. Er scheint ein Überrest von einer Art Gruft zu sein.

Bild 27: Stufen zeugen heute noch von der einstigen karolingischen Kirche

Vor mir erstreckt sich die karolingische Krypta. Es ist ein viereckiger Raum.

Die Luft riecht nach Steinstaub. Ich tappe vorwärts und wünschte wieder, ich hätte die Taschenlampe bei mir. Stattdessen benutze ich die Leuchte des Fotoapparats, der zum Anvisieren von Objekten dient. Für kurze Zeit flackert das blass rote Licht der Kamera auf und offenbart einen unheimlichen Blick auf die Räumlichkeit der karolingischen Krypta.

Die Kamera fokussiert mühsam in der Dunkelheit. Dann fotografiere ich,

Bild 28: Die karolingische Krypta von Südwesten aus gesehen

der Blitz flammt auf – und lässt meine Augen schmerzen. Ich wiederhole diese Prozedur und fotografiere die gesamte Krypta Quadratmeter für Quadratmeter. An der Wand entdecke ich schwarze Rußspuren in Gestalt des Namens »Lucien«. Mörtelreste und Kabel, die auf Restaurierungsarbeiten hinweisen, liegen im Geröll. Ich klopfe die Wände ab. Nach gefühlten Stunden der Untersuchung komme ich zu dem Schluss, dass sich dahinter kein weiterer Hohlraum verbirgt.

Ich knie nieder und untersuche den Boden. Ich fege Schutt, Staub und Gesteinsbrocken mit der rechten Hand beiseite und nehme das Brecheisen, um damit die Massivität des Bodens zu prüfen.

Nichts. Nach einigen Minuten stelle ich jedoch fest, dass die Klopflaute direkt vor der Treppe zur Linken immer dumpfer klingen, je weiter ich mich vorarbeite. Je weiter ich in den Raum hineinrutsche und klopfe, umso dumpfer wird es. Meine Hände befühlen den Boden.

Unter mir befindet sich eine Kammer. Kein Zweifel.

Möglicherweise führt ein unterirdischer Gang von der Schatzkammer, wo einst das Hemd der Jungfrau Maria vor dem Feuer versteckt wurde, zu diesem Hohlraum. Ohne ein Bodenradar werde ich das allerdings nicht belegen können. Und das Display des Geigerzählers ist nicht lesbar bei dieser Finsternis.

Ich will mich erheben, als plötzlich das Licht in der Lubinus-Gruft erlischt.

Ich erstarre. »Was zum ...«

Entweder hat irgendjemand absichtlich das Licht ausgeschaltet oder aber die Sicherung ist rausgeflogen, denke ich. Wie auch immer, es dürfte nun ein erhebliches Problem sein, in dieser Dunkelheit aus der Krypta herauszufinden.

»Grandios!«, zische ich.

Ich stehe auf und lausche. In der Krypta ist kein Laut zu hören. In meinen Ohren rauscht das Blut. Ich gehe ein paar Schritte vorwärts Richtung Laufplanke. Dann vernehme ich etwas. Ich *spüre* etwas. Jemand ist hier, in der Krypta.

»Hallo?«, rufe ich. »Ist da jemand?«

Nichts. Ich höre noch nicht einmal Schritte. Es ist offensichtlich, dass hier niemand außer mir ist. Dennoch werde ich das unbestimmte Gefühl nicht los, dass hier *etwas* ist. Jetzt höre ich ein Atmen. Es hört sich an wie ferner Wüstenwind. Das Geräusch nähert sich mir von vorne. Ich spüre allerdings keinen Luftzug.

Mein Herz galoppiert.

»Hallo?«, rufe ich wieder. Weniger Stephen King lesen, weniger Iron Maiden hören, ermahne ich mich.

Unweigerlich steigen in meinem Unterbewusstsein die Geschichten von den Toten empor, deren Leichen in den Brunnen der Krypta geworfen wurden. Ich versuche, die Vorstellung zu verdrängen, dass hier Geister oder Dämonen ihr Unwesen treiben – und beginne wieder laut zu pfeifen. Doch das alles hilft nichts, meine Angst verschwindet nicht im geringsten. Also beginne ich leise vor mich hinzusingen.

Jemand oder etwas ist jetzt direkt vor mir. Ich höre das Atmen laut und deutlich. Einen oder zwei Meter entfernt. Doch vor meinen Augen ist nur Schwärze. Ich wage es nicht, meine Arme auszustrecken und zu ertasten, was sich vor mir befindet. Die Panik packt mich und ich will davonrennen, zurück ans Sonnenlicht. Doch im Moment bin ich wie gelähmt.

Ich hebe die Kamera, halte sie vor mich, schalte den Autofokus aus und fotografiere. Der Blitz rast durch die Krypta, hinaus bis zur Lubinus-Gruft. Doch da ist nichts. Ich schaue auf das Display der Digitalkamera und rufe das Bild mit zitternden Fingern auf. Nichts. Nur der Gang zur Lubinus-Gruft ist zu sehen. Nein, da ist nichts, rede ich mir immer wieder ein. Da ist rein gar nichts außer deiner Angst.

Jetzt löse ich mich mit aller Willenskraft aus meiner Starre, steige die Stufen hinab und tapere über den Laufsteg. Ich quetsche mich mit meinem Rucksack und der Fotoausrüstung durch den engen Felsenstollen. Das Stativ schabt am Felsen lang und verursacht ein scharrendes Geräusch. Ich wage mich nur Zentimeter für Zentimeter vor, um sicherzugehen, dass ich nicht abrutsche und mir ein Bein breche.

Wieder schwebt dieses Atmen in der Luft. Mir bricht der Schweiß aus allen Poren aus. Als ich das Ende des Stollens erreicht habe, stolpere ich hastig die Treppe hinauf und nehme mit großer Dankbarkeit das Tageslicht wahr, das durch die wenigen Fenster der Krypta fällt. Ich bleibe stehen und lausche wieder. Nichts. Ich scheine absolut allein zu sein. Doch das Gefühl einer Präsenz hier unten in der Krypta ist überwältigend.

»Hier stimmt etwas nicht«, sage ich zu mir und gehe um die Apsis herum. Als ich an der Tür ankomme und den Lichtschalterkasten erreiche, sehe ich zu meinem Erstaunen, dass die Lichtschalter für die Krypta komplett eingeschaltet sind. Ich betätige die Lichtschalter. Es bleibt dunkel.

Offensichtlich gab es einen Stromausfall. Ich beschließe, dass ich mich genug zum Narren gemacht habe, verlasse die Krypta mit weichen Knien durch den Eingang am Südportal und schließe die Tür ab.

Die Sonne blendet mich. Nur allmählich gewöhnen sich meine Augen an die Helligkeit. Ich gehe geradewegs zum Rektorat der Kathedrale und betätige die Klingel. Als mir geöffnet wird, trete ich ein und begrüße die Sekretärin, die mich direkt durchwinkt, als ich sie nach Monsieur Fresson frage.

Gilles Fresson sitzt in seinem Büro am Computer und ist vertieft in seine Arbeit. Ich lege den Schlüssel auf seinen Schreibtisch und sage: »Es war ein sehr aufschlussreicher Besuch in der Krypta.«

Gilles Fresson schaut mich verwundert an und sagt: »Sind Sie schon fertig mit der Besichtigung?«

Ich verstehe nicht recht und frage: »Ich war immerhin über zwei Stunden dort unten.«

Fresson schüttelt den Kopf. »Nach meiner Uhr waren sie gerade ein paar Minuten dort unten.«

Ich schaue auf meine Armbanduhr. Meine Augen weiten sich. Es ist 16.23 Uhr. Ich verberge mein Erstaunen, frage stattdessen nach dem Stromausfall und erzähle von dem Licht, das in der Krypta ausgegangen ist. Er zuckt nur die Achseln und schüttelt wieder den Kopf. »Hier war kein Stromausfall. Ich werde die Beleuchtung überprüfen lassen.«

Ich bedanke mich bei Monsieur Fresson und verlasse das Rektorat. Im Shop »La Crypte« versuche ich abzuschalten, stöbere bei den Führern, Postkarten und Souvenirs und stolpere über ein neues Buch über die Krypta von einem Autor namens Charles Stegeman. Ich bezahle und begebe mich zum Südportal.

Als ich die Stufen erklommen habe, und vor dem rechten Portal stehe, tippt mir jemand auf die Schulter. »Haben Sie etwas gefunden?«

Es ist Chmiel.

»Die Krypta von Chartres ist ein unheimlicher Ort«, sage ich. »Dort unten werden die größten Ängste zu einem lebendigen Dämon. Und die Zeit scheint dort stillzustehen.« Ich schaue Chmiel fragend an.

Er hebt die rechte Augenbraue, grinst mit gespielter Blasiertheit und schaut mich von oben bis unten an. »Während Sie unbedingt Indiana Jones spielen mussten, habe ich etwas entdeckt. Schauen Sie sich mal an! Von oben bis unten mit Staub bedeckt.«

Ich klopfe mich ab, räuspere mich und sage: »Was haben Sie gefunden?«

»Wir haben den Schlüssel gefunden. Im wahrsten Sinne des Wortes.«

7. Der Schlüssel des heiligen Petrus

»Schauen Sie sich alle drei Portale an«, sagt Chmiel. »Und dann sagen Sie mir, was Sie sehen.«
Ich mustere die Skulpturen des rechten Portals des südlichen Querhauses. Es zeigt in der äußersten Archivolte auf der linken Seite einen Drachen. In zweiter Reihe finden sich einige Apostel Jesu. Ich identifiziere Paulus, Thomas, Jakobus den Jüngeren, Johannes, Andreas, Jakobus den Älteren und Matthäus. Und schließlich wieder Petrus.
»Petrus scheint eine Schlüsselrolle zu spielen«, stelle ich fest. »Er taucht auch in der Krypta auf einem Fresko auf.«
Chmiel schweigt weise.
Ich untersuche weiter das Portal. In den inneren linken Archivolten finden sich die Protagonisten der kirchlichen Hierarchie, angefangen beim Papst, den Erzbischöfen, Patriarchen, gefolgt von den Bischöfen, Äbten, den Diakonen und einfachen Klerikern. In den inneren rechten Archivolten hingegen wird diese Hierarchie durch Ritter und Mönch, Priester und Kaiser, die Subdiakone und die Laien verdeutlicht. Interessant ist hier, dass der Ritter neben dem Mönch dargestellt ist.
Ich zeige auf den Ritter neben dem Mönch und sage: »Ritter und Mönch in Personalunion ist nichts anderes als ein Templer.«
Chmiel brummt zustimmend.
Das Tympanon des rechten Portals des südlichen Querhauses ist geprägt von der Erscheinung Christi. Er wird flankiert von zwei Engeln unter ihm. Das Portal zeigt die Darstellung der sogenannten Bekenner. Diese zeichneten sich durch eine besonders inbrünstige christliche Milde aus. Dazu zählen der heilige Martin, der zusammen mit Knappen unterhalb von Christus dargestellt ist und in der nächsten Szene darunter seinen Mantel mit dem Schwert teilt. Aber auch der heilige Nikolaus erscheint hier, der mit dem sterbenden Mann und seinen drei Töchtern dargestellt ist. Die Legende will, dass Nikolaus von Myra mit neunzehn Jahren zum Priester geweiht wurde und von seinen an der Pest gestorbenen Eltern ein großes Vermögen erbte, das er

einem alten Mann spendete, um zu verhindern, dass sich dessen Töchter als Prostituierte verdingen mussten.

In den Gewänden sind die Bekenner und bedeutenden Bischöfe und Päpste dargestellt, darunter der heilige Laudomarus, ein Abt von Montiers au Perche, Papst Silvester I., der Erste der vier Kirchenlehrer und Bischof Ambrosius von Mailand sowie Bischof Nikolaus von Myra. Das rechte Gewände weist die Skulpturen des heiligen Martin, des Kirchenlehrers Hieronymus, des Papstes Gregor I. der Große und des weströmischen Kaisers Avitus auf, der bei der Schlacht in den katalaunischen Feldern – oberhalb der Stadt Troyes in der Champagne – gegen die Hunnen den rechten Armeeflügel befehligte und dabei starb. Als ich genauer hinsehe, entdecke ich unterhalb der Darstellung des Hieronymus die Synagoga in Gestalt einer Frau, Symbol für den jüdischen Glauben.

»Die Synagoga!«, rufe ich. »Symbol für den jüdischen Glauben.«

»Sehr gut. Weiter bitte.«

Dem Drachen auf der linken Seite ist auf der rechten äußeren Archivolte Petrus gegenübergestellt.

»Petrus und Drache bilden also eine Entsprechung – zusammen mit Cherubim ist es besonders interessant. Es heißt, der jüdische Schatz, der durch den Drachen und die Cherubim verdeutlicht werden, kann durch Petrus aufgefunden werden. Aber ich bin mir noch nicht sicher, ob Petrus die überragende Rolle in dieser Suche spielt.«

»Hervorragend. Gehen wir zum Mittelportal.«

Ich vermerke diese Besonderheiten in meinem Notizbuch und wir gehen weiter zum Mittelportal des südlichen Querhauses. In den Archivolten finden sich die Patriarchen und Propheten, darunter Reihen mit Engeln, Erzengeln, Cherubim und Seraphim. Darunter befindet sich eine Darstellung des Jüngsten Gerichts, genauer genommen der Apokalypse. Auf der linken Seite werden die Seelen, die in den Himmel gelangen, von den Engeln geleitet. Auf der rechten Seite schreiten die verlorenen Seelen der Verderbten in die Hölle, geleitet von Luzifer höchstpersönlich. In der Mitte des Weltgerichts hält der Erzengel Michael die

Seelenwaage, die Auskunft gibt, ob die Seele nun in den Himmel aufsteigt oder in die Hölle stürzt.

Darunter finden sich im rechten Gewände von außen nach innen Matthäus, Bartholomäus, Jakobus der Jüngere, Jakobus der Ältere, Johannes und Paulus. In der Mitte thront Jesus Christus auf dem sogenannten Trumeau-Pfeiler auf einem Drachen und einem Löwen.

»Wieder der Drache«, sage ich.

Im linken Gewände beeindrucken mich die Skulpturen der Apostel Jesu: Judas Thaddäus, Simon Kananäus, Thomas, Philippus, Andreas und schließlich wieder – Petrus.

»Schon wieder Petrus«, sage ich.

Petrus hält in seiner rechten Hand zwei Schlüssel. Üblich ist die Darstellung nur eines Schlüssels in Bezug zu Petrus. Ich erinnere mich jetzt an die Darstellung von Petrus am Nordportal. Dort baumelt nur ein ungewöhnlich großer Schlüssel an seinem Handgelenk. Darüber hinaus ist Petrus am Nordportal noch als jüdischer Hohepriester Aaron zu erkennen, denn er trägt den Priesterschurz mit den zwölf Halbedelsteinen, die für jeden israelitischen Stamm stehen.

»Petrus ist merkwürdig dargestellt«, sage ich. »Er hält zwei Schlüssel.«

Ich gehe noch dichter an die Portalfiguren des linken Gewändes heran. Durch mein Teleobjektiv erkenne ich über Judas zwei kleine Figuren. Ich identifiziere sie als König Salomo und die Königin von Saba, denn sie sind ähnlich gestaltet wie am Nordportal. Ich notiere wieder diese Merkwürdigkeit.

»Es gibt zwischen Petrus und Salomo eine Übereinstimmung«, sage ich. »Sowohl Petrus als auch König Salomo tauchen am West-, Nord- und Südportal auf. Sie erscheinen sowohl in Fenstern als auch in Skulpturen. Eine weitere interessante Tatsache ist, dass unterhalb von Jakobus dem Jüngeren ein Jude erscheint. Immer wieder gibt es also kleine Andeutungen auf die jüdische Religion.«

Chmiel schaut mich durchdringend an, wie ein Lehrer, der einen Schüler bei einer Abiturprüfung mustert. »Das bedeutet?«

»Petrus hält den Schlüssel zum jüdischen Schatz hier in Chartres. Die Tatsache, dass Petrus und Salomo an jedem Portal auftauchen, bedeutet, dass dies hier in Chartres der Salomonische Tempel ist. Genauer genommen ist hier in Chartres der himmlische Tempel, in dem Petrus die Bundeslade aufschließt.«

»Und darin liegen?«

»Die Gesetzestafeln.«

Ich gehe nun zum linken Portal des südlichen Querhauses. Das hier ist das sogenannte Märtyrerportal. Es fängt bei Theodorus an und geht über Stephanus, Papst Clemens I. und Laurentius am linken Gewände des Portals. Auf der anderen Seite im rechten Gewände scheinen Vincentius, Dionysius, Rusticus und Georg zu Lebzeiten wie in Stein erstarrt und nach Chartres gebracht worden zu sein.

Ich erinnere mich an die detaillierte Darstellung des Märtyrers Stephanus in der Kapelle des Chorumgangs, der in seiner Verteidigungsrede den Salomonischen Tempel und die Bundeslade preist und wundere mich, warum diesem Märtyrer hier in Chartres so viel Aufmerksamkeit geschenkt wurde, da doch Chartres keine Stephanus-Kathedrale wie etwa Bourges oder Meaux ist, sondern der Heiligen Anna geweiht ist. Tatsächlich gibt es hier in Chartres mehr Hinweise auf Stephanus als in Bourges oder Meaux. Über der Gewändeskulptur von Stephanus ist eine Szene zu sehen, die diese Rede mit seiner Lobpreisung des Salomonischen Tempels vor dem hohen Rat darstellt.

Ich notiere diese seltsamen Fakten in meinem Notizbuch und schaue mir anschließend die Darstellung des Märtyrers Georg an. Der heilige Georg ist hier als Templer dargestellt. Er trägt einen Vollbart, eine Mönchskutte über einem Kettenhemd und einen Schild mit einem Kreuz.

Direkt unterhalb von Stephanus entdecke ich zu seinen Füßen abermals die Figur eines Juden.

Ich sage: »Hier am Südportal haben wir es mit einer verborgenen Anspielung auf die Bundeslade – in Gestalt der Stephanus-Legende – und die Templer – in Gestalt des heiligen Georg – zu tun. Im Zusammenhang mit Petrus, der den Schlüssel von Jesus Christus erhält, mit dem er im himmlischen Tempel die Bundeslade aufschließt, ist das äußerst interessant. Unser Augenmerk wird also auf Petrus und die Apokalypse gerichtet sein müssen,

wenn wir die Gesetzes-
tafeln in Chartres finden
wollen.«
»Besser hätte ich es nicht
formulieren können«, sagt
Chmiel.
Ich fertige von allen drei
Portalen detaillierte Fotografien an. Dann packe ich
meine Sachen zusammen
und wir verschwinden
um die Kathedrale herum
am Nordportal vorbei zur
Académie de Bière, einer
Studentenkneipe.
Als wir eintreten, schwappt
uns laute Rockmusik ent-
gegen. Wir bestellen iri-
sches Bier und nehmen auf
einer Eckbank Platz. Ich
packe mein Notizbuch aus

Bild 29: Der Drachentöter Georg wurde als Templer am Südportal dargestellt

und fasse die neuen Forschungsergebnisse zusammen:

- Die Fenster des Hochchores stellen Gestalten des Alten
  Testaments dar und sind ein verborgener Hinweis auf die
  Bundeslade mit den Gesetzestafeln.
- Eine der Gestalten ist der Apostel Petrus, der in einem
  Hochchorfenster von Jesus Christus den Schlüssel für die
  Öffnung der Bundeslade im himmlischen Tempel erhält.
- Die Stifter dieser Fenster waren die Grafen von Champagne
  und das Königsgeschlecht der Kapetinger.
- Einer der Hauptstifter dieser Fenster war König Philipp II.,
  dessen Frau Alix von Champagne die Tochter von Marie
  von Champagne war. Der Großonkel Maries von Champa-
  gne war der Templergründer Hugo I. von Champagne.
- Der Templerorden suchte in Jerusalem unter dem Tempelberg nach dem Versteck der Bundeslade, die im Jahre 587

v. Chr. gemäß jüdischer Überlieferungen vor der Invasion durch die Babylonier dort versteckt worden war.

- Philipp II., der Vater von König Ludwig VII., stiftete bedeutende Summen, um den Aufbau des Nordportals von Chartres zu finanzieren.
- Am Nordportal von Chartres findet sich eine Inschrift, die darauf hinweist, dass die Bundeslade nach Chartres gebracht werden sollte oder aber in Chartres war.
- Ferner findet sich am Nordportal unweit der Bundeslade die Darstellung von zwei Gesetzestafeln.
- König Ludwig IX., genannt der Heilige, stiftete einige bedeutende Fenster in Chartres, die alttestamentarische Gestalten zeigen. Er ließ in Paris, unweit der Kathedrale Notre Dame, die Sainte Chapelle errichten, um dort die wichtigsten biblischen Reliquien unterzubringen. In der Sainte Chapelle finden sich Darstellungen der Bundeslade in Bezug zum Königshaus der Kapetinger.
- Ludwig der Heilige war im Besitz der Gesetzestafeln Mose.
- In der Krypta von Chartres existiert ein als »Schatzkammer« bekannter Hohlraum unterhalb der Krypta, der aus unbekannten Gründen angelegt wurde und in der vermutlich das Hemd der Jungfrau Maria versteckt wurde, als die Kathedrale 1194 abbrannte.
- Die Schatzkammer erinnert stark an das geheime Versteck, das König Salomo unterhalb des Salomonischen Tempels anlegen ließ, um im Krisenfall die Bundeslade dort zu verstecken.
- Die gesamte Krypta von Chartres ist von Hohlräumen durchzogen, wie der Tempelberg von Jerusalem.
- Die Gesetzestafeln aus der Bundeslade der Israeliten sind in Chartres verborgen worden.
- Der Apostel Petrus und die Bundeslade, die in der Offenbarung des Johannes im himmlischen Tempel auftaucht, spielen die Schlüsselrolle.
- Die Architektur der Kathedrale von Chartres birgt einen platonischen und pythagoräischen Geheimcode, durch den das einstige Versteck der Bundeslade und der Gesetzestafeln verschlüsselt wurde.

Als ich mein Notizbuch zuklappe, fragt Chmiel: »Was haben Sie denn nun dort unten in der Krypta gefunden?«

»Mir schien, als ob ich dort unten Gott begegnet wäre.«

»Wie kommen Sie darauf?«

»Weil ich niemals zuvor in meinem Leben eine solche Einsamkeit gespürt habe. Eine Einsamkeit, die nur ein Gott verspüren kann, der ein unendliches, schwarzes, kaltes Universum erschaffen hat und sich nach Gesellschaft sehnt.«

Chmiel schweigt nachdenklich.

Ich sage: »Gottes dunkle Einsamkeit entfachte meine Angst. Er war die Finsternis. Ich fühlte mich wie ein Astronaut in der Unendlichkeit des Raums, verlassen von jeglicher Zivilisation. Allein.«

»Das möchte ich auch erleben.«

»Es war nicht angenehm«, sage ich schließlich. »Denn Gott ist unheimlich.«

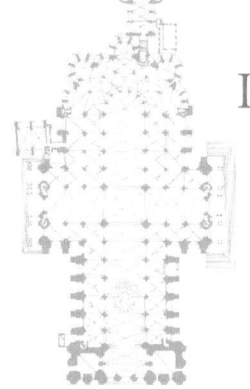

IV. DIE BOTSCHAFT

»Weißt du eigentlich wie lange ich danach gesucht habe? [...]
Mein ganzes Leben!«

Dr. Henry Jones, Jr.

1. Die Botschaft des Labyrinths

Am nächsten Morgen breche ich alles andere als früh auf. Mich plagt ein schlimmer Kater. Nachdem wir uns telefonisch für 10.00 Uhr vor dem Westportal verabredet haben, bleiben wir am Nordportal vor den Skulpturen der mittleren Vorhalle stehen.

»Fällt Ihnen etwas an Petrus auf?«, sagt Chmiel. Er schaut mich durch seine Sonnenbrille an und verzieht sein Gesicht.

»Nein«, gestehe ich. »Zumindest nichts weiter, als dass er den Priesterschurz mit den zwölf Steinen der israelitischen Stämme trägt.«

»Wenn Petrus ein Hinweis auf die himmlische Bundeslade in der Offenbarung des Johannes ist, dann könnte die Zahl Zwölf eine ebenso große Bedeutung spielen.«

Ich zucke ratlos die Achseln. »Sorry, das verstehe ich nicht.«

»Vieles in der Kathedrale weist die Zahl Zwölf auf. Zwölf Stämme Israels, zwölf Propheten, zwölf Apostel. Zwölf Wege ins Zentrum des Labyrinths.«

»Lassen Sie uns in die Kathedrale gehen und nachsehen«, sage ich. »Hier draußen ist es zu hell.« Chmiel grunzt zustimmend.

Wir betreten die Kathedrale durch das Nordportal. Laute Orgelmusik schwebt in der Luft. Der Organist bereitet sich für die Messe vor.

»Muss dieser Lärm sein?«, nörgele ich. Ich reibe mir die Augen und blicke mich um. Ich entdecke die Zahl Zwölf im großen Rosenfenster des nördlichen Querhauses.

»Sie haben Recht«, sage ich. »Die kleinen Propheten sind in zwölf Halbkreisen angeordnet. Danach folgen zwölf Vierpässe. Dann zwölf Rauten mit den Königen der zwölf Stämme Israels. Im inneren Kreis sind zwölf Fenster mit Engeln zu sehen.«

»Die Zahl Zwölf findet sich in den großen Rosenfenstern sowohl des nördlichen als auch des südlichen Querhauses«, sagt Chmiel. »Dieselbe Aufteilung – nur, dass es andere Heilige sind. Die Ältesten der Apokalypse sind in den Halbkreisen ganz außen untergebracht. Die Reihe der Vierpässe enthalten die Wappen der Stifter. Dann folgen wieder zwölf Kreise mit Ältesten, gefolgt von zwölf Fenstern mit Engeln und den vier Evangelisten.«

Ich zeige auf die Lanzettfenster unterhalb der Südrose. »Die fünf Fenster darunter sind ebenso interessant.« Ich verbinde das Teleobjektiv mit meiner Kamera, montiere sie auf das Stativ und blicke durch den Sucher. Was ich sehe, erstaunt mich.

»Ich sehe die Evangelisten Lukas, Matthäus und Johannes und Markus, die auf den Schultern der Propheten Jeremias, Jesaias, Hesekiel und Daniel sitzen. In der Mitte befindet sich die Jungfrau Maria. Offensichtlich bezieht sich diese Szene auf die Zwerge, die auf den Schultern der Riesen sitzen.«

»Wer sagte das noch?«

»Bernhard von Chartres, einer der Kanzler der Schule von Chartres.«

»Aha. Wir haben hier also ein platonisches Motiv vor uns. Die Riesen sind die alten platonischen Philosophen und die Zwerge die Studenten der Schule von Chartres, die erst durch Pythagoras, Platon und Aristoteles die Wahrheit sehen.«

»Aber wir müssen es auch typologisch betrachten. So steht zum Beispiel der Evangelist Markus für den Propheten Daniel, der im babylonischen Exil in der Löwengrube landete.«

»Okay, verstehe«, sagt Chmiel. »Und Jesaja und Matthäus haben gemeinsam, dass sie beide die Vision von der Wurzel Jesse, also des Stammbaums von Abraham, David und schließlich bis zu Jesus hatten.«

Ich stimme zu. »Die Fenster des südlichen Querhauses wurden übrigens vom Enkel König Ludwig VI. des Dicken, Pierre Mauclerc, gestiftet. Also wieder von Kapetingern.«

Ich schweige. Dann sage ich: »Wenn diese Fenster unter der Südrose eine Aufforderung sind, die Kathedrale im Sinne von Pythagoras und Platons zu sehen, nämlich als Steine, die gemäß bestimmter mathematischer und zahlenmystischer Dimensionen übereinandergeschichtet wurden, dann sollten wir das auch so tun.«

»Und was sagt uns das nun alles?«

»Dass wir die Weisheiten von Pythagoras und Platon *anwenden* müssen. Die Erbauer der Kathedrale waren Fans von Pythagoras, Platon und Aristoteles.«

Chmiel hebt ratlos die Hände. »Aber wie sollen wir sie anwenden?«

Ich wende mich gen Westen. Touristen strömen durch den Eingang der Kathedrale. Ein weißhaariger älterer Herr führt eine Gruppe von englischen Touristen an. Ich erkenne in ihm Malcolm Miller wieder, der hier seit gefühlten Jahrhunderten Führungen gibt und die Kathedrale wie aus der Westentasche kennt. Die Gruppe verschwindet im Chorumgang.

Ich nehme meine Kamera und untersuche die Westrose.

»Soweit ich weiß, ist ...« Ich verstumme, denn ich habe durch den Sucher meiner Kamera etwas Merkwürdiges entdeckt. Ich zeige auf das linke obere Drittel der Westrose. »Sehen Sie das rote Kreuz dort oben? Ist schwer zu erkennen.« Chmiel beugt sich vor und schaut durch die Kamera. »Tatsächlich ist es ein Templerkreuz. Mit verbreiterten Enden. Und ein Engel hält das Kreuz.«

Wir wechseln uns wieder ab. Dann entdecke ich noch etwas. »Der innere Fensterkreis um das Zentrum der Westrose mit Jesus Christus zeigt Cherubim, die Abraham flankieren.«

Chmiel schiebt mich beiseite und schaut wieder durch die Kamera. »Und auf neun Uhr vom Zentrum aus sehe ich Petrus. Er hält Schlüssel in der Hand.«

»Was?« Jetzt schiebe ich Chmiel beiseite. »Lassen Sie mich sehen!«

Und tatsächlich. Ein Apostel spricht mit Petrus, der zwei Schlüssel in der linken Hand hält. Insgesamt sind zwölf Apostel in sechs Fenstern zu sehen. In einem weiteren Ring von Achtpass-Fenstern sind Szenen aus der Apokalypse zu sehen, Auferstehende, Selige, die in den Himmel gelangen, und Verderbte, die geradewegs in der Hölle landen und dem Teufel bis in alle Ewigkeit Gesellschaft leisten dürfen.

»Hier haben wir also die Anspielung auf die Bundeslade, die gemäß der Offenbarung des Johannes im himmlischen Tempel erscheinen wird«, sage ich. »Die Westrose mit ihrer Petrus-Darstellung ist der Schlüssel.«

»Ja, die Fenster im Hochchor, die auf die Bundeslade hinweisen, sind also eine direkte Antwort auf das ältere Westrosenfenster.«

»Und wie geht es jetzt weiter?«

Chmiel zuckt die Achseln. Er blickt an sich herunter. »Soweit ich weiß, hat die Westrose exakt den gleichen Durchmesser wie das Labyrinth.«

Wir stehen nur wenige Meter vor dem Zentrum des Labyrinths entfernt.

Ich sage: »Es sind 12,885 Meter. Der Abstand des Mittelpunkts des Labyrinths zur Wand des Westportals beträgt 31,75 Meter.«

»Und wie groß ist die Entfernung des Mittelpunkts der Westrose zum Boden der Kathedrale?«, fragt Chmiel.

Ich schaue in meine Notizen. »Es sind ebenso 31,75 Meter.«

»Das ist kein Zufall«, sagt Chmiel.

»Nein« pflichte ich ihm bei. »Absolut nicht.«

Wir denken nach. Keiner von uns sagt etwas. Ich frage: »Wie groß ist dann der Abstand des Mittelpunkts der Westrose zum Mittelpunkt des Labyrinths?«

Chmiel zuckt ratlos die Achseln. »Keine Ahnung. Das müsste aber leicht auszurechnen sein mit dem ...« Seine Augen weiten sich.

Ich sage: »Genau. Mit dem Satz des Pythagoras.«

Er wühlt in seiner Stofftasche herum und fördert zunächst einen Kompass, eine Taschenlampe, den Gamma Scout und noch einigen anderen Krempel hervor. Dann zieht er triumphierend den Taschenrechner hervor und rechnet:

»Wenn 31,75 Meter zum Quadrat die Entfernung von der Westfassade zum Zentrum des Labyrinths sind und die Entfernung vom Zentrum der Westrose bis zum Boden ebenfalls 31,75 Meter zum Quadrat sind, ergibt sich folgende Rechnung ...«

Kathete: a^2 = (Entfernung Westrose – Boden): 31,75 m
Kathete: b^2 = (Entfernung Labyrinth – Westfassade): 31,75 m

demnach also gemäß des Satzes des Pythagoras
$31,75^2 + 31,75^2 = 1008,0625 + 1008,0625 = 2016,125$

Hypothenuse:
c^2 = (Zentrum des Labyrinths–Zentrum der Westrose) = $\sqrt{2016,126}$

Chmiel hält mir das Display des Taschenrechners vor die Nase. »Die Entfernung vom Zentrum des Labyrinths bis zum Zentrum der Westrose beträgt genau 44,90128061 Meter.«

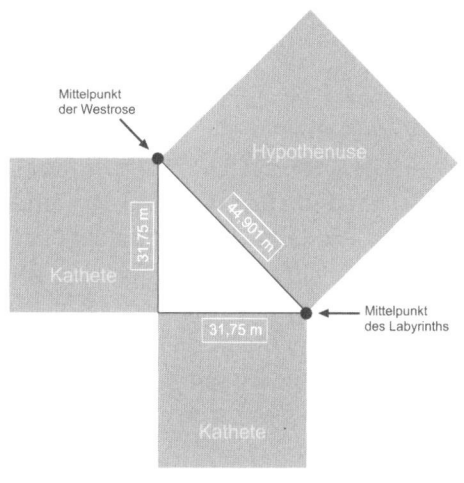

Bild 30: Die Entfernungen der Westrose und des Labyrinths im Vergleich

Ich schreibe mir den Wert auf und sage: »Wenn wir schon den Satz des Pythagoras benutzt haben und die Fenster in der Südrose und die Skulptur der Dialektik am Südportal uns auffordert, pythagoräisch und platonisch zu denken, dann müssen wir sehen, dass wir hier in der Kathedrale nach dem Goldenen Schnitt Ausschau halten.«

Ich krame in meinen Unterlagen einen Grundriss der Kathedrale hervor, den ich vor meiner Abreise ausgedruckt hatte und sage: »Wo in der Kathedrale finden wir den Goldenen Schnitt? Wie wir gesehen haben, ist er bereits vom unbekannten Baumeister in der Vierung angewandt worden in Gestalt des goldenen Dreiecks, das auf den platonischen Körpern und dem Zwölfeck basiert. Aber auch bei den Skulpturen der sieben freien Künste am Königsportal.«

Ich lege den Ausdruck der Kathedrale auf einen der Stühle, als wir uns setzen. Ständig gehen Besucher an uns vorbei und schauen sich das Labyrinth auf dem Boden an.

Ich sage: »Der Goldene Schnitt findet sich im Bauplan der Kathedrale. Genau genommen unterteilte der Baumeister die Kathedrale in einen oberen (östlichen) und einen unteren (westlichen) Teil. Die Länge der Kathedrale ergab sich aus der Aufteilung durch die Vierung. Die Querhäuser wiederum, die bei

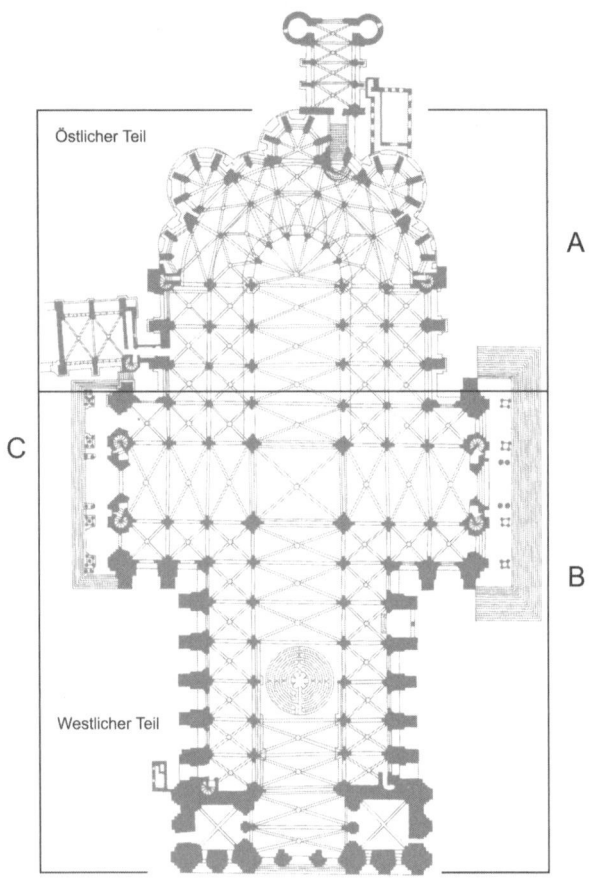

Bild 31: Der Grundriss der Kathedrale von Chartres mit
der Aufteilung durch den Goldenen Schnitt

der alten Fulbertus-Kathedrale von 1020 nur angedeutet waren,
basierten nun auf dem Goldenen Schnitt und auf der Lage der
neuen Vierung.«[297]

Chmiel sagt: »Sie meinen also, Baumeister Anonymus von Chartres vermaß die Kathedrale so, dass sie von der Scheitelkapelle in
der Apsis bis zur östlichen Wand des südlichen und nördlichen
Querhauses eingeteilt ist?«

»Ja, den zweiten Abschnitt vermaß der Baumeister von der östlichen Wand des südlichen und nördlichen Querhauses bis zur

Wand der Westfassade. Dabei schneidet der Kreis, den der Baumeister um die Vierung zog, zwei imaginäre diagonale Linien, die beide bei den Westtürmen auskommen.«

All das kann kein Zufall sein, denke ich, denn der erste Abschnitt des *Clocher vieux*, des südlichen Glockenturms an der Westfassade, ist ebenso groß wie die Breite des Langhauses: 16,44 Meter.[298] Die Breite der Vierung korrespondiert also mit der Höhe des ersten Bauabschnitts des alten Glockenturms auf der Südseite. Somit huldigte Baumeister Anonymus der alten Westfassade und seinen Erbauern. In der Vierung wird deutlich, wie der Baumeister die Kathedrale geplant hat: Das Labyrinth ist der Schlüssel.

»Im Labyrinth ist eigentlich die gesamte Kathedrale verschlüsselt«, sage ich. »Sogar die Vierung. Zieht man eine Diagonale durch die Vierung, legt ein gleichschenkliges Dreieck an diese Diagonale vom Mittelpunkt an und zieht einen Kreis herum, dann ...«

»... erhält man gemäß John James den Durchmesser des Labyrinths ohne Zähne«, ergänzt Chmiel.

Ich zeichne die Konstruktion auf die Rückseite des Plans der Kathedrale.

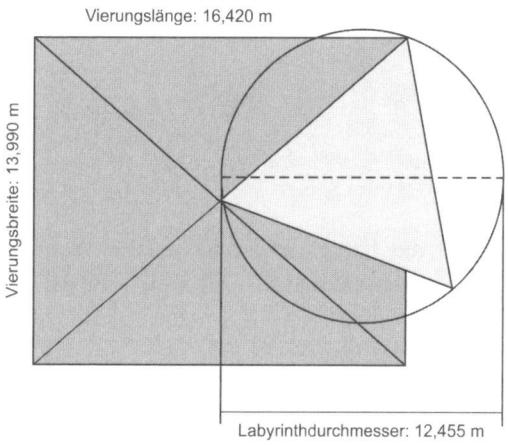

Vierungslänge: 16,420 m

Vierungsbreite: 13,990 m

Labyrinthdurchmesser: 12,455 m

Bild 32: Der mathematische Bezug
der Vierung zum Labyrinth

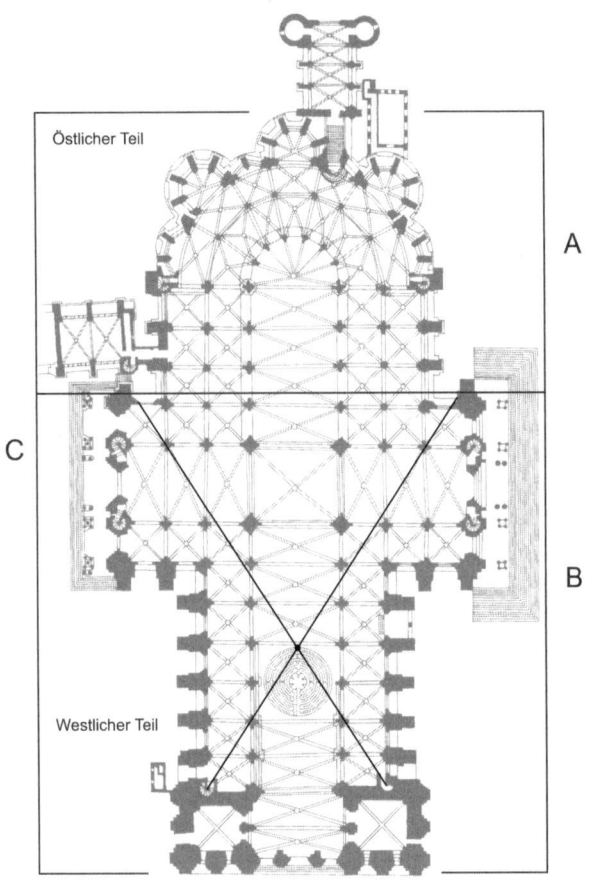

Bild 33: Zwei Diagonalen kreuzen sich vor dem Labyrinth
und markieren den Goldenen Schnitt

Chmiel wendet das Papier und zeigt auf den Schnittpunkt der
Diagonalen vor dem Labyrinth und sagt: »Dieser Schnittpunkt
hier ist aber noch wichtiger.« Ich nehme dem Lehrer den Taschenrechner aus der Hand. »Es geht nicht um das Zentrum des
Labyrinths, sondern um die Frage, wo am Labyrinth der Wert
des goldenen Schnitts zutrifft. Wenn wir die Hälfte des Durch-
messers des Labyrinths zu der Entfernung zwischen dem Zentrum der Westrose und dem Zentrum des Labyrinths hinzufü-
gen, also ...«

Ich tippe:

44,90128061 Meter + 6,4425 Meter (halber Durchmesser des Labyrinths) =

Ich halte Chmiel das Display hin. »Dann erhalten wir ...«

51,34378061 Meter.

Ich fahre fort: »Und dann teilen wir 51,34378061 Meter durch
die 31,75 Meter und erhalten ...«
Ich erschauere. Chmiel fragt: »Was erhalten wir dann?«

Ich zeige ihm den Wert:

1,617126948

»Fast exakt den Wert des Goldenen Schnitts«, flüstert Chmiel.
Er kann sich ein Grinsen nicht verkneifen. »Okay, dann ist der
Punkt, auf den wir uns nun konzentrieren müssen, nicht das
Zentrum des Labyrinths, sondern dort, wo der Kreis des Laby-
rinths beginnt, also am vierten Joch des Langhauses.«
»Genau. Es ist ...«
Jetzt erschauere ich abermals und ich starre Chmiel mit weit auf-
gerissenen Augen an.
»Das Templerkreuz«, rufe ich.
»Was? Welches Templerkreuz?«
»Das Templerkreuz, das in den 1970er Jahren bei Restaurie-
rungsarbeiten im Gewölbe entdeckt wurde ...«
»Was ist damit?«
»Es befand sich im Joch WVI, also West 6, bevor es entfernt wur-
de.«
Wir erheben uns und schauen ins Gewölbe. Dann sehen wir bei-
de uns an – und wir verstehen plötzlich. Wir setzen uns vor den
Grundriss der Kathedrale und betrachten den Punkt, an dem der
Wert des Goldenen Schnitts vor dem Labyrinth zutrifft.
Ich zeichne das Templerkreuz im Gewölbe WVI ein. »Das Kreuz
war also bei 1,5 Jochen im Gewölbe aufgemalt.«

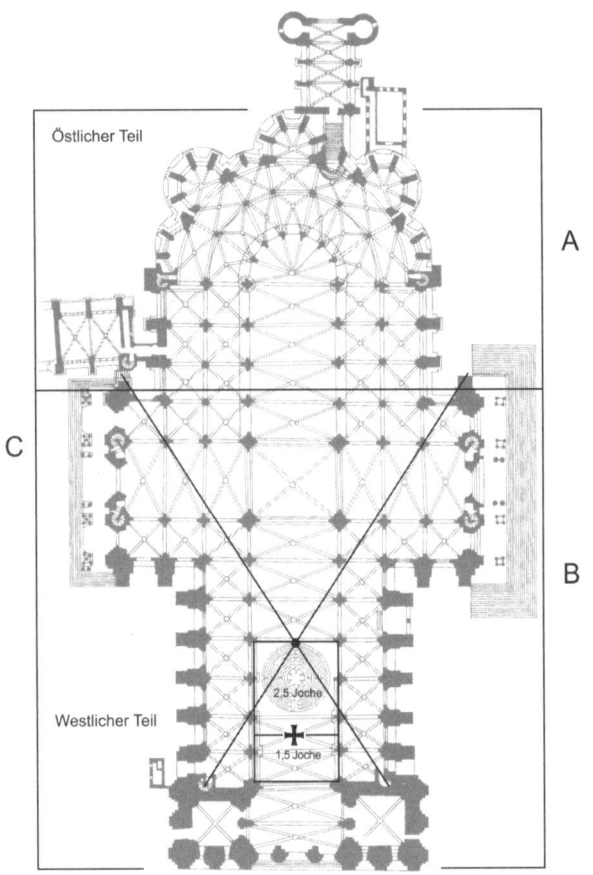

Östlicher Teil

A

C

B

2,5 Joche

✝

1,5 Joche

Westlicher Teil

*Bild 34: Das Templerkreuz im Gewölbe und der Schnittpunkt
am Labyrinth bilden die unsichtbare Bundeslade*

Chmiels rechte Hand beginnt zu zittern, als er mir den Stift aus der Hand nimmt und den Punkt vor dem Labyrinth einzeichnet. »Und der Goldene Schnitt ist hier. Dann haben wir 1,5 Joche und 2,5 Joche.«
»Exakt. Die Erbauer der Kathedrale teilten das Langhaus der Kathedrale in ein unsichtbares Zentrum ein. 1,5 mal 2,5 sind die Maße der Bundeslade.«
Wir sehen wieder nach oben und können es kaum glauben. Mit den Jochen 1,5 und 2,5 wurde die Bundeslade unsichtbar ver-

schlüsselt, denn sie wies die Maße von 1,5 Ellen mal 2,5 Ellen auf. Eine biblische Elle entspricht hier einem Joch.

Ich sage: »Teilen wir 2,5 durch 1,5 erhalten wir ebenso den Wert von 1,666666667, der sich an den Goldenen Schnitt nähert.«

»Dann ist die Bundeslade hier direkt unsichtbar über uns.«

Ich zeige auf den Boden. »Und die tatsächlichen Gesetzestafeln unter uns.«

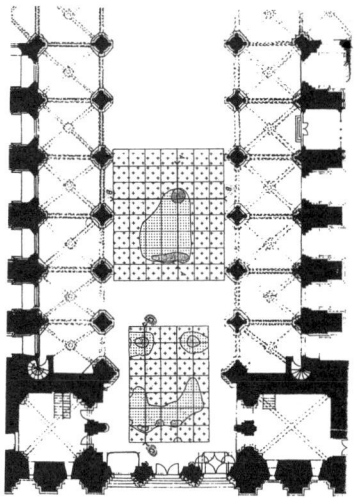

Bild 35: Unter der Vorhalle existiert ein Hohlraum

»Was befindet sich hier unter uns?«, fragt Chmiel. »Gab es irgendwelche Bodenradarmessungen oder archäologische Ausgrabungen?«

Ich zucke die Achseln. »Keine Ahnung. Ich ...«

Dann fällt mir das Buch von Charles Stegeman ein, das ich im Shop der Krypta gegenüber des Südportals gekauft habe, hole es aus meinem Rucksack und reiche es Chmiel. Meine Aufregung verhindert, dass ich mich auf die französische Sprache konzentrieren kann.

Chmiel blättert eine Weile in dem Buch. Etwa eine viertel Stunde vergeht.

Seine Stimme ist nicht mehr als ein Flüstern, als er mir sagt: »Hier in diesem Buch ist eine Abbildung von einer Bodenradarmessung zu sehen.«

»Was hat man gefunden?«, dränge ich.

»Man hat herausgefunden, dass unter dem Labyrinth eine Treppe hinabführt und vor der Vorhalle endet. Unterhalb der Vorhalle hat man bereits im 19. Jahrhundert unter Jean-Baptiste Lassus Baureste gefunden. Es existiert also ein Hohlraum unter dem Labyrinth.«[299]

Chmiel zeigt mir Darstellung.

Wir starren ehrfürchtig auf das Labyrinth, auf das Gewölbe, wo früher das Templerkreuz war – und wieder zum Labyrinth. Niemand hier in Chartres ist sich bewusst, dass er unter der unsichtbaren Bundeslade her schreitet – und damit über die tatsächlichen biblischen Gesetzestafeln Mose unterhalb des Labyrinths.

»Sie sind dort unten. Irgendwo eingemauert«, sagt Chmiel.

Ich stoße Chmiel mit dem Ellenbogen an. »Fällt Ihnen noch etwas auf?«

»Sagen Sie schon.«

»Die unsichtbare Bundeslade befindet sich im Westen, also vor dem Westportal. Im Salomonischen Tempel befand sich das Allerheiligste auch im Westen.«

Chmiel sagt: »Das Allerheiligste ist hier unter uns.«

2. Die Kathedrale der Templer

»Doch was haben die Bolzen im Labyrinth zu bedeuten?«, frage ich. »Ein Schmied hätte die Bronzeplatte mit Sicherheit anders mit dem Stein verbunden.«

»Richtig«, sagt Chmiel. »Er hätte die Bolzen in regelmäßigem Abstand in kreisrunder Anordnung angebracht, vielleicht noch einen oder zwei Bolzen im Zentrum. Aber auf jeden Fall nicht so chaotisch, wie es jetzt zu sehen ist.«

»Sind es Sternbilder? Das Sechseck hier mutet wie das Sternbild Zwillinge an.« Aber ich winke ab. »Das kann ich mir nicht vorstellen. Denn welche Sternbilder würden die anderen Bolzen darstellen?«

Ich kann selbst mit viel Wohlwollen keine bekannte Sternenkonstellation ausmachen. »Aber was könnte es dann sein?«

Chmiel trommelt sanft mit den Fingerkuppen seiner rechten Hand gegen die Schneidezähne, ein Zeichen dafür, dass sein Verstand auf Hochtouren arbeitet. Dann zieht er eine Landkarte von Frankreich aus seiner Tasche heraus. »Möglicherweise sind es Kathedralen. Dieses Sechseck könnte die Kathedralen von Laon, St. Quentin, Noyon, Soissons, Senlis und Meaux darstellen.«

Mein Herz beginnt sich wieder zu beschleunigen. »Okay, könnte stimmen. Und die anderen beiden Muster? Könnten sie vielleicht die Kathedralen Angers, Le Mans, Sées, Evreux, Chartres, Paris und Meaux darstellen?«

»Durchaus möglich.«

Wir rätseln einige Minuten, wie die dritte Figur zugeordnet werden könnte, als ich sage: »Für die dritte Figur müssen wir uns komplett nach Südfrankreich orientieren. Die Bolzen dieser Figur bilden anscheinend die Kathedralen Cahors, Rodez, Albi, Toulouse und Carcassone.«

Wie sehen uns erstaunt an und dann wieder auf die Landkarte.

»Okay, aber was hat das alles zu bedeuten?«, sage ich. »Wieso ist das Zentrum des Labyrinths der Kathedrale von Chartres eine Landkarte, auf der einige der wichtigsten Kathedralen von Frankreich in relativ exakten Positionen angeordnet sind? Und warum überschneidet sich Meaux zweimal?«

Die Überschneidung von Meaux erinnert mich an die Tatsache, dass die Stephanus-Kathedralen das Sternbild der Jungfrau und die Marienkathedralen das Sternbild des Drachen darstellen, wenn man sie auf eine Landkarte projiziert. Auch hier treffen sich die Sternbilder Jungfrau und Drache in Meaux.[300]

Chmiel sagt: »Dass hier die Kathedralen im Labyrinth eingelassen sind, deutet darauf hin, dass sie ein Werk des Templerordens waren. Sie finanzierten den Bau der Kathedralen. Also wurden die Kathedralen jener Städte hier in diesem Labyrinth verewigt, die der Templerorden finanziert hatte. Und die Kathedrale aller Templerkathedralen ist Chartres. Hier in Chartres ist die Karte.«

»Als die Kathedrale von Chartres im Jahre 1194 abbrannte, war die Finanzierung der Kathedrale von Chartres alles andere als gesichert. Zwar hatte das Domkapitel der Kathedrale das Geld für drei Jahre, doch ist nicht bekannt, was danach geschah.«

Die Schrift *Die wahren Wunder der Heiligen Jungfrau Maria in der Kirche von Chartres* aus dem Jahr 1210, die ein anonymer Verfasser schrieb, ist demnach nur eine Propagandaschrift, die in keiner Weise die wahren Begebenheiten jener Tage wiedergibt. Der Grund ist einfach. Die Schrift behauptet, dass alle Bürger von Chartres und die Pilger, die von ganz Europa nach

Chartres kamen, im Laufe der Jahre so viel Geld spendeten, dass es für den Bau der Kathedrale mehr als nur ausreichte.

Doch die schnelle Bauzeit steht im krassen Widerspruch zu der Möglichkeit, dass die Kathedrale nur von Spenden errichtet wurde. So spendeten die Könige und die Grafen gerne materielle Güter, wie ein Fenster oder Skulpturen.[301] Aber die großen Summen sind in Chartres nicht belegt. Woher kam also das Geld?

Ich sage: »Die Finanzierung war keineswegs gesichert und angesichts der Tatsache, dass der Bau der Kathedrale innerhalb einer Rekordzeit von sechsundzwanzig Jahren verwirklicht wurde, stellt sich die Frage nach der Wichtigkeit von Chartres. Doch anders als es etwa Kunsthistoriker wie Otto von Simson einschätzten, war Chartres keine Pilgerstätte, die in ganz Europa ihresgleichen suchte, sondern war nur von regionaler Bedeutung.«

»Der Mont St. Michel oder Santiago de Compostela waren bei Weitem wichtiger«, wirft Chmiel ein. »Auch die Güter, die in Chartres angeboten wurden, waren weniger gefragt, als gerne behauptet wird. Nur die Chorherren verfügten über Geld, das aber größtenteils für die Diözese ausgegeben wurde. Das Geld für den Bau muss also aus anderen Quellen stammen.«[302]

»Dementsprechend gering waren die Einnahmen durch den Chartreser Handel und die Spenden von Pilgern, die dem Hemd der Jungfrau Maria huldigen wollten. Kein Bauherr beginnt ein solches gigantisches Bauunternehmen wie die Errichtung einer Kathedrale, ohne die nötige Finanzierung und ohne Bauplan.«

Chmiel sagt: »Wir haben gesehen, dass es einen Bauplan gab, der vor dem Bau der Kathedrale in Anlehnung an den Salomonischen Tempel in Auftrag gegeben worden und mit Hilfe des platonischen, pythagoräischen und euklidischen Wissens angefertigt worden war.«[303]

»Exakt. Und es gab nicht mehrere Bauunternehmer, wie John James vermutete, sondern nur ein Gremium, das den Bau überwachte und dem Domkapitel unterstellt war. Dieses Gremium überwachte sogar die Maurer-, Steinmetzarbeiten und Glasmalereien. Es gab also einen übergeordneten Plan.«[304]

»Die Frage ist nun, wer diesem Gremium angehörte«, fragt Chmiel.

»Ganz einfach«, sage ich. »Das Gremium bestand aus 72 Chorherren. Die Chorherren des Domkapitels setzten sich jedoch aus Mitgliedern des Bischofssitzes zusammen, aber vor allem aus reichen Adeligen und Angehörigen des Königshauses. Da sich die Kathedrale von Chartres auf dem Gebiet des Grafen von Blois und Champagne befand, waren die Grafen von Champagne verantwortlich für die Sicherung der Finanzierung. Beginnend mit Graf Theobald IV. von Blois, der auch als Theobald II. von Champagne bekannt war. Er war der Neffe des Templergründers Hugo von Champagne.«

Chmiel sagt: »Die Linie setzte sich also fort über Heinrich I. von Champagne, der zusammen mit Marie von Champagne das Kind Theobald III. zeugte. Marie von Champagne, die Tochter von König Ludwig VII. und Eleonor von Aquitanien, beauftragte Christian von Troyes mit der Abfassung eines Berichts über den Besitz der Bundeslade und der Gesetzestafeln durch die Templer, *Li Contes del Graal,* obwohl das Manuskript Philipp I. von Flandern, einem Verehrer Maries, gewidmet war. Theobald III. heiratete im Jahr 1195 Blanca von Navarra. Ihrer Ehe entsprang Graf Theobald IV. von Champagne, der auch einer der bekanntesten Dichter und Minnesänger des Mittelalters war.«

Die Lehensherrschaft der Grafen von Champagne ging so lange gut, bis Theobald IV. aus Geldmangel den Anspruch auf das Lehen der Champagne verkaufen musste, da die Nichte Theobalds IV., Alix von Champagne, Anspruch auf das Land erhob. Theobald IV. pumpte König Ludwig IX. an, der ihm das Geld zur Verfügung stellte. Alix erhielt 1234 eine einmalige Summe von 40.000 Tourneser Pfund zuzüglich einer jährlichen Rente von 2000 Tourneser Pfund.[305]

Durch all diese Dynastien der Kapetinger und Grafen der Champagne hinweg wuchs deren Freundschaft zum Templerorden. Im Jahre 1210, als das Nordportal von Chartres entstand, an dem wir heute den Hinweis über den Verbleib der Bundeslade in Chartres finden, war Wilhelm von Chartres der 14. Großmeister des Templerordens.

»Die Kathedrale von Chartres«, sage ich, »ist eine Templerkathedrale. Sie birgt eines der größten Rätsel der Menschheitsgeschichte.«

Wir sitzen noch eine schiere Unendlichkeit schweigend vor dem Labyrinth. Dann schreibe ich meine letzten Eintragungen ins Notizbuch:

- Der Baumeister von Chartres verschlüsselte die Dimensionen der Bundeslade mithilfe der pythagoräischen und euklidischen Mathematik in der Kathedrale von Chartres.
- Der Baumeister Anonymus von Chartres teilte die Kathedrale bei der Planung in einen oberen östlichen und einen unteren westlichen Teil ein. Diese Aufteilung erfolgte nach dem Goldenen Schnitt.
- Durch diese goldene, diagonale Aufteilung von den Querhäusern bis zu den Westtürmen ergibt sich ein Schnittpunkt vor dem Kreis des Labyrinths.
- Dieser Punkt und das Templerkreuz im Gewölbe der Kathedrale korrespondieren miteinander.
- Daraus entsteht die »unsichtbare« platonische Bundeslade mit den Maßen von 1,5 und 2,5 Jochen.
- Die Bundeslade der Israeliten maß 1,5 x 1,5 x 2,5 Ellen.
- Bodenradarmessungen aus dem Jahr 1994 ergaben, dass sich unterhalb des Labyrinths eine Treppe befindet, die zu einem unterirdischen Raum auf der Höhe der Vorhalle des Westportals führt. Sie stammt aus der Bauzeit der gotischen Kathedrale.
- Die steinernen Gesetzestafeln Mose, die schon in der Sainte Chapelle von König Ludwig IX. untergebracht waren, befinden sich unterhalb der Vorhalle der Kathedrale von Chartres.
- Die Templer versteckten die Bundeslade, die sie unter dem Tempelberg von Jerusalem fanden, in Laon.
- Die Gesetzestafeln verbargen sie in der Kathedrale von Chartres, deren Entstehung sie finanzierten.
- Chartres ist die Kathedrale der Templer.

V. EPILOG

Dr. Henry Jones, Jr.: »Und was hast du gefunden?«
Dr. Henry Jones, Sr.: »Ich glaube Erleuchtung ...«

Die Taschen sind gepackt. Wir sitzen ein letztes Mal vor der Kathedrale im Café *La reine de Saba.*

»Ist das alles?«, frage ich und unterbreche das nachdenkliche Schweigen.

Chmiel schaut mich verblüfft an. »Reicht Ihnen nicht die Erkenntnis, dass die Gesetzestafeln unterhalb des Labyrinths verborgen wurden und heute noch ihrer Bergung harren? Ich finde diese Erkenntnis ungeheuerlich.«

»Mir geht die Mathematik nicht aus dem Kopf«, gestehe ich.

»Wenn Chartres so etwas wie der Salomonische Tempel ist, dann müssen seine Maße und Dimensionen auch in der Kathedrale enthalten sein.«

Chmiel nickt.

Ich sage: »Vielleicht spricht Gott durch die Kathedrale. Baumeister Anonymus von Chartres hatte den Auftrag von den Templern und den Platonikern der Schule von Chartres, die biblischen Maße der Israeliten hier in Stein umzusetzen.«

»Ich verstehe nicht ganz.«

Ich zeige auf die Kathedrale. »Wenn wir hier eigentlich ein jüdisches Bauwerk vor uns haben, einen neuen Tempel Salomos, dann müssen auch die Maße von Gott stammen.«

Chmiel hebt verständnislos die Hände. »Das müssen Sie mir näher erklären.«

»Es geht um Mathematik. Mich fasziniert der Zahlenwert, mit dem wir am Labyrinth den Goldenen Schnitt bestimmt haben. Es war die Zahl: 1,617126948«

»Was ist damit?«, fragt Chmiel.

Ich zeige ihm eine Seite in meinem Notizbuch und sage: »Es ähnelt sehr stark dem Wert 1,6176470, des Werts, der sich aus dem Verhältnis von 55:34 ergibt. Danach kommen sofort höhere Werte, die sich an den Goldenen Schnitt annähern.«

Chmiel zuckt die Achseln. »Okay, teilt man 55 durch 34 ergibt das den Wert 1,6176470. Und weiter?«

Ich sage: »Bildet man die Quersumme aus 55 und addiert man sie mit der Quersumme aus 34, also 10 + 7, erhalten wir die Zahl 17.«

»Siebzehn? Was hat das zu bedeuten?«

»Die Zahl Siebzehn«, sage ich »hat im Hebräischen eine bestimmte Bedeutung. Im Hebräischen entspricht jeder Buchstabe auch einer Zahl: Aleph = 1, Beth = 2, Kaph = 20, Resch = 200, Taw = 400 und so weiter.«

Chmiel rutscht ungeduldig auf seinem Stuhl hin und her. »Das weiß ich alles. Worauf wollen Sie hinaus?«

»Wenn das Labyrinth auf die Zahl 17 hinweist, dann ist ihre hebräische Übersetzung ...« Ich halte ihm mein Notizbuch vor die Nase:

»Einen Kreis beschreiben«

Chmiel setzt sich ruckartig auf. »Allmächtiger! Das Labyrinth ist natürlich ein Kreis. Ist das ein Zufall?«

Ich schüttele den Kopf und sage: »Die Kathedrale hat uns etwas zu erzählen. Die Gelehrten der Schule von Chartres kannten sich mit der jüdischen Kabbala und Numerologie aus. Gott hat uns etwas durch die Dimensionen und Maße der Kathedrale zu erzählen.«

»Wie entschuldigen wir uns bei unseren Frauen, dass wir noch länger bleiben müssen?«, lächelt Chmiel.

Ich grinse und sage: »Wir sagen, dass sie hierher kommen sollen.«

Wir zahlen, erheben uns und betreten wieder die Kathedrale.

Ich stehe im Labyrinth, dem göttlichen Kreis, und hole mein elektronisches Entfernungsmessgerät heraus.

Chmiel reibt sich die Hände und sagt: »Lassen Sie uns anfangen.«

Danksagung

Ich danke meiner Frau, der Kunsthistorikerin Dr. Anja Gerritzen, für ihre große Geduld und Liebe. Ohne ihre Kritik und Skepsis wäre ich niemals so weit gekommen. Besonderer Dank gebührt auch Emile Chmiel für die spannenden Abenteuer auf unseren Kathedralforschungsreisen. Die vielen Fachgespräche zum Templerorden und zur gotischen Kathedralarchitektur waren äußerst hilfreich.

Ferner danke ich sehr herzlich folgenden Personen für ihre moralische und fachliche Unterstützung: Martina André, Maconea und Christian Brachthäuser, Gilles Fresson, Gesine Klintworth und Douglas Preston.

Register

Bildnachweis

Bild 1. Labyrinth von Chartres
Das Labyrinth von Chartres wurde um das Jahr 1200 im dritten und vierten Joch des Langhauses in den Boden eingelassen. Es misst 12,885 Meter im Durchmesser. Jeden Freitag wird es von unzähligen Touristen und Pilgern durchschritten.
© Tobias Daniel Wabbel

Bild 2. Labyrinth und Davidstern
Verbindet man die sechs Kreise im Zentrum des Labyrinths, erhält man die Form des Davidsterns, der auch das »Siegel des Salomo« genannt wird und sich auf den Salomonischen Tempel bezieht.
© Tobias Daniel Wabbel, Grafik des Labyrinths nach einer Rekonstruktion von Noël Deney

Bild 3. Westfassade von Chartres
Die Westfassade der Kathedrale von Chartres entstand um 1134 nach einem Brand, der die Stadt und die alte Fulbertus-Kathedrale in Mitleidenschaft gezogen hatte.
© Tobias Daniel Wabbel

Bild 4. König Salomo und die Königin von Saba am Westportal
Das West- oder auch Königsportal bestand ursprünglich aus 24 Gewändefiguren. Fünf fehlen heute. Unstrittig ist, dass es sich bei zwei der Figuren um König Salomo und seine Geliebte, die Königin von Saba, handelt.
© Tobias Daniel Wabbel

Bild 5. Dialektik
Am rechten Portal der Westfassade findet sich die Darstellung der Dialektik in Gestalt einer Jungfrau, die einen Drachen hält. Sie ist Bestandteil eines Ensembles, das die sieben freien Künste darstellt. Die Dialektik steht für die Argumentation mit Hilfe der menschlichen Vernunft und geht auf den Philosophen Platon zurück.
© Maconea Brachthäuser

Bild 6. Stiftszelt und Bundeslade
Peter von Celle, der Bischof von Chartres, befasste sich in seinem Traktat *Mosaici Tabernaculi* mit dem Stiftszelt des Mose und der darin enthaltenen Bundeslade mit den Zehn Geboten, die Mose von JHWH auf dem Berg Horeb im Sinai erhielt. Die Bibel liefert eine detaillierte Anleitung für den Bau des Stiftszeltes als mobilen Tempel.
© Public Domain, Stich von Gerard Hoët, veröffentlicht in: Figures de la Bible, Verlag P. de Hondt, Den Haag, 1728.

Bild 7. Westfassade St. Rémi
Bevor Peter von Celle zum Bischof von Chartres ernannt wurde, ließ er als Abt
von St. Rémi in Reims zwei Säulen an der Westfassade der Abtei anbringen.
Diese repräsentieren gemäß des Verständnisses der Kunsthistoriker heute die
Säulen Jachin und Boas, die der Baumeister Hiram vor dem Eingang des Salo-
monischen Tempels in Jerusalem errichten ließ.
© Tobias Daniel Wabbel

Bild 8. Fünfeck mit goldenem Dreieck
Der Mathematiker Euklid entdeckte, dass ein Dodekaeder aus zwölf gleichseitigen Fünfecken besteht. Die Diagonalen dieses Fünfecks teilen sich jeweils
zweimal mit unterschiedlichen Längen auf. Sie bilden eine Teilstrecke des sogenannten Goldenen Schnitts.
© Tobias Daniel Wabbel

Bild 9. Der Goldene Schnitt mit Streckenerklärung
Der Goldene Schnitt als ästhetisches Gesetz ergibt sich aus folgendem Stre-
ckenverhältnis: Der kürzere Abschnitt einer Strecke verhält sich zum größeren
Abschnitt einer Strecke wie der größere Abschnitt zur Gesamtlänge der Strecke.
© Tobias Daniel Wabbel

Bild 10. Blick zum Hochchor
Restauratoren haben in jahrelanger Kleinarbeit einen Jahrhunderte alten
Schmutzfilm auf dem Gemäuer und den Bleiglasfenstern Quadratzentimeter
für Quadratzentimeter abgetragen. Der Hochchor erstrahlt wieder in neuem
Glanz.
© Tobias Daniel Wabbel

Bild 11. Kreuzrippengewölbe des Langhauses
Der aufmerksame Beobachter kann feststellen, dass im Kreuzrippengewölbe
des Langhauses Risse enthalten sind.
© Tobias Daniel Wabbel

Bild 12. Laon und Chartres mit dem Wort »Archa«
Die Schriftzüge des lateinischen Wortes »Archa« für »Bundeslade« sind sowohl
an der Kathedrale von Laon als auch an der Kathedrale von Chartres falsch geschrieben. Die richtige Schreibweise wäre »Arca« gewesen. Diese Beobachtung
deckt sich mit der kunsthistorischen Theorie, dass der Baumeister von Laon
auch in Chartres wirkte.
© Tobias Daniel Wabbel

Bild 13. Grundriss der Fulbertus-Kathedrale
Nach einer Zeichnung des Fulbertus-Schülers Andreas von Mici aus dem Jahr
1028 war die romanische Kathedrale des Fulbertus dreischiffig, wie eine gewöhnliche romanische Basilika, mit einem erhöhten Langhaus und zwei kleineren Seitenschiffen. Sie wies einen abgerundeten Chorumgang mit drei großen Kapellen im Osten auf. Ferner hatte sie zwei Türme im Westen, von denen
jeweils Treppen in die Krypta hinunterführten.

Bild 14. Blick hinauf zu den Vierungspfeilern
Baumeister Anonymus von Chartres begann die Planung der Kathedrale mit den Vierungspfeilern.

Bild 15. Kathedralplanung nach Villette
Baumeister Anonymus von Chartres zog mit Hilfe des Knotenseils einen Kreis um die vier Vierungspfeiler mit dem Maß von 16,44 Metern. Der Kreis schnitt die Mitte der östlichen Vierungspfeiler und berührte die Kanten der westlichen Vierungspfeiler jedoch nur. Daraus konstruierte er dann ein Quadrat, das sich genau in die Maße des Kreises einfügte. Dann verdoppelte er die Entfernung vom Mittelpunkt der Vierung, so dass er einen noch größeren Kreis um den Vierungskreis ziehen konnte. Und so weiter. Entlang der Flucht der Vierungspfeiler konnte nun Baumeister Anonymus im Westen wie im Osten die Standorte weiterer Bündelpfeiler markieren, die später die Joche des Langhauses westlich der Vierung und des Chors östlich der Vierung bilden würden.

Bild 16. Hochchorfenster
Die sieben Fenster des Hochchors deuten in ihrer typologischen Botschaft auf die Bundeslade hin.

Bild 17. Hochchor – Jesus als Mönch
Das Zentralfenster zeigt die Jungfrau Maria mit dem Jesuskind. Jesus ist hier jedoch sehr unkonventionell dargestellt, als Mann mit einer Tonsur. Anders als üblich gleicht das Jesuskind eher einem Mönch.

Bild 18. Hochchor – Mannalese
Dass die sieben Fenster des Hochchors auf die Bundeslade hinweisen, wird auch durch die Mannalese deutlich. Zwei Männer füllen einen Korb mit Brot. Während ihrer Wanderung durch den Sinai sandte JHWH das Manna vom Himmel. Mose wies sein Volk an, das Manna zu essen. Auf diese Weise überlebten sie und erreichten schließlich das gelobte Land Kanaan.

Bild 19. Hochchor – Gaufridus mit Familie
Kunsthistoriker streiten sich seit Jahrzehnten darüber, wer Gaufridus gewesen sein könnte, der hier unterhalb von Moses Bruder Aaron mit seiner Familie dargestellt wurde. Es handelt sich um die Familie des Templergründers Gottfried von St. Omer.

Bild 20. Stephanus-Schrein
Der Schrein des Märtyrers Stephanus, der in seiner Verteidigungsrede vor dem
jüdischen Hohen Rat den Salomonischen Tempel und die Bundeslade preist,
weist merkwürdige Attribute auf: ein weißes Tuch unterhalb des goldenen
Kastens und einen grünen, blühenden Zweig, der ein Hinweis auf den Stab
Aarons darstellt. Wir haben es somit mit einer versteckten Botschaft zu tun,
dass die Bundeslade in Chartres war.
© Tobias Daniel Wabbel

Bild 21. Rosenfenster des nördlichen Querhauses
Das Rosenfenster des nördlichen Querhauses wurde von König Ludwig IX. und
seiner Mutter Blanca von Kastilien gestiftet. Die Wappen beider Geschlechter
sind in Gestalt der Bourbonenlilie der Kapetinger und der Burg von Kastilien
enthalten. Die Nordrose ist durch die Zahl Zwölf geprägt. Die Könige der Israeliten finden sich hier ebenso wie die kleinen Propheten.
© Tobias Daniel Wabbel

Bild 22. Reliefzylinder des Bundeslade-Zyklus am Nordportal
Reliefzylinder zeigen am Nordportal den Raub der Bundeslade durch die Philister in der Schlacht von Aphek, den Umsturz des Götzenbildes Dagons durch
die göttliche Macht der Bundeslade, die Rückgabe der Lade durch die Philister
mit Sühnegaben und die Rückführung.
Begleitet werden diese Szenen durch die lateinischen Sprüche ARCA CEDE-
RIS und HIC AMITITUR ARCA CEDERIS. Ersetzt man das »T« in Amititur
durch ein »C«, ergibt sich folgender Sinn: »Die Bundeslade, die hier verborgen
werden wird.«
© Tobias Daniel Wabbel

Bild 23. Petrus Nordportal
Der Apostel Petrus ist hier am Nordportal mit dem obligatorischen Schlüssel
dargestellt, den er von Jesus Christus überreicht bekam, um die himmlische
Bundeslade aufzuschließen. Bemerkenswert ist hier jedoch, dass Petrus als
israelitischer Hohepriester erscheint, der den Schurz mit den zwölf Halbedelsteinen trägt. Jeder Edelstein steht für einen israelitischen Stamm.
© Tobias Daniel Wabbel

Bild 24. Gesetzestafeln am Nordportal
Am Nordportal befinden sich in Sichtweite der Darstellung der Bundeslade
an den Reliefzylindern zwei Ornamente, die eine starke Ähnlichkeit mit der
mittelalterlichen Darstellung der steinernen Gesetzestafeln Mose aufweisen.
© Tobias Daniel Wabbel

Bild 25. Blick hinunter in die nördliche Krypta
Der Blick in den nördlichen Gang der Unterkirche von Chartres offenbart die
gewaltigen Dimensionen: Die Krypta ist über 230 Meter lang und etwa 6 Meter
breit.
© Tobias Daniel Wabbel

Bild 26. Die karolingische Krypta
Der Eingang zum karolingischen Teil der Krypta.
© Tobias Daniel Wabbel

Bild 27. Detailansicht karolingische Krypta
Der karolingische Bereich der Krypta stammt aus dem 9. Jahrhundert und ist
der Öffentlichkeit nicht zugänglich.
© Tobias Daniel Wabbel

Bild 28. Gesamtansicht der karolingischen Krypta
Archäologen gehen davon aus, dass die gesamte Unterkirche der Kathedrale
von Chartres von weiteren verborgenen Hohlräumen durchzogen ist. Platz genug also, um Schätze zu verstecken.
© Tobias Daniel Wabbel

Bild 29. Georg als Templer am Südportal
Der Märtyrer Georg wurde hier am Südportal von den Steinmetzen in Gestalt
eines Templers dargestellt. Sein Wappen ist das rote Kreuz auf weißem Grund.
Die Legende des Drachentöters begann um 1128, als sich die ersten neun
Templer in Jerusalem zusammenfanden.
© Tobias Daniel Wabbel

Bild 30. Vergleich Westrose und Labyrinth
Der Mittelpunkt der Westrose befindet sich 31,75 Meter vom Boden aus. Das
Zentrum des Labyrinths ist ebenso weit von der Wand der Westfassade ent-
fernt. Sowohl die Westrose als auch das Labyrinth weisen den gleichen Durch-
messer auf: 12,885 Meter. Die Hypothenuse beträgt: 44,90 Meter.
© Tobias Daniel Wabbel

Bild 31. Grundriss der Kathedrale mit Goldenem Schnitt
Baumeister Anonymus von Chartres teilte den Grundriss der Kathedrale in
einen oberen östlichen und einen unteren westlichen Teil auf. So fällt auf, dass
die gesamte Kathedrale nach dem Goldenen Schnitt geplant wurde.
© Tobias Daniel Wabbel

Bild 32. Bezug der Vierung zum Labyrinth
Im Labyrinth ist die gesamte Kathedrale verschlüsselt. Zieht man eine Diago-
nale durch die Vierung, zeichnet ein gleichschenkliges Dreieck vom Mittel-
punkt an und zieht einen Kreis herum, dann erhält man den Durchmesser des
Labyrinths, den John James auf 12,455 Meter maß, abzüglich der Zähne.
© Tobias Daniel Wabbel

Bild 33. Goldener Schnitt und Schnittpunkt am Labyrinth
Wenn man den Goldenen Schnitt berücksichtigt und von der oberen östlichen
und unteren westlichen Aufteilung aus zwei überkreuzende Diagonalen zieht,
und an den Glockentürmen der Westfassade auskommen lässt, ergibt sich ein
Schnittpunkt vor dem Labyrinth. Diesem Punkt kommt eine besondere Bedeutung zu.
© Tobias Daniel Wabbel

Bild 34. Bundeslade und Langhaus 1,5 Joche und 2,5 Joche
Das in den 1970er Jahren bei Restaurierungsarbeiten entdeckte Templerkreuz im 1,5-Joch und der Schnittpunkt der Diagonalen am Labyrinth bilden eine unsichtbare Bundeslade: Der goldene Kasten aus dem Buch Exodus maß 1,5 x 1,5 x 2,5 Ellen. Diese Bundeslade weist auf den Verbleib der Gesetzestafeln Mose in Chartres hin.
© Tobias Daniel Wabbel

Bild 35. Bodenradarmessung nach Stegeman
Eine Bodenradarmessung aus dem Jahr 1994 ergab, dass sich unterhalb des Labyrinths eine Treppe befindet, die zum Westportal hinabführt. Unterhalb der Vorhalle der Kathedrale befindet sich ein Hohlraum.
© Société Archéologique d'Eure-et-Loire, Chartres

Grafiken auf den Seiten 22 und 84:
Eugène Viollet-le-Duc

Grafik auf Seite 134:
René Merlet und Jules A. Clerval

Grafik auf Seite 206:
Noël Deney

Anmerkungen

1. James, John, Chartres – Les constructeurs, Société Archéologique d'Eure-et-Loire, Band III, Chartres, 1977, S. 507.
2. Chevard, Vincent, Histoire de Chartres, IX, Band II, Chartres, S. 63, siehe auch Villette, Jean, Quand Thésée et le Minotaure ont-ils disparu du labyrinthe de la cathédrale de Chartres ?, in: Mémoires de la Société Archéologique d'Eure-et-Loire, 3me trim., Chartres, 1971, S. 265.
3. Doublet de Boisthibault, Notice sur le labyrinthe de Chartres, Leleux, Paris, 1851, S. 9.
4. Alemany, Véronique, La Cathédrale d'Amiens, Katalog der Ausstellung, Exposition, Musée de Picardie, Amiens, 1980–1981, S. 124.
5. Piper, Jan, Das Labyrinthische: Über die Idee des Verborgenen, Rätselhaften, Schwierigen in der Geschichte der Architektur, Bauverlag, Gütersloh, 2009, S. 292–293.
6. Fresson, Gilles, A propos du labyrinthe, Zeitschrift Notre-Dame de Chartres, Nr. 82, Chartres, April 1990, S. 16ff.
7. Hegab, Omar A.; Elaassy, Abd, Elmonem Abdalla A.; Elfayoumi, Ibrahim F.; Elagami, Nasser L., Efflorescences and Valley Fill Quaternary Uranium Deposits, Southwestern Sinai, Egypt, in Sedimentology of Egypt, S. 171–180, Vol. 6, 1998.
8. Kurmann, Peter und Kurmann-Schwarz, Brigitte, Chartres Cathedral as a Work of Artistic Integration, in: Raguin, Virginia, Brush, Kathryn und Draper, Peter (Hrsg.): Artistic Integration in Gothic Buildings, University of Toronto Press, Toronto-Buffalo-London, 1995, S. 138.
9. Rodin, Auguste, Die Kathedralen Frankreichs, Phaidon Verlag, Essen, 2003, S. 184.
10. Godechot, Nicole-Lévis, Chartres – im Lichte seiner Skulpturen und Fenster, Echter Verlag, Würzburg, 1988, S. 16.
11. van der Meulen, Jan und Hohmeyer, Jürgen, Chartres – Biographie der Kathedrale, Dumont Buchverlag, 1984, S. 228.
12. Halfen, Roland, Chartres – Das Königsportal, Verlag Johannes M. Mayer, Stuttgart-Berlin, 2001, S. 29ff.
13. Sauerländer, Willibald, Das Königsportal in Chartres, Fischer Verlag, Frankfurt a. M., 1991, S. 59.
14. Halfen, Roland, Chartres – Das Königsportal, Verlag Johannes M. Mayer, Stuttgart-Berlin, 2001, S. 30.
15. ebd., S. 46, vgl. van der Meulen, Jan und Hohmeyer, Jürgen, Chartres – Biographie der Kathedrale, Dumont Buchverlag, Köln, 1984, S. 232.
16. Offb 4,7: »Und die erste Gestalt war gleich einem Löwen, und die zweite Gestalt war gleich einem Stier, und die dritte Gestalt hatte ein Antlitz wie ein Mensch, und die vierte Gestalt war gleich einem fliegenden Adler.«
17. Martianus Capellas Schrift trägt eigentlich den Titel: De nuptiis Philologiae et Mercurii (Über die Hochzeit zwischen Philologia und Merkur), vgl. Stahl, William Harris, Johnson, Richard and Burge, E. L., Martianus Capella and the Seven Liberal Arts, Vol. 1: The Quadrivium of Martianus Capella: Latin Traditions in the Mathematical Sciences, 50 B.C.-A.D. 1250 Records of Ci-

vilization: Sources and Studies, 84, Columbia University Press, New York, 1971, S. 21–22.

18. Meiser, Karl (Hrsg.): Anicii Manlii Severini Boethii commentarii in librum Aristotelis ΠΕΡΙ ΕΡΜΗΝΕΙΑΣ. Teile 1 und 2, Teubner, Leipzig 1877–1880, S. 79f.

19. Halfen, Roland, Chartres – Das Königsportal, Verlag Johannes M. Mayer, Stuttgart-Berlin, 2001, S. 104.

20. Halfen, Roland, Chartres – Die Kathedralschule und ihr Umkreis, Verlag Johannes M. Mayer, Stuttgart-Berlin, 2011, S. 34.

21. Platon, Politeia, Buch 7, 514a–541b.

22. vgl. Jaspers, Karl, Die großen Philosophen, Piper Verlag, München, 2007, S. 274f.

23. ebd., S. 276f.

24. ebd., S. 278.

25. ebd., S. 278.

26. Dialektik, Staudacher, Peter, in: Schäfer, Christian (Hrsg.), Platon-Lexikon, Darmstadt, 2007, S. 81.

27. Büchsel, Martin, Die Geburt der Gotik, Freiburg i.Br., Rombach Verlag, 1997, S. 73.

28. Halfen, Roland, Chartres – Das Königsportal, Verlag Johannes M. Mayer, Stuttgart-Berlin, 2001, S. 103f.

29. 1. Mose 3,1

30. Martinek, Manuela, Wie die Schlange zum Teufel wurde, Otto Harrassowitz Verlag, Wiebaden, 1996, S. 49.

31. Jeremias 51,34.

32. Offb 12,9.

33. Dochdorn, Jan, Schriftgelehrte Prophetie, Band 268 Wissenschaftliche Untersuchungen zum Neuen Testament, Verlag Mohr Siebeck, Tübingen, 2011, S. 92.

34. Offb 11,19.

35. Waltner-Kallfelz, Isolde, Die Schatzsuche als religiöses Motiv: Schatz, Pretiosen, Kostbarkeiten, Studies in Oriental Religion 28, Otto Harrassowitz Verlag, Wiesbaden, 1993, S. 45; vgl. auch Wild, Friedrich, Drachen im Beowulf und andere Drachen, Kommissionsverlag der österreichischen Akademie, Wien, 1962, S. 20.

36. Beowulf-Lied, Der Kampf mit dem Drachen – Beowulfs Tod, in Engelmann, Emil, Nordland-Sagen, Paul Neff Verlag, Stuttgart, 1895, S. 200.

37. ebd., S. 46, vgl. Martinek, Manuela, Wie die Schlange zum Teufel wurde, Otto Harrassowitz Verlag, Wiebaden, 1996, S. 48.

38. Beowulf-Lied, S. 205.

39. Protoevangelium des Jakobus 6,2.

40. Böttrich, Christfried; Eissler, Friedemann und Ego, Beate, Jesus und Maria in Judentum, Christentum und Islam, Ausgabe 2, Vandenhoeck & Ruprecht, 2009, S. 105f.

41. Lukas 1, 26–32.

42. Lukas 1, 43–44.

43. Lukas 1,45.

44. Lukas 1,25.

45. Lukas 1, 68–80.
46. Matthäus 1, 18–21.
47. Matthäus 2, 1–2.
48. Schreiner, Klaus, Maria – Leben, Legenden, Symbole, C.H. Beck, München, 2003, S. 24.
49. Wambsganz, Ludwig, Vom Mythos zu Kult und Dogma, BoD, Norderstedt, 2003, S. 24f.
50. Schreiner, Klaus, Maria – Leben, Legenden, Symbole, C.H. Beck, München, 2003, S. 78.
51. 2. Mose 19,6.
52. 2. Homilie, De Laudibus Mariae, in der Übersetzung von Wiser, Thomas, Vollständiges Lexikon für Prediger und Katecheten: in welchem die katholischen Glaubens- und Sitten-Lehren ausführlich betrachtet sind, Band 12, Verlag Georg Joseph Manz, Regensburg, 1857, S. 561f.
53. Brown, Nancy Marie, The Abacus and the Cross: The Story of the Pope Who Brought the Light of Science to the Dark Ages, Basic Books, New York, 2010, S. 147.
54. Richeri Historiarum libri IIII, Kapitel 3, 43, Hannover, 1839, vgl. auch die neue Ausgabe: Hoffmann, Hartmut (Hrsg.), Richer von Saint-Rémi. Historiae. MGH Scriptores 28, Hannover, 2000, S. 192.
55. Vogel, Kurt, Gerbert von Aurillac als Mathematiker, in: Acta historica Leopoldina, Bd. 16, Halle/Saale, 1985, S. 9–23.
56. Favier, Jean, Geschichte Frankreichs, Vol. I, Deutsche Verlagsanstalt DVA, Stuttgart, 1989, S. 462.
57. Halfen, Roland, Chartres – Das Königsportal, Verlag Johannes M. Mayer, Stuttgart-Berlin, 2001, S. 107.
58. Aus: De signis et mensibus et diebus et horis compendium computi. Vgl. Brown, Nancy Marie, The Abacus and the Cross: The Story of the Pope Who Brought the Light of Science to the Dark Ages, Basic Books, New York, 2010, S. 143.
59. Southern, Sir Richard William, Medieval Humanism and Other Studies, Kapitel 5, Humanism and the School of Chartres, Blackwell, Oxford, 1970, S. 61ff.
60. Didascalion, I.9. II,21ff.
61. Châtillion, Jean, Les Écoles de Chartres et de St. Victor, in: Setimane di Studio del Centro Italiano di Studi sull' Alto Mediœvo, Vol. 19, vgl. auch Dronke, Peter, New Approaches to the School of Chartres, in: Anuario de Estudios Medievales, Vol. 6, 1969, S. 117ff.
62. Burnett, Charles, (Hrsg.), Adelard of Bath, Conversations with his Nephew: On the Same and the Different, Questions on Natural Science, and On Birds. Cambridge University Press, Cambridge, 1998, Einleitung, S. XV.
63. Haskins, Charles H., Adelard of Barth, The English Historical Review, Oxford Journals, XXVI (CIII), Oxford, 1911, S. 491ff.
64. Haskins, Charles, H., England and Sicily in the Middle Ages, The English Historical Review, Oxford Journals, XXVI (CIII), Oxford, 1911, S. 433ff.
65. Metalogicon 3,4,46–50, Ball, John B. (Hrsg.), Ioannis Saresberiensis metalogicon, Turnhout, 1991, S. 116.

66. von Simson, Otto, Die gotische Kathedrale, Wissenschaftliche Buchgesellschaft, Darmstadt, 1968, S. 211.
67. Prologues Eptateuchon: ad cultum humanitatis, in Jeauneau, Edouard, Note
sur l'école de Chartres, StMed 3, Ser.5, S. 821–865, 1964; vgl. auch Jeauneau,
Edouard, Le prologus in Eptateuchon de Thierry de Chartres, in Medieval
Studies, Vol. 16, 1954, S. 171–175.
68. Jeauneau, Edouard, Le prologues in Eptateuchon de Thierry de Chartres, in:
Medieval Studies, Vol. 16, 1954, S. 171–175.
69. Godechot, Nicole-Lévis, Chartres – im Lichte seiner Skulpturen und Fenster, Echter Verlag, Würzburg, 1988, S. 24.
70. Châtillion, Jean, Les Écoles de Chartres et de St. Victor, in: Setimane di Studio del Centro Italiano di Studi sull' Alto Mediœvo, Vol. 19.
71. Petrus Abaelardus, Tractatus de unitate, III, 2, S. 248.
72. ebd., 2, S. 255.
73. Didascalion, III.7.
74. Timaios 29e–37c.
75. Metalogicus 2, 10 (PL 199, 867), in: Poole, Reginald Lane (Hrsg.), Ioannis
Saresberiensis historiae pontificalis quae supersunt, Clarendon Press, Oxford, 1927.
76. Metalogicus 4, 35 (PL 199, 938), ebd.
77. Le Goff, Jacques, Ludwig der Heilige, Klett-Cotta, Stuttgart, 2000, S. 71.
78. Eph 3, 17-21.
79. Leclercq, Jean, La Spiritualité de Pierre de Celle, (1115–1183), J. Vrin, Paris,
1946, S. 9.
80. Haseldine, Julian P., The Letters of Peter of Celle, Oxford University Press,
Oxford, 2001, S. XXX; vgl. von Simson, Otto, Die gotische Kathedrale, Wissenschaftliche Buchgesellschaft, Darmstadt, 1968, S. 269.
81. ebd., Brief Nr. 71, S.; vgl. Julian P. Haseldine, Thomas Becket – Martyr, Saint
– and Friend?, in: Mayr-Harting, Henry; Leyser, Henrietta and Gameson,
Richard: Belief and Culture in the Middle Ages, Oxford University Press,
Oxford, 2001, S. 212f.
82. von Simson, Otto, Die gotische Kathedrale, Wissenschaftliche Buchgesellschaft, Darmstadt, 1967, S. 269.
83. Peter von Celle, Brief 174.
84. Manuskript 1602, fos. 71v–72r, Kopialbuch von Saint Thierry, Reims B.M.,
vgl. Haseldine, Julian P., The Letters of Peter of Celle, Oxford University
Press, Oxford, 2001, XXXI.
85. Le Goff, Jacques, Ludwig der Heilige, Klett-Cotta, Stuttgart, 2000, S. 357.
86. Es existieren verschiedene Deutungen des Begriffes JHWH. So interpretiert
der Theologe Hans Küng JHWH mit »Ich werde da sein.«; vgl. Hans Küng,
Existiert Gott?, Piper, München, 1995, S. 680.
87. 2. Mose 19, 3-6.
88. 2. Mose 20, 1-21.
89. 2. Mose 24, 12-18.
90. 2. Mose 22, 1-7.
91. 2. Mose 22, 8-9.
92. 2. Mose 25, 20.
93. 2. Mose 25, 10-22.

94. 2. Mose 25, 23–40.

95. Jánosi, Peter, Die Pyramiden, Mythos und Archäologie, Verlag C.H. Beck, München, 2004, S. 123.

96. 2. Mose 38, 1–8.

97. 2. Mose 26, 1–37.

98. Peter von Celle, Mosaici Tabernaculi Mystica et Moralis Expositio, Liber I., in Migne, Jacques, Paul (Hrsg.), Patrologiæ cursus completus: sive bibliotheca universalis, integra, uniformis, commoda, oeconomica, omnium SS. patrum, doctorum, scriptorumque ecclesiasticorum. Series latina, Band 202, Apud Garnieri Fratres, editores et J.-P. Migne successores, Paris, 1851, S. 1064f.

99. von Simson, Otto, Die gotische Kathedrale, Wissenschaftliche Buchgesellschaft, Darmstadt, 1967, S. 270.

100. 1. Samuel 4, 1–18.

101. 2. Chronik 2, 13–14.

102. 1. Könige 6,38.

103. 2. Chronik 3, 1–17.

104. 1. Könige 7,44; vgl. Bieberstein, Klaus, Im Zentrum das Leben – den Tod in der Peripherie, Jerusalem kultursemiotisch gelesen, in: »uni.vers«, Ausgabe 6/2004, Universität Bamberg, S. 28.

105. 1. Könige 6,4.

106. 1. Könige 6,5–10.

107. Bieberstein, Klaus, »uni.vers«, 6/2004, S. 29.

108. 1. Könige 7,21; vgl. von Naredi-Rainer, Paul, Salomos Tempel und das Abendland, Dumont, Ostfildern, 1994, S. 50–51; aber auch Corsepius, Katharina, Notre-Dame-en-Vaux, Band 18 von Forschungen zur Kunstgeschichte und christlichen Archäologie, Franz Steiner Verlag, Stuttgart, 1997, S. 137.

109. Suger, De Consecratione, 18,133; vgl. Panofsky, Erwin, Abbot Suger on the Abbey Church of St. Denis and its Art Treasures, Princeton University Press, Princeton, 1979, S. 123.

110. von Simson, Otto, Die gotische Kathedrale, Wissenschaftliche Buchgesellschaft, Darmstadt, 1967, S. 271, vgl. Peter von Poitiers, 69,110, in: Moore, James A. und Corbett, Philip S. (Hrsg.), Petri Pictaviensis Allegoriae super Tabernaculum Moysi, University of Notre Dame Press, Notre Dame, Indiana, USA, 1938.

111. Haseldine, Julian P., The Letters of Peter of Celle, Oxford University Press, Oxford, 2001, S. XXXI.

112. ebd., S. XXIX.

113. von Simson, Otto. Die gotische Kathedrale, Wissenschaftliche Buchgesellschaft, Darmstadt, 1968, S. 220; zum Goldenen Schnitt in gotischen Kathedralen vgl. Moessel, Ernst, Die Proportion in Antike und Mittelalter, C.H. Beck, München, 1926.

114. von Simson, Otto. Die gotische Kathedrale, Wissenschaftliche Buchgesellschaft, Darmstadt, 1968, S. 220.

115. Ptolemaios, Claudius, Almagest, Buch I, Kapitel 9.

116. Burkert, Walter, Weisheit und Wissenschaft. Studien zu Pythagoras, Philolaos und Platon, Verlag Hans Carl, Nürnberg, 1962, S. 429.

117. Platon, Timaios, 55, a–c, V, 177, zitiert in: Martin, Gottfried, Platon, Rowohlt, Reinbek, 1969, S. 45.

118. Euklid, Die Elemente, Buch II, §11, in: Euclidis Elementa, edidit et latine interpretatus est J.L. Heiberg, Vol. I., Teubner, Leipzig, 1883–1888, S. 152ff.

119. von Naredi-Rainer, Paul, Architektur und Harmonie, Dumont Buchverlag, Köln, 2001, S. 186.

120. Jantzen, Hans, Kunst der Gotik, Dietrich Reimer Verlag, Berlin, 1987, S. 80; vgl. Gimpel, Jean, Die industrielle Revolution des Mittelalters, Artemis, 1980, S. 121.

121. Alemany, Véronique, La Cathédrale d'Amiens, Musée De Picardie, Amiens, Katalog der Ausstellung, 1980–1981, S. 124.

122. Gimpel, Jean, Die industrielle Revolution des Mittelalters, Artemis, Zürich und München, 1980, S. 120.

123. James, John, Chartres – The Masons who built a Legend, Routledge and Keagan, London, 1982, S. 5.

124. Clausen, Peter Cornelius, Kathedralgotik und Anonymität, in: Schmidt, Gerhard (Hrsg.), Beiträge zur mittelalterlichen Kunst, Wiener Jahrbuch für Kunstgeschichte, Böhlau Verlag, Wien, 1993, S. 154.

125. Bulteau, Marcel Joseph Abbé, Monographie de la Cathédrale de Chartres, Vol. I, R. Selleret, Chartres, 1888, S. 97ff.

126. James, John, Chartres – The Masons who built a Legend, Routledge and Keagan, London, 1982, S. 53.

127. auf Lateinisch: Miracula B. Mariae Virginis in Carnotensi ecclesia facta.

128. Kurmann-Schwarz, Brigitte und Kurmann, Peter, Chartres – Die Kathedrale, Verlag Schnell & Steiner, Regensburg, 2001, S. 78.

129. van der Meulen, Jan und Hohmeyer, Jürgen, Chartres – Biographie der Kathedrale, Dumont Buchverlag, Köln, 1984, S. 12.

130. Kurmann-Schwarz, Brigitte und Kurmann, Peter, Chartres – Die Kathedrale, Verlag Schnell & Steiner, Regensburg, 2001, S. 78.

131. van der Meulen, Jan und Hohmeyer, Jürgen, Chartres – Biographie der Kathedrale, Dumont Buchverlag, Köln, 1984, S. 12.

132. Mâle, Emile, Notre-Dame de Chartres, Paris, 1983, S. 8.

133. de Lépinois, Eugène de Buchére, Histoire de Chartres, Vol. I., Imp. Garnier, Chartres, 1854, S. 38ff.

134. Suger, Vie de Louis le Gros par Suger suivie de l'histoire du roi Louis VII: Publiées d'après les manuscrits, Molinier, Auguste (Hrsg.), Imp. A. Picard, Paris, 1887, S. 92ff.

135. Miracula B. Mariae Virginis in Carnotensi ecclesia facta, S. 509f.

136. von Simson, Otto, Die gotische Kathedrale, Wissenschaftliche Buchgesellschaft, Darmstadt, 1968, S. 231; vgl. Miracula B. Mariae Virginis in Carnotensi ecclesia facta, 33; vgl. Bulteau, Marcel Joseph Abbé, Monographie de la Cathédrale de Chartres, Vol. I, R. Selleret, Chartres, 1888, S. 97f.

137. Lecocq, Adolphe, Recherches sur les enseignes de pèlerinage et les chemisettes de Notre Dame de Chartres, Mémoires de la Société Archéologique d'Eure et Loir 6, Chartres, 1873, S. 214–16.

138. Ladwein, Michael, Chartres, Urachhaus, Stuttgart, 1998, S. 20.

139. Lamerié, Joseph, La Sainte-Châsse du Voile de Notre-Dame dépouillée pendant la Revolution, in Notre Dame de Chartres, No. 78, Chartres, März 1989, S. 17.
140. Miracula B. Mariae Virginis in Carnotensi ecclesia facta, S. 509f.
141. Ladwein, Michael, Chartres, Urachhaus, Stuttgart, 1998, S. 25.
142. Binding, Günter, Baubetrieb im Mittelalter, Wissenschaftliche Buchgesellschaft, Darmstadt, 1993, S. 40.
143. ebd., S. 31.
144. Miracula B. Mariae Virginis in Carnotensi ecclesia facta, S. 513ff.
145. Ladwein, Michael, Chartres, Urachhaus, Stuttgart, 1998, S. 26.
146. von Simson, Otto, Die gotische Kathedrale, Wissenschaftliche Buchgesellschaft, Darmstadt, 1968, S. 231.
147. Kurmann-Schwarz, Brigitte und Kurmann, Peter, Chartres – Die Kathedrale, Verlag Schnell & Steiner, Regensburg, 2001, S. 79.
148. Lecocq, Adolphe, Histoire du cloître Notre Dame de Chartres, Mémoires de la Société Archéologique d'Eure et Loir, Chartres, 1858, S. 214-216.
149. Schöller, Wolfgang, Eine mittelalterliche Architekturzeichnung im südlichen Querhausarm der Kathedrale von Soissons, Zeitschrift für Kunstgeschichte, Jahrgang 43, Deutscher Kunstverlag, München-Berlin, 1980, S. 202.
150. Toman, Rolf (Hrsg.), Die Kunst der Gotik, Verlag Könemann, Köln, 1998, S. 54; vgl. auch Adenauer, Hannah, Die Kathedrale von Laon, L. Schwann Druckerei und Verlag, Düsseldorf, 1934, S. 27.
151. Sauerländer, Willibald, Gotische Skultpur in Frankreich, 1140–1270, Hiermer Verlag, München, 1970, S. 113; vgl. auch Jantzen, Hans, Kunst der Gotik, Dietrich Reimer Verlag, Berlin, 1987, S. 80; vgl. Gimpel, Jean, Die industrielle Revolution des Mittelalters, Artemis, 1980, S. 101.
152. 33 Seiten dieses Bauhüttenbuchs von Villard von Honnecourt sind heute noch erhalten.
153. Hahnloser, Hans R., Villard de Honnecourt, Kritische Gesamtausgabe des Bauhüttenbuches, ms fr 19093 der Pariser Nationalbibliothek, Akademische Druck- und Verlagsanstalt, Graz, Österreich, 1972, S. 230.
154. ebd., S. 355, siehe Tafel 28b aus Villards Bauhüttenbuch.
155. von Simson, Otto, Die gotische Kathedrale, Wissenschaftliche Buchgesellschaft, Darmstadt, 1968, S. 275.
156. Resch, Wiltraud, Nachwort, in: Wabbel, Tobias Daniel, Der Templerschatz – Eine Spurensuche, Gütersloher Verlagshaus, Gütersloh, 2010, S. 228.
157. Frizot, Julien, Le grand sites templiers en France, Édition Ouest-France, Rennes, 2005, S. 20; vgl. auch Frizot, Julien, Sur le pas de templiers en terre de France, Édition Ouest-France, Rennes, 2005, S. 32f.
158. Rüffer, Jens, Orbis Cisterciensis, Lukas Verlag, Berlin, 1999, S. 373.
159. Practica geometriae, in: Moore, Philip S. (Hrsg.), Hugonis de Sancto Victore, Opera propaedeutica, De geometriae, Notre Dame, Indiana, University of Notre Dame Press, 1966, S. 15–64.
160. Dominicus Gundissalinus, De divisione philosophiae, S. 102–112.
161. Ebd., S. 108–109.
162. Hahnloser, Hans R., Villard de Honnecourt, Akademische Druck- und Verlagsanstalt, Graz, 1973, S. 355, siehe auch Tafeln 9, 44a,b,c, 45, 59.

163. Binding, Günther, Was ist Gotik?, Wissenschaftliche Buchgesellschaft, Darmstadt, 2000, S. 71.
164. Huber, Florian: Der Sankt Galler Klosterplan im Kontext der antiken und mittelalterlichen Architekturzeichnung und Messtechnik, in: Ochsenbein, Peter; Schmuki, Karl (Hrsg.), Studien zum St. Galler Klosterplan II., Mitteilungen zur Vaterländischen Geschichte, 52, St. Gallen, 2002, S. 233–284.
165. Duby, Georges, Der Heilige Bernhard und die Kunst der Zisterzienser, Klett-Cotta, Stuttgart, 1981, S. 107.
166. Crosby, Sumner McKnight, The Royal Abbey of St. Denis from its Beginnings to the Death of Suger, New Haven, Yale University Press, 1987 (Publications in the History of Art), S. 32.
167. Schlink, Wilhelm, Die Kathedralen Frankreichs, Heyne Verlag, München, 1978, S. 65.
168. Speer, Andreas, Kunst und Liturgie – Abt Suger von Saint-Denis und die Entstehung der Gotik, in: Auf dem Weg zur Kathedrale, hrsg. von Barbara Schock-Werner, Welt und Umwelt der Bibel, Kath. Bibelwerk e.V., Stuttgart, 1999, S. 74-75.
169. Ben-Dov, Meir, In the Shadow of the Temple, Harpercollins, New York, 1985, S. 280.
170. von Simson, Otto, Die gotische Kathedrale, Wissenschaftliche Buchgesellschaft, Darmstadt, 1968, S. 13.
171. Fischer, Ulrich, Stadtgestalt im Zeichen der Eroberung: Englische Kathedralstädte in frühnormannischer Zeit (1066–1135), Böhlau Verlag, Köln und Weimar, 2009, S. 293; vgl. Fernie, Eric, The Architecture of Norman England, Oxford University Press, Oxford, S. 139.
172. Das heute sichtbare Strebewerk von St. Denis wurde erst 1231 bis 1241 erbaut. Vgl. Binding, Günter, Was ist Gotik?, Wissenschaftliche Buchgesellschaft, Darmstadt, 2000, S. 107f.
173. Binding, Günther, Was ist Gotik?, Wissenschaftliche Buchgesellschaft, Darmstadt, 2000, S. 55
174. Gimpel, Jean, Die Kathedralbauer, Deukalion Verlag Uwe Hils, Hamburg, 1996, S. 42.
175. ebd., S. 42.
176. Binding, Günther, Was ist Gotik?, Wissenschaftliche Buchgesellschaft, Darmstadt, 2000, S. 56.
177. ebd., S. 56.
178. Schweizer, Stefan, Bauen als Kunst und historische Praxis: Architektur und Stadtraum im Gespräch zwischen Kunstgeschichte und Geschichtswissenschaft, Band 2, Wallstein Verlag, Göttingen, 2006, S. 115.
179. Binding, Günther, Baubetrieb im Mittelalter, Wissenschaftliche Buchgesellschaft, Darmstadt, 1993, S. 2.
180. von Simson, Otto, Die gotische Kathedrale, Wissenschaftliche Buchgesellschaft, Darmstadt, 1968, S. 97.
181. Binding, Günther, Baubetrieb im Mittelalter, Wissenschaftliche Buchgesellschaft, Darmstadt, 1993, S. 2.
182. Clausen, Peter Cornelius, Kathedralgotik und Anonymität, in: Schmidt, Gerhard (Hrsg.), Beiträge zur mittelalterlichen Kunst, Wiener Jahrbuch für Kunstgeschichte, Böhlau Verlag Wien, 1993, S. 150.

183. Binding, Günther, Baubetrieb im Mittelalter, Wissenschaftliche Buchgesell-schaft, Darmstadt, 1993, S. 6. Vgl. auch Willis, R., The Architectural Histo-ry of Canterbury Cathedral, London, 1845, neu abgedruckt in Willis, R., Architectural History of Some English Cathedrals, Chicheley, 1972, Vol I.

184. Binding, Günther, Baubetrieb im Mittelalter, Wissenschaftliche Buchge-sellschaft, Darmstadt, 1993, S. 2.

185. Binding, Günther, Was ist Gotik?, Wissenschaftliche Buchgesellschaft, Darmstadt, 2000, S. 61.

186. Otte, Heinrich, Handbuch der kirchlichen Kunstarchäologie des deut-schen Mittelalters, 5. Auflage, 2 Bände, T. O. Weigel, Leipzig, 1884, S. 483.

187. Binding, Günther, Baubetrieb im Mittelalter, Wissenschaftliche Buchge-sellschaft, Darmstadt, 1993, S. 102.

188. ebd., S. 4.

189. Gall, Ernst, Die gotische Baukunst in Frankreich und Deutschland, Hand-bücher der Kunstgeschichte, 2 Bände, Vol I., Klinkhardt & Biermann, Braunschweig, 1955, S. 15.

190. von Simson, Otto, Die gotische Kathedrale, Wissenschaftliche Buchgesell-schaft, Darmstadt, 1968, S. 258–260.

191. van der Meulen, Jan und Hohmeyer, Jürgen, Chartres, Biographie der Ka-thedrale, Dumont Buchverlag, Köln, 1984, S. 53.

192. Binding, Günter, Was ist Gotik?, Wissenschaftliche Buchgesellschaft, Darmstadt, 2000, S. 72.

193. Zupko, Ronald Edward, French Weights and Measures Before the Revolu-tion: A Dictionary of Provincial and Local Units, Indiana University Press, Bloomington, 1978.

194. Fernie, Eric, Historical Metrology and Architectural History, Art History, 1, 1978, S. 383–399.

195. Shortell, Ellen M., The Plan of St. Quentin: Pentagon and Square in the Genesis of High Gothic Design, in Wu, Nancy Y., Ad Quadratum, The Practical Application of Geometry in Medieval Architecture, Ashgate Pu-blishing, Aldershot, England, 2002, S. 132–136.

196. von Simson, Otto, Die gotische Kathedrale, Wissenschaftliche Buchgesell-schaft, Darmstadt, 1968, S. 292.

197. Villette, Jean, Le Plan de la Cathédrale de Chartres – Hasard ou Stricte Géometrie?, 3me Édition, Éditions Jean-Michel Garnier, Chartres, 1991, S. 6ff.

198. van der Meulen, Jan und Hohmeyer, Jürgen, Chartres, Biographie der Ka-thedrale, Dumont Buchverlag, Köln, 1984, S. 53.

199. Halfen, Roland, Chartres – Die Kathedralschule und ihr Umkreis, Verlag Johannes M. Mayer, Stuttgart-Berlin, 2011, S. 164.

200. Binding, Günther, Was ist Gotik?, Wissenschaftliche Buchgesellschaft, Darmstadt, 2000, S. 62.

201. Kurmann, Peter und Kurmann-Schwarz, Brigitte, Chartres Cathedral as a Work of Artistic Integration, in: Raguin, Virginia; Brush, Kathryn und Draper, Perer (Hrsg.): Artistic Integration in Gothic Buildings, University of Toronto Press, Toronto-Buffalo-London, 1995, S. 138.

202. Conrad, Dietrich, Kirchenbau im Mittelalter, Edition Leipzig, Leipzig, 1990, S. 156.

203. van der Meulen, Jan und Hohmeyer, Jürgen, Chartres, Biographie der Kathedrale, Dumont Buchverlag, Köln, 1984, S. 50.
204. ebd., S. 51.
205. ebd., S. 51.
206. Kurmann-Schwarz, Brigitte und Kurmann, Peter, Chartres – Die Kathedrale, Verlag Schnell & Steiner, Regensburg, 2001, S. 79.
207. ebd., S. 81.
208. James, John, Chartres – The Masons who built a legend, Routledge and Keagan, London, 1982, S. 26.
209. ebd., S. 27.
210. ebd., S. 169.
211. James, John, The Contractors of Chartres, Architectural Association Quarterly, IV, 1972, S. 42–43.
212. Kurmann-Schwarz, Brigitte und Kurmann, Peter, Chartres – Die Kathedrale, Verlag Schnell & Steiner, Regensburg, 2001, S. 86.
213. 2. Mose 16, 1–36.
214. 2. Mose 16, 33–34.
215. Hebr 9,4.
216. 2. Mose 3 und 2. Mose 4, 1–17.
217. Rauch, Ivo, Die Bundeslade und die wahren Israeliten, Anmerkungen zum mariologischen und politischen Programm der Hochchorfenster der Kathedrale von Chartres, in: Scholz, Hartmut (Hrsg.), Glas – Malerei – Forschung, Internationale Studien zu Ehren von Rüdiger Becksmann, Deutscher Verlag für Kunstwissenschaft, Berlin, 2004, S. 69-71.
218. d'Angreville, M. J. E., Armorial historique du Canton du Vallais, 1868, vgl. Morend, Jean-Claude, Léon Dupont Lachenal, Armorial Valaisan – Walliser Wappenbuch, Historischer Verein des Kantons Wallis, 1946, S. 120.
219. Wenzler, Claude, Genealogie der französischen Könige und der königlichen Gemahlinnen, Éditions Ouest-France, Rennes, 2003, S. 20.
220. Halfen, Roland, Chartres – Architektur und Glasmalerei, Verlag Johannes M. Mayer, Stuttgart, 2007, S. 570.
221. 1. Sam 4, 1–17 bzw. 1. Sam 5,6.
222. Hes 40, 1–48; 41, 1–26.
223. Dan 14, 23–27.
224. 2. Makkabäer 2, 4–7.
225. Grierson, Roderick und Munro-Hay, Stuart, Der Pakt mit Gott, Auf der Suche nach der verschollenen Bundeslade, Luebbe, Bergisch-Gladbach, 2001, S. 167ff.
226. Rauch, Ivo, Die Bundeslade und die wahren Israeliten, 2004, S. 62.
227. Halfen, Roland, Chartres – Architektur und Glasmalerei, Verlag Johannes M. Mayer, Stuttgart, 2007, S. 569.
228. 4. Mose 2,1.
229. 4. Mose 2, 2–36.
230. Wenzler, Claude, Genealogie der französischen Könige und der königlichen Gemahlinnen, Éditions Ouest-France, Rennes, 2003, S. 20–21.
231. DelPlato, Joan, On Jews and the Old Testament Precedent for Sacred Art Production – the Views of some Twelfth-Century Abbots, in: Comitatus: A Journal of Medieval and Renaissance Studies, Volume 18, Article 3, 1987, S. 35f.

232. Mt, 16,19; vgl. Kurmann-Schwarz, Brigitte und Kurmann, Peter, Chartres – Die Kathedrale, Verlag Schnell & Steiner, Regensburg, 2001, S. 185.

233. Peter von Celle, Mosaici Tabernaculi Mystica et Moralis Expositio, Liber I., in Migne, Jacques, Paul (Hrsg.), Patrologiæ cursus completus, 1851, Spalte 1054.

234. Rauch, Ivo, Die Bundeslade und die wahren Israeliten, 2004, S. 62.

235. ebd., S. 62.

236. Offb 11,19.

237. Offb 12, 1–5.

238. Rauch, Ivo, Die Bundeslade und die wahren Israeliten, 2004, S. 68.

239. Hofer, Stefan, Chrétien de Troyes, Leben und Werk, Graz-Köln, Verlag Hermann Böhlau, 1954, S. 41.

240. ebd., S. 41.

241. Apg 6, 1–7.

242. Apg 6, 8–15.

243. Apg 7, 1–53.

244. 2. Mose 19,6.

245. Apg 7, 54–60.

246. Barber, Malcolm, The Origins of the Order of the Temple, Studia Monastica 12, 1970, S. 221–224.

247. Fulcher von Chartres, Band 1, Kapitel XXVI, 7.

248. Albert von Aachen, Buch VI, Kapitel 24.

249. Anonymus, Qualiter Sita Est Civitas Hierosolymitana, 1103, veröffentlicht in: Tobler, T. und Molinier, A., Itinera Hierosolymitana, Genf, Vol. I, 1879, S. 347ff.

250. Babylonischer Talmud: Yoma V, 53b bzw. Yoma 54a. Vgl. auch Talmud Yerushalmi, Shekalim, Pereq, 6,1–2.

251. Dinzelbacher, Peter, Bernhard von Clairvaux, Darmstadt: Wissenschaftliche Buchgesellschaft, 1998, S. 22; vgl. Auberger, Jean-Baptiste, L'Unanimité Cistercienne Primitive – Mythe Ou Réalité, Achel, Belgium, 1986, S. 327; Zaluska, Yolanta, L'Enluminure et le Scriptorium de Cîteaux au XIIe Siècle, Cîteaux, 1989, S. 274f.

252. Stephen Harding, The Admonition of Stephen Harding, in: The Cistercian World: Monastic Writings of the Twelfth Century, übersetzt und herausgeben von Pauline Matarasso, Penguin Books, London, 1993, S. 11f.

253. Hiestand, Rudolf, Kardinalbischof Matthäus von Albano, das Konzil von Troyes und die Entstehung des Templerordens, in: Zeitschrift für Kirchengeschichte 99, 1988, S. 295ff. Rudolf Hiestand glaubt, nachgewiesen zu haben, dass die Templer sich im Jahr 1120 formierten. Viel wahrscheinlicher ist es, dass die Templer bereits 1114 existierten, als Hugo von Payns und Graf Hugo I. von Champagne nach Jerusalem reisten. Die »Militia Christi« wird bereits 1114 erwähnt.

254. Bulst-Thiele, Marie-Louise, The Influence of St. Bernard of Clairvaux on the Formation of the Order of the Knights Templar, in: The Second Crusade and the Cistercians, New York: St. Martin's Press, 1992, S. 57.

255. Fulcher von Chartres, Historia, I., 26, S. 291.

256. Auf Lateinisch: Pauperes commilitones Christi templique Salomonici Hierosalemitanis

257. Wilcke, Ferdinand, Die Geschichte des Ordens der Tempelherren, Marix Verlag, Wiesbaden, 2005, S. 44.
258. Ebd., S. 43.
259. Barber, Malcom, Die Templer, Patmos Verlag, Düsseldorf, 2005, S. 18.
260. Wilcke, Ferdinand, Die Geschichte des Ordens der Tempelherren, 2005, S. 44.
261. Dokument CG, Nr. 141, S. 99, in Barber, Malcolm, Die Templer, Patmos Verlag, Düsseldorf, 2005.
262. Johannes von Würzburg, Descriptio, Kapitel 5, S. 129–130.
263. Fulcher von Chartres, Historia, 1. 26, S. 291.
264. Der Tunnel ist im sogenannten Cambria-Manuskript aus dem 12. Jahrhundert verzeichnet. Hier wird eine Tür erwähnt, die als Poterna bezeichnet wird.
265. Ben-Dov, Meir, In the Shadow of the Temple, New York: Harpercollins, 1985, S. 346f. Vgl. auch: Gibson, Shimon und Jacobsen, David M., Below the Temple Mount in Jerusalem, Oxford: Tempus Reparatum, 1996 (BAR International Series 637); Palestine Exploration Fund, London bzw. Wilson, Charles, Ordnance Survey of Jerusalem, Authority of the Lord's Commissioners of her Majesties Treasurers, London, 1886.
266. Bernhard von Clairvaux, Liber ad Milites Templi, De Laude Novae Militiae, veröffentlicht in: Bernhard von Clairvaux, Sämtliche Werke, Band I, Tyrolia-Verlag, Innsbruck, 1990, S. 269.
267. Nicolaus Maniacutius, BAV, Fondo S. Maria Maggiore 2, fols 233–244; vgl. auch Wolf, Gerhard, Salus Populi Romani, Die Geschichte römischer Kultbilder im Mittelalter, VCH Verlagsgesellschaft, Weinheim, 1990, S. 64; vgl. auch De Sacra Imagine SS. Salvatoris in Palatio Lateranensi, Ex Codice MS Tabularii Sacrosanctae Basilicae Liberaniae, Roma, Camera Apostolica, 1709. Anmerkung: Nach Johann Albert Fabricius war Nicolaus Maniacutius später auch Canonicus in der Lateranbasilika unter Papst Alexander III., siehe: Bibliotheca latina mediae et infimae aetatis, Band 5, Edition Mansi, Florenz, 1754, S. 118, vgl. auch Ehrle, Franz, Archiv für Literatur- und Kirchengeschichte des Mittelalters, Band 4, Weidmannsche Buchhandlung, Leipzig, 1956, S. 271.
268. Benjamin von Tudela, The Itinerary of Benjamin of Tudela, Joseph Simon/Pangloss Press, Malibu, Los Angeles, 1993, S. 63f.
269. Weiss, Daniel H., Architectural Symbolism and the Decoration of the Ste.-Chapelle, The Art Bulletin, Vol. 77, No. 2, June 1995, S. 308.
270. Le Goff, Jacques, Ludwig der Heilige, Klett-Cotta, Stuttgart, 2000, S. 126.
271. ebd., S. 126.
272. Demurger, Alain, Der letzte Templer, C.H. Beck, München, 2005, S. 39.
273. ebd., S. 39.
274. Le Goff, Jacques, Ludwig der Heilige, S. 121; vgl. Bauer, Helmut, Der Apostelzyklus der Sainte-Chapelle in Paris, Studien zur Ortung eines Bildmotivs, Dissertation, Ludwigs-Maximilians-Universität, München, S. 26.
275. Wessel, Ruth, Die Sainte Chapelle in Frankreich, Genese, Funktion und Wandel eines sakralen Raumtyps, Dissertation, Heinrich-Heine-Universität, Düsseldorf, 2003, S. 16.

276. Ehlers, Joachim; Müller, Heribert; Schneidmüller, Bernd, Die französischen Könige des Mittelalters: von Odo bis Karl VIII., 888–1498, C.H. Beck, München, 1996, S. 184.

277. Demurger, Alain, Der letzte Templer, S. 30.

278. Weiss, Daniel H., Architectural Symbolism and the Decoration of the Ste.-Chapelle, The Art Bulletin, Vol. 77, No. 2, June 1995, S. 308.

279. ebd., S. 308–320.

280. Le Goff, Jacques, Ludwig der Heilige, S. 343.

281. Brenk, Beat, The Sainte-Chapelle as Capetian Political Program, in: Chieffo Raguin, Virginia, Brush, Kathryn; Draper, Peter (Hrsg.), Artistic integration in Gothic buildings, University of Toronto Press, 1995, Toronto, S. 195–209.

282. Inventarliste der Chapelle du Marché, 1346, in Coulton, George Gordon, Life in the Middle Ages, 2 Bände, 2, Vol. I. Cambridge University Press, Cambridge 1968, S. 168ff. Vgl. Durant, Will, The Age of Faith, The Story of Civilization, Vol. IV., Simon & Schuster, New York, 1950, S. 743–744. Zu Reliquien allgemein vgl. auch Frazer, M.E., Medieval Church Treasures, The Metropolitan Museum of Art Bulletin, 43.111, New York, 1986, S. 45.

283. 2. Mose 32, 1–35; vgl. 5. Mose 9, 21–29.

284. 1. Kön 12, 1–33.

285. Ladwein, Michael, Chartres, Urachhaus, Stuttgart, 1998, S. 148.

286. 4. Mose 2,1.

287. 1. Sam 6, 1–18.

288. Sauerländer, Willibald, Gotische Skulptur in Frankreich, Hirmer Verlag, München, 1970, S. 119.

289. Bulteau, Marcel Joseph, Monographie de la Cathédrale de Chartres, 3 Bände, Band I., R. Selleret, Chartres, 1901, S. 119. Die königlichen Schenkungen für Chartres werden in Chédeville, André, Chartres et ses campagnes, Chartres, Garnier, 1991, S. 518–519, behandelt.

290. ebd., Tafel 185.

291. van der Meulen, Jan und Hohmeyer, Jürgen, Chartres – Biographie der Kathedrale, Dumont Buchverlag, 1984, S. 206.

292. Bulteau, Marcel Joseph, Monographie de la cathédrale de Chartres, Vol. I., Chartres, 1887, S. 12; vgl. den Bericht des Mönchs Paulus, verfasst zwischen 1060 und 1088, CSPC, Band I., S. 5 und S. 45.

293. van der Meulen, Jan und Hohmeyer, Jürgen, Chartres – Biographie der Kathedrale, Dumont Buchverlag, 1984, S. 187ff.

294. ebd., S. 202.

295. ebd., S. 199. Van der Meulen und Hohmeyer bezeichnen den Hohlraum unterhalb der Lubinus-Gruft als »Schatzkammer«.

296. Jehan le Marchant, Les miracles de Notre-Dame de Chartres, Manuskript Chartres, 1027, in Kunstmann, Pierre, Bulletin de la Société Archéologique d'Eure-et-Loir, Nr. 48-50, Chartres, 1973, S. 68 ; vgl. Halfen, Roland, Chartres – Architektur und Glasmalerei, Verlag Johannes M. Mayer, Stuttgart, 2007, S. 44.

297. von Simson, Otto, Die gotische Kathedrale, Wissenschaftliche Buchgesellschaft, Darmstadt, 1968, S. 293.

298. ebd., S. 291.

299. Stegeman, Charles, Les Cryptes de la Cathédrale de Chartres, Société Archéologique d'Eure-et-Loir, Chartres, 2001, S. 202ff.
300. Wabbel, Tobias Daniel, Der Templerschatz – Eine Spurensuche, Gütersloher Verlagshaus, 2010, S. 184.
301. Kurmann, Peter und Kurmann-Schwarz, Brigitte, Chartres Cathedral as a Word of Artistic Integration, in Raguin, Virginia Chieffo; Brush, Kathryn und Draper, Peter (Hrsg.), Artistic Integration in Gothic Buildings, University of Toronto Press, Toronto-Buffalo-London, 1995, 1995, S. 133.
302. ebd., S. 142.
303. ebd., S. 133.
304. ebd., S. 139.
305. Le Goff, Jacques, Ludwig der Heilige, Klett-Cotta, Stuttgart, 2000, S. 92.